TEMAS DE INTEGRAÇÃO

2.º SEMESTRE DE 2005 • N.º 20

TEMAS DE INTEGRAÇÃO

PUBLICAÇÃO SEMESTRAL

DIRECTORES
MANUEL PORTO E FRANCISCO DO AMARAL

CONSELHO CIENTÍFICO
J. XAVIER DE BASTO, P. BORBA CASELHA, P. PITTA E CUNHA,
RENATO FLÔRES E R. MOURA RAMOS

SECRATÁRIO DA REDACÇÃO
J. SANTOS QUELHAS

EDITOR
EDIÇÕES ALMEDINA, SA
Rua da Estrela, n.º 6
3000-161 Coimbra
Tel.: 239 851 904
Fax: 239 851 901
www.almedina.net
editora@almedina.net

EXECUÇÃO GRÁFICA
G.C. – GRÁFICA DE COIMBRA, LDA.
Palheira – Assafarge
3001-453 Coimbra
producao@graficadecoimbra.pt

Dezembro, 2005

DEPÓSITO LEGAL
14030/99

Toda a reprodução desta obra, por fotocópia ou outro qualquer processo,
sem prévia autorização escrita do Editor,
é ilícita e passível de procedimento judicial contra o infractor.

ÍNDICE

Nota de abertura
    por *Manuel Porto* 5

EU – China Relations and the Eastward Challenge
    por *José Luís de Sales Marques* 7

Should Using Specific Safeguard Measures Be a Goal? – A Case Study of Trade Relations between Brazil and China
    por *Wei Dan* 47

A Áustria na União Europeia: A Anatomia da Adesão do 'Estado Fundador Ausente' do Projecto Europeu
    por *Laura C. Ferreira-Pereira* 65

Política Europeia de Segurança e Defesa – Pós-Constituição Europeia
    por *João Ricardo de Sousa Barbosa* e *Dias da Costa* 117

Os Efeitos Económicos da Imigração no Espaço Europeu
    por *Rita Lages* 139

O Estado Regulador, as Autoridades Reguladoras Independentes e os Serviços de Interesse Económico Geral
    por *João Nuno Calvão da Silva* 173

Decisões da Comissão Europeia que Tornam Obrigatórios os Compromissos Assumidos pelas Empresas
    por *José Paulo Fernandes Mariano Pego* 211

O Quadro Regional Português e a Política Comunitária
    por *José Pedro Pontes* 233

Portugiesische Impulse für die Charta der Grundrechte der Europäischen Union
    por *Paulo Mota Pinto* e *Alexandre Mota Pinto* 279

NOTA DE ABERTURA

Desde o seu início esta revista esteve aberta e fortemente empenhada na análise da problemática da integração nas várias áreas do mundo, não apenas na Europa; o que justifica que no seu título não seja mencionado este continente, falando-se de um modo mais alargado em "Temas de Integração".

Conforme sublinhámos nas "Palavras de Abertura" do primeiro número, há quase dez anos (no primeiro semestre de 1996), "depois do êxito quase isolado da Comunidade Europeia ao longo de mais de três décadas, temos actualmente uma realidade diferente. Estão por um lado a consolidar-se novos espaços de integração com perspectivas promissoras; por outro lado, por vontade própria ou pela premência dos acontecimentos, a União Europeia terá de ser cada vez mais um espaço aberto, numa interligação entre as economias em que se torna indispensável o conhecimento recíproco ou mesmo a harmonização de muitas das normas vigentes".

Assim terá de acontecer não só em relação a outros espaços de integração como também, com relevo crescente nos últimos anos, em relação a países de grande dimensão que são, por si sós, mercados de grande relevo no quadro mundial.

Na análise de outras áreas compreende-se que nos tenha merecido desde o início e continue a merecer-nos uma atenção maior o Mercosul e aqui o Brasil. Trata-se de atenção traduzida nas circunstâncias de ser co-director da revista um ilustre académico brasileiro, o Professor Francisco Amaral, de haver participação paritária de professores deste país no Conselho Científico e de desde o início ter sido daqui grande parte dos artigos, em alguns números em maior número do que os artigos de autores europeus.

Justifica-se, todavia, que vá ganhando um relevo progressivo a análise de outros espaços, pelo interesse que suscitam, em especial nas suas ligações com as nossas economias. Assim acontece de um modo muito particular com a China, com um crescimento enorme, a que nenhum outro espaço no mundo pode ser indiferente.

É nesta lógica que têm a maior actualidade e o maior interesse os dois primeiros artigos deste número: o primeiro sobre as relações entre a China e a União Europeia e o segundo sobre as relações entre a China e o Brasil, duas economias emergentes, dois dos quatro BRIC´s, com um relevo a nível mundial a que, no interesse de todos, a Europa tem de estar atenta.

Tal como em números anteriores, também neste número publicamos artigos em línguas para além da portuguesa, neste caso em inglês e em alemão. Não ficando de forma alguma em causa a importância crescente da língua de Camões, na Europa e no mundo (sendo língua oficial de países de quatro continentes), consegue-se assim uma maior divulgação da revista; além do mais, tornando-a conhecida de muitos que de outra forma ficariam mais longe de nós.

Manuel Porto

EU – CHINA RELATIONS AND THE EASTWARD CHALLENGE

by *José Luís de Sales Marques**

EU and China are celebrating 30 years of their diplomatic relations, established in 1975 during the first official visit of a European Community's official, Sir Christopher Soames, and Vice-President of the Commission in charge of External Relations, to Beijing. To celebrate the occasion, Durão Barroso, the current President of the Commission, sent a letter to the Prime Minister of the People's Republic of China, Wen Jiabao, mentioning:[1]

> The current extent of EU-China relations is truly impressive. Not only do we regularly exchange views on foreign policy issues, but we also hold talks on many levels in a number of more technical, but no less important fields: from trade, economics and finance to regional policy, from competition policy to agriculture and many other domains, including satellite navigation under the 'Galileo' programme. The list of our 'sectoral dialogues' is very long and with good reason: the European Union has much knowledge to offer China, and also much to learn from China's own experience...This dense network of contacts, together with our political dialogue, cements our mutual friendship. Our relations are also enriched by people-to-people contacts, be it among scientific researchers, tourists and their hosts or among students. Indeed, an estimated one hundred thousand Chinese young people now study in the European Union and the number of European students in China is on the rise. These multiple networks and exchanges bolster our relations now and will underpin them in the longer term.

---

* President of the Institute of European Studies of Macau, economist.
[1] BARROSO, José M. Durão, President of the European Commission http://europa.eu.int/comm/external_relations/news/barroso/sp05_040505.htm, access in 30/11/05.

Thirty years is not a long time, if we compare to the Chinese millenary civilization or centuries of European and Chinese encounters. However, those past decades had been, from any angle, full of dramatic changes. It is fair to say that China and EU relations have followed the trends in the world and have emerged from a side effect of the bipolar security framework, as when they were established, to a mature and important partnership, recognized by each side as having strategic value, a stabilizing element in today's world order. Presently, EU is China's most important export market and overall, China is EU's second trading partner, only behind the U.S.

In those thirty years, China and EU also became different realities. How much of internal changes interacted with the change in the international environment to produce what we have today, remains a case for further research.

The legal framework for the China-EU relations is still the 1985 Trade and Economic Cooperation Agreement, whose days should be almost over, since it was already announced during the last EU-China Summit that took place in Beijing on 5th September 2005, that a new agreement is under preparation.

The scope of this article is to give a bird's eye view over the thirty years of EU-China relations, to identify the current "issues--areas" and to present some conclusions for the future. This paper will be presented according to those topics.

Chapter I – The first steps towards a new relation

The People's Republic of China was admitted to the United Nations, taking a permanent seat at the Security Council, in 1971, under resolution 2758, with the subsequent expelling of the Taipei regime, which represented China since 1949.

The official recognition of the People's Republic of China as the only legitimate representative of the people of China, including Taiwan, meant both the growing importance of the PRC, worldwide, and the principle of "one country, one vote" at the UN, where the majority of the Third World countries voted in favor of Beijing.

This victory of the Chinese diplomacy, under Zhou Enlai, was followed very closely, by another event of the same of even higher importance: the normalization of China-US relations written into the

Shanghai Communiqué,[2] signed during Nixon's historical visit to Beijing, from the 21st to 28th of February 1972.

China's return to the United Nations and the "rapprochement" to the United States opened the way for the normalization of her relations with the rest of the Western World, including the European countries. Until then, in the European Economic Community (EEC), only the Netherlands in 1950, and France in 1964, had established diplomatic relations with Mao's regime. Such European disregard is tied up to two main factors: the American opposition to the regime; and, the fact that the PRC was considered a "state trading country", therefore subjected to trade embargo of strategic goods, determined by the UN since 1951 due to its role in the Korean War (1950-53). Moreover, the radical Chinese foreign policy of the sixties, heavily influenced by Beijing's effort to be a sort of a socialist beam of the World and the excesses of the Cultural Revolution, were uninviting for western countries.

However, the new tide favoring Beijing encouraged EEC members to establish diplomatic relations with the People's Republic of China. Italy, Belgium, Germany and Luxemburg did it in 1970, 71 and 72 respectively. The United Kingdom, which joined the European Community in 1973, had diplomatic relations with Beijing since 1950, mainly due to their possession of Hong Kong.

Between 1972 and 1975 several European leaders including the Heads of State George Pompidou from France, Edward Heath from the U.K., Helmut Schmidt from West Germany and Leo Tindemans from Belgium crossed the Eurasian landmass to Beijing and the same happened in the opposite direction with Chinese ministers and leaders including Ji Pengfei, Qiao Guanghua and Deng Xiaoping.

China's diplomatic efforts also signaled a change of their assessment of the European Community as a "plot or a weapon by the imperialist in their struggle for markets"[3]. The Chinese officials' hope was that Europe would stand firmly against the Soviet Union, which by now was considered to be the greatest threat to its own security. If

---

[2] In the Shanghai Communiqué, the US acknowledged that Chinese on both sides of the Straits of Taiwan belonged to one China, and that Taiwan was part of it.

[3] In Renmin Ribao (People's Daily), 17-12-69, quoted by Harish Kapur "China and EEC", Boston, Martinus Nijhoff Publishers, 1986, p. 18. This work by H. Kapur is a "must read" for all those who wish to learn about early relations between China and EU/EEC.

Europe could stay united and deepen their unity beyond the economic domain to security and defense, Europe could keep pressure on the Russians western border, particularly if they agreed on the stationing of American missiles, thus preventing the Russian Army to increase their presence on the eastern Russia-China border.

Aside from "high politics", another reason for Beijing's interest in the European Community was that some of its member states, as in the case of Germany, France and the United Kingdom, were also able to provide technology transfer to its ailing economy. The four modernization programs of agriculture, industry, defense, and science and technology, first announced by Zhou Enlai in 1964, and brought back in 1976 by the hands of Huo Guofeng first, and Deng Xiaoping later, required technological inputs only available in the West, when the Soviet Union was no longer a convenient supplier. In addition, besides Europe, only the United States could be a source for those technologies. However, the American political community was still struggling with their internal dispute over which China[4] to support and its industry conditioned by government clearance in their trading of sensitive products, such as some machinery and equipment. The Americans could not do it but encouraged the Europeans to do so. Therefore, from the political point of view, as well as in the legal context, European suppliers were the most able to satisfy the increasing Chinese hunger for machinery and expertise for their heavy industries as well as military equipment.

Europe was also China's most important market for the trade of goods, even if it was limited, mainly, to agricultural products.

China, with a market of almost one billion consumers and in a process of opening up was a gift from heaven to the troubled European economy. Additionally, the new American "rapprochement" policy towards Beijing and the increasing role of Japan as the main competitor to European industries on a worldwide scale and a main supplier to China, were becoming quite alarming.

It was with such a backdrop that diplomatic relations were established and on 15th September 1975, the first Chinese ambassador to the Community, Li Lianpi, presented his credentials to the President of the Council and the Commission.

We considered in our research five periods of China-EU relations, since 1975 until the time of writing. These periods, based on the

---

[4] PRC or Taiwan, Author's Note.

qualitative aspects of the relation namely the equation between conflict and cooperation as well as historical aspects with high symbolic and political meaning, are the following:

- Institutionalization of the bilateral relations, between 1975 and mid 1989;
- Political radicalism, isolation and return to the political arena, from mid 1989 to 1992;
- New era and political dialogue, between 1993 and 1997;
- The end of the Colonial era, from 1997 to 2000 and
- Opportunities and threats in a troubled world, 2001 up to the present.

1. The Institutionalization period (1975-1989)

Negotiations for a trade agreement, proposed by the Commission in November 1974 and formally started in January 1976, took two years to conclude. It happened in times of significant changes for China and the EEC, as well.

On the Chinese side, the passing away of Zhou Enlai, followed in a few months time by Mao Zedong's death, triggered a violent power struggle between the "radicals", headed by the "Gang of Four", and the "reformist", with Deng Xiaoping as leader, with the ultimate victory of the latter.

In Europe, the southern part of the continent was freeing itself from long dictatorships. Greece, Portugal and Spain were to become democracies and embrace the ideals of a united Europe.

The agreement signed between the EEC and China on 3rd April 1978, a mere "first generation" trade agreement, without contemplating economic cooperation, which was the wish of the European Parliament[5], established the first trade regime[6] between the two partners. It did not go as far as expected, considering that China was the first

---

[5] Resolution of the European Parliament on July 5th 1977, "considered it desirable for the future agreement to go beyond the customs administration provision..." quoted by H. Kapur, op. cit.

[6] We use the definition of international regime by Stephen Krasner "as principles, norms, rules and decision-making procedures around which actor expectations converge in a given issue-area" in "International Regimes", ed. by Stephen D. Krasner, Ithaca and London, Cornell University Press, 1983, p.1.

state-trading country to recognize the European Community as a legal and a political entity, but it was a timely instrument.

Several turn key projects worth in excess of 50 million dollars, including petrol-chemical complexes, electric power plants, steel complex, engines for airplanes, to mention a few, were ordered from suppliers of West Germany, United Kingdom, Italy and France, but only few of them were actually accomplished, due to lack of money and Beijing's change in policy.

In fact, Hou's leadership did not last long. In only seventeen months, between the Third Plenum of the Tenth Central Committee (CC) in July 1977, and the Third Plenum of the Eleventh CC in December 1978, Deng Xiaoping took control of the Party and shifted the "steam ahead" program of his predecessor to a more balanced and steadier growth policy. Deng also introduced an ideological framework that would extend for the whole of his leadership and beyond, known as the "four cardinal principles": a) the socialist road; b) the dictatorship of the proletariat; c) the leadership of the CCP; and d) Marxism-Leninism and Mao Zedong Thought. Those principles, revisited on every occasion whenever the Chinese leadership felt the need to control the pace or to induce changes in the direction of the reforms on-going in their country, became the cornerstone of the current regime.

Political instability did not prevent economic opening to project China's potential as a manufacturer of tradable goods and its continuous integration into the world market.

The textiles agreement signed between China and the EEC in 1979 during the first China-EEC Joint Meeting created under the 1978 framework agreement, reflected China's growing importance as an exporter of such product . The first "anti-dumping" case raised by the EEC against China was also in 1979, at a time when the Community was taking a 36% share of China's textiles export.

Textiles were among those Chinese tradable goods representing a threat to Europe's troubled industry. By producing goods at incomparable cost and at the low end of the market, China's exports were driving its competitors crazy. For its structurally decaying industry, the Europeans organized protectionist measures, with the textiles agreement playing such a role. According to Snyder[7] "this framework was

---

[7] FRANCIS SNYDER, "Legal aspects of trade between the European Union and China: Preliminary Reflections", in "European Union and World Trade Law" (Emiliou, Nicholas and O'Keeffe, David, eds.), sep., p. 369.

drafted in line with..., the so-called Multi Fiber Arrangement (MFA), agreed within the framework of GATT in 1974". As stated in its text body, the EEC-China textile agreement "resolved in particular...to promote in the textile sector..., the orderly and equitable development of trade and security of supplies for the textile industry of the Community, and...eliminate the real risks of market disruption". Two unusual features[8] of the agreement were that it sought to guarantee the supply of certain raw materials to the Community, such as pure silk, angora and cashmere at normal trade prices, and it should also encourage China's imports of EC's products. The agreement replaced the yearly negotiation of quotas, creating a more predictable regime.

However, EC's competences did not extend to areas other than trade. Several member states also entered into agreement with China, namely concerning loan arrangements and weapons sales. According to Wang[9] and Kapur[10], between 1978 and 1980, the PRC negotiated the purchase of 600 anti-tank missiles and Leopard tanks from West Germany, Harrier jets, Chieftain Tanks and Rolls-Royce supersonic engines from the U.K., missile guidance systems and helicopters from Italy, and helicopters and eventually Mirage jets from France to modernize its Army.

This effort was not only welcome by the suppliers but also by politicians and the military, which saw China arming itself as having a containing effect upon the Soviet Union. For instance, Alexander Haig, which was NATO's Commander-in Chief for Europe, referred China as the "sixteenth member" of the Alliance.

The Russians became nervous with those shopping efforts and acted by exerting pressure on China's European suppliers to cancel those transactions. Thus, political pressure on one side and the PRC lack of means to satisfy such heavy burdens on the other resulted in only a few of the negotiated purchases actually materialized.

In the early eighties, with the election of Reagan and the establishment of a US-China agreement in 1982, limiting the quantity and the quality of American arms sales to Taiwan, their bilateral relations entered into a new era. Soon, American foreign direct investments

---

[8] According to F. Snyder, op. cit, p. 370.
[9] JAMES WANG, in "Contemporary Chinese Politics", 5th Ed., N. Jersey, Prentice Hall, Englewood Cliffs, 1980.
[10] HARISH KAPUR, in "Distant Neighbours – China and Europe", 1st Ed., London and New York, Pinter Publishers.

started pouring into China, trade was increased very rapidly and relations at various levels including education, science and technology, developed rapidly. Tens of thousand of Chinese students went to study in the States. Accordingly, Washington gave China the status of a "friendly, non-aligned nation", opening the door to the trade in arms and "dual-use" technology.

Because of the new atmosphere in Sino-American relations, EC lost its relative importance as China's second trade partner. In 1975, EC's member states were responsible for 25.6% of China's imports and 14.6% of its exports, while the U.S.'s share was at the level of 5.1% and 2.7%, respectively. However, in 1985 EC's share fell to 17.1% for China's imports and 9.0% of its exports against the level of 12.2% and 8.5%, respectively, for the American trade. Europe was losing its competitiveness vis-à-vis Japan and the US, exporting relatively less to China with a worsening trade balance.

However, on the political side, there was some progress. The Chinese side took the initiative to propose regular consultations on political issues every six months, the first one been held in Bonn, in June 1983.

Two other significant political developments, with reflections in China's external relations and EEC-China relations as well, took place in 1982 and 1984. The first one was a change in direction and style of China's foreign policy. Instead of the radical rhetoric and bizarre practices of an isolationist, self-centered and often contradictory foreign policy, China focused her attention to the building up of relations with the world that would serve her main purpose of modernization and economic enhancement and, at the same time, to restore trust on her, as an Asian power. The most visible result of those changes was her stand towards the Soviet Union, with whom it tried to normalized relations, putting aside and even criticizing the "unite the world against social-imperialism" approach, so well known in the 60's and 70's.

The other one was the agreement reached between China and the UK on the future of Hong Kong. Under this agreement, Hong Kong was to be handed over to China in 1997, keeping, however, a great degree of autonomy and allowed to maintain its social, economic and political system for an extra 50 years, under the "one country, two systems" principle created by Deng Xiaoping and enshrine in the Chinese Constitution since 1982.

Therefore, it was in a contradictory atmosphere, dominated on one hand, by increased concerns of the European side over developments in trade but on the other, compensated by a favorable political climate, that the **1985 trade and economic cooperation agreement** took place.

The new agreement introduced economic cooperation as a new dimension. It extended from industry and mining, to agriculture, science and technology, energy, transport and communication, environmental protection, and cooperation in third countries[11]. It was considered trade wise, "a whole more restrictive than the 1979 Textile Agreement, in that five important items have now been added to the list in which import restriction has been imposed; and thirty-four categories of restriction were imposed in certain regions of the Community"[12]. It reflected the new reality of China as an exporting economy and the potential of conflict with the new EEC members resulting from the southern enlargement, Portugal and Spain, admitted in 1986. This agreement is still the legal framework of the current EC/EU--China relations.

Between 1984 and 1985, the total two-way trade grew by an impressive 41% mainly due to the exceptional growth of 74% of China's imports from EC countries. Even more astonishing is the 4.1 times increase of the two way trade between 1984 and 1989, when bilateral relations suffered an important setback due to the Tiananmen crisis, in June 1989. Even so, thetotal yearly figures of China's imports from EC grew 81% between 1988 and 1989, while exports grew 87% (see chart D).

The impressive economic performance of the Chinese market and China's economic opening let the Western world to disregard the gigantic cost of the country's market reforms and integration into the world economic system. As China was moving towards a market economy, its society was loosing the "safety nets" of the planned economy. The Chinese people, particularly in urban areas, felt the effect of doubled-digit inflation and the sudden substitution from a state controlled distribution system with subsidized prices to an open market system. Economic opening has also induced changes in life style and the desire for more freedom of speech, justice and a more transparent and accountable government. Growing social unrest was

---

[11] Agreement on Trade and Economic cooperation between the European Economic Community and the People's Republic of China art. 10th. Electronic version available at http//www.delchn.cec.int/en/eu_and_china/Agreement.htn

[12] HARISH KAPUR in "Distant Neighbours", London, Pinter Publishers,1990, p. 179.

complemented with tensions within the Party. Two opposing "lines" emerged, one favoring economic reform and some political accommodation to people's demand of increased transparency, separation between the party, the economy and the civil service, and fight against corruption and cronyisms, versus the other who saw these tendencies as dangerous precedents that could lead the party to loose its control on power and the society.[13]

The last years of the 80's were of growing economic ties and increasing European presence in China, through the creation of companies with direct investment from Europe. Many EC member states had signed bilateral investment treaties with China during the eighties, including the big 4s (Germany, France, UK and Italy).

We can summarize the state of relations by the end of this first period as been highly motivated by economic and commercial ties, growing two-way trade and increasing presence of direct investment generated in Europe in the Chinese economy, but very limited political ties.

The initial motives of the PRC to establish relations with the EEC had to do primarily with its geostrategic view of bipolarity, namely its security concerns regarding development in its border region with the former USSR. In addition, European technology to modernize its ruined industrial fabric and the huge European Community as a market was also a high priority. Latter, as the world balance of power was changing again in favor of the United States and China improved its political relations with the Soviet Union, China's interest in the EEC became much more market driven.

Many commentators thought that as China was rapidly moving in the direction of a market economy, regime change was a matter of time. Economic openness would spill over to the political sphere and civil society would grow asking for more saying in defining the destiny of the country, leaving no choice for the Party and the State to promote change into a more democratic society. Comparisons with the falling of the former Soviet Bloc as a house of cards was inevitable. It was the triumph of liberal democracy and free markets.

Then came June 4th, at Tiananmen Square, and the dream was shockingly over!

---

[13] This is a highly simplified picture. For better understanding we recommend Maurice Meisner's "Mao's China and After", 3rd ed., The Free Press, NY, 1999.

2. Political radicalism, isolation and return to the international arena (1990-1992)

First reactions in the world towards the brutality of the events in Beijing on June 4th were of surprise, shock and general condemnation of the Chinese authorities.

Surprise, because not enough attention was given in the West to the negative political developments in China the years before the crisis. Shock, as assumptions that the Chinese authorities would be restrained in the use of force by China's growing economic integration in the world was an illusion. Moreover, general condemnation as there was no way to ignore the brutality of the events, even if the rhetoric was carefully crafted in order not to push China back to isolation.

EC's response came under the framework of the European Political Cooperation (EPC). European leaders, meeting in Madrid, issued a first declaration on 6th June 1989. These statements known as the Madrid declaration "strongly condemn the violent repression used against peaceful demonstrators, which has resulted in widespread loss of lives there" and urge the Chinese authorities to stop the use of force against unarmed civilian population in Peking and elsewhere"[14].

On 26th and 27th June, meeting again in Madrid, the European Council produced the declaration containing the embargo on arms trade with China, which is still in force. Those measures included, among others, raising the issue of human rights in China in the appropriate international fora, interruption of military cooperation and embargo on the trade of arms, suspension of bilateral ministerial and high-level contacts, postponement by the Community and its Members of new cooperation projects[15]. Other western powers and even some Asian countries took similar measures. As in an editorial on 6th June in the New York Times philosophically stated it, "it's easy enough for those with no responsibility for the nation's (US) international interest to trumpet the need for recalling the Ambassador, breaking relations, imposing economic sanctions. None of those things would bring back the lives lost in Beijing...Americans should have learned that neither isolation nor moral opprobrium accomplishes much in international affairs"[16].

---

[14] Doc CPE/PRES/MAD 510:07.06.80.

[15] Please note that those sanctions have no legal binding. They are political positions taken by the Council, and this is how far they go. (Author's note)

[16] Tom Wicker, New York Times, June 6th 1989.

Afterwards, there were months of mutual accusations and irritated rhetoric following, with Europeans protesting against the crackdown of the Tiananmen dissidents, confrontations on Tibet and the Chinese authorities responding claiming outside interference on internal affairs. However, notwithstanding the rhetoric and mutual suspicion, the "rapprochement" was soon to take place.

Political confrontation aside, trade between EC and China continued in good level (see chart D). However, the political climate and the uneasiness over the direction China would take in economic terms, cooled down drastically the inflow of direct investment from abroad, namely from the EC area and the US. Contracted and utilized FDI almost froze during the second half of 1989, leading to a year-to-year drop of 5.6% and 3.6%, respectively, inverting the mid-year results of 44% and 22% rise, respectively. Resulting from the European and the American restrain in investing further in China, the share of EC and US investment in the country felt from 7.4% and 11.8% in 1986-88 to 5.3% and 6.8% in 1989-91. These figures also reflect China moving closer to her Asian neighbors after Tiananmen, as a way to counter balance the negative reaction by the Western world, and looking for political solidarity and economic interaction within her own region.

By September 1989, EEC took the first step to normalize relations with China. It was on the occasion of the United Nations General Assembly in Washington, when foreign ministers of Italy, Ireland and Luxemburg, the "troika", met with Qian Qichen expressing the view that "under the present complex international situation, to strengthen the ties between the EC and China is of great importance to world peace and stability"[17]. Representatives of EU Member States, Portugal and U.K. were authorized to carry normal negotiations regarding the transition of Macau and H.K. to Chinese sovereignty. In September 1991, a delegation of the European Parliament went to China to visit several cities including Tibet, and to meet with Chinese leaders, including Premier Li Peng. During that encounter, Li Peng told the members of the visiting delegation that "other nations should not deem that China is afraid of discussing this issue (human rights),

---

[17] Original from Xinhua in 30-9-1989, and quoted by Kay Moller in "Diplomatic Relations and Mutual Strategic Perceptions: China and the European Union" in "China and Europe since 1978: A European Perspective", ed. by Richard Louis Edmond, China Quarterly Special Issues, New Series n.2, Cambridge University Press, 2002, p. 17.

but on the contrary, China is willing to discuss the issue on an equal footing with all other nations"[18].

In February and March 1991 Foreign Minister Qian Qichen visited Portugal, Spain Greece and went to Brussels to meet European Commission's Vice- President, Frans Andriessen, in charge of international affairs. Qian told Andriessen that the Politburo of the CCP had "recently decided to keep the policies of reform and opening to the outside world unchanged for 100 years"[19].

Since 1992, several ministers from the European Community's member states went on visiting Beijing in order to normalize relations. With the exception of the ban on arms sales, all other sanctions were lifted. Jacques Delors, the President of the Commission, met the Chinese Vice-Premier Zou Jiahua in Brussels in September 1992, and in October that year it was time for the China's National People Congress (CNPC) to send a delegation to Strasbourg, an invitation to Egon Klepsch, President of the European Parliament, to visit China, which was accepted. Political contacts at the highest level had fully resumed, and soon, new bilateral developments would take place.

China's return, in such a short time, to the international arena might seem outstanding. However, if we take into consideration the political developments at that time and the increasing interdependence between her economy and the rest of the world, particularly with the developed countries, the outcome will be easier to understand. As a matter of fact, Iraq's invasion of Kuwait in 1990 and the subsequent first Iraq war, fought by a coalition with a mandate from the UN Security Council, counted with the abstention of China, which, as a permanent member could have vetoed the initiative. As a gesture of recognition, George Bush met Qian Qichen, the Chinese Foreign Minister in Washington in 1991, opening the door for changes in the US blocking of World Bank loans to country, determined after Tiananmen. Although China, a nuclear power, lost her previous strategic significance built during the Cold War, it was still important in the post-bipolar world not to isolate her.

American policy during the early 90's toward China was, according to Mann, based on a negative assumption that "China was now

---

[18] Xinhua General Overseas News Service, electronic version of "Chinese Premier Meets European Parliamentarians", Beijing, Sept. 18th

[19] Xinhua GONS elect. Version of "EC ready to make contribution to China's Development, Brussels March 13.

important to the United States not because of the help it could provide (against the Soviet Union), but because of the potential harm it might do (by exporting missiles and nuclear technology)".[20] It was also based on the notion that the post-Tiananmen leadership was a transitional one. "Testifying in Congress at the beginning of 1990, Lord predicted that within three years, "there will be a moderate, humane government in Beijing". That assumption was wrong, but at the time, it was prevalent on both sides of the debate over American policy toward China"[21].

It must also be recognized that around those times, development in the former Eastern Europe and the Middle East, must have taken most of the time from American as well as European policy makers.

From the economic perspective, although interdependence between China and the West, particularly the United States and the European Community were asymmetric, it was also perceived, after the initial shock, that China as a potential market had plenty of room for further development. This assumption became evident after Deng Xiaoping finally settled the internal struggle in favor of continuing market reforms and opening, during his famous tour to the south of the country in 1992, where these reforms were most advanced. The Fourteenth Party Congress, meeting in October that year, adopted the report endorsing the creation of a "socialist market economic system".

3. New era and political relations (1993-97)

The European Union, with the advent of the Treaty of Maastricht and the new formulation of her Common Foreign and Security Policy started giving more attention to her external affairs, namely with regard to interregional dialogues. The "New Asian Strategy" defined an approach based on bloc-to-bloc dialogue, complemented by bilateral relations between EU-Asian countries. Priorities were given to Japan, India, China and ASEAN.

In 1995, the Commission's Communication **"A long term policy for Europe-China relations"**, adopted by the Madrid Council in December 1995, defined, for the first time, a set of coherent goal on how to conduct its relations with Beijing. It was based on the prin-

---

[20] JAMES MANN, "About Face", N.Y., Vintage Books, Random House, pp. 228-9.
[21] Ibidem.

ciples of "constructive engagement and cooperation". According to Zhou Hong,[22] "Not only do the Chinese look at China-Europe relations as primarily economic, but also the Europeans look at EU-China relations mainly in the fields of economic, trade and technological exchanges and cooperation. As the Chinese are preoccupied with their work of modernization, the Europeans are preoccupied by their competitiveness on the world market".

Whilst the rhetoric in the EU strategic paper would give a more complex view of goals, it is interesting to verify how the Chinese perceived it. In the paper, the European strategy was focus on shared global and regional security interest, shared interest in other global issues, global economic stability and [European] competitiveness. This agenda let to the following policy objectives:

- encourage China to become fully integrated in the international community,
- contribute to reforms in China, and
- intensify ties between Europe and China.

Those objectives translated into several practical programs, covered political dialogue, trade and economic ties and cooperation in several fields. Most importantly, it established a framework for the political dialogue that started in 1994, from a Chinese initiative.

By the time that communication was formulated, trade between the parties reached 44.5 billion ECUs, and Europe was China's second supplier (17% of imports) and its fourth largest market (12% of Chinese exports). China had its comparative advantages in low cost consumer goods and Europe was mainly supplying capital goods, such as machinery, and an array of equipments with high technological content. From 1981 to mid 1996, 48.8% of China's high tech imports from the outside world were supplied by the EU, who also released 44% of total foreign loans (low interest). However, the growth in trade was not followed by growth in FDI. EU was lagging behind China's other major partners namely U.S., Japan and H.K. "EU companies invested a total of $2.5 billion (USD) in 3000 projects in China during the 1979-93 period – less than half the investment of either US or

---

[22] ZHOU HONG, "Development and Reconciliation under Peace" in "China, Europe and the 2 SARs" ed. by Miguel Santos Neves and Brian Bridges, Macmillan Press, London, 2000, p. 213. Prof. Zhou is, at time of writing, Director of the Institute of European Studies at the Chinese Academy of Social Sciences in Beijing.

Japanese companies in the country"[23]. This behavior of EU investors was not restricted to China, because out of the total foreign investment that went out of the European Union during the period 1982-92; only less than 1% went out to East Asia.

In the area of cooperation, new initiatives included were in the field of higher education, environment, intellectual property rights, development of dairy industries, aeronautics, automobile, and the participation in the Asia-Invest program. One interesting project was the support for a training center in village governance. A high-profile initiative was the setting up of the "China-Europe International Business School", in Shanghai.

The common ground of understanding between China and the EU built primarily around the economic relation also left room for other issues, including the dialogue on human rights that started in 1995. In fact, China accepted to discuss almost everything, as a way to improve mutual understanding, as long as the issues involved did not strike a nerve on national security, sovereignty and the "one China principle". When it happened, as when France sold submarines to Taiwan in 1992 and Mirage planes in 1994, its effects were clear! China reacted swiftly and France's economic interests were hurt[24].

The establishment of a new dialogue in 1996 enriched EU bilateral relation with China. The Asia-Europe Meeting, an inter-regional arrangement by bringing together all the member states of the European Union, members of ASEAN[25] and the three major economic powers of Northeastern Asia, China, Japan and South Korea, opened new windows of opportunity for further cooperation. ASEM is based on dialogues in three dimensions (or pillars): the political pillar, where security issues play an important role, the economic pillar, where trade issues including multilateral trade and the WTO negotiations are also covered, and the cultural and civil society dimension, where the Asia Europe Foundation (ASEF) created under the ASEM framework, is contemplated. This bloc-to-bloc dialogue made room, for the first time, to ASEAN, China, South Korea and Japan to have some joint coordination, as part of the preparations of the ASEM summits and

---

[23] BRIAN McDONALD, "Setting the Agenda for the 21st century: China, H.K., Macau and the European Union", in "Europe, China and the two SARs", op. cit., p. 200.

[24] Closure of the French Consulate in Guangdong and exclusion of French companies in the bidding for the city's Metro.

[25] Brunei, Indonesia, Malaysia, Philippines, Singapore, Thailand and Vietnam.

other multi-level dialogues. It also created opportunities for China to work together with Japan and South Korea regarding common regional interest, participate in discussions on regional and global security issues and play an ever-increasing role towards the EU. On the European side, involving China in a region-to-region dialogue was perfectly on par with her long-term strategy of further involving China in the international community.

4. The end of colonial presence and the first EU-China Summits (1997-2000)

Merely three years have passed before a new document was issued regarding EU-China relations. This document, entitled "Building a comprehensive partnership with China", released in 1998, was a step further in defining the type of relations EU wanted to establish with the Chinese.

Which were the developments in the EU and in China, as well as, at the international level that required such a new position?

There were several, and all of them very important ones.

The passing away of Deng Xiaoping, in February 1997, few months before the handover of Hong Kong to China, was probably the most symbolic of a new era in modern China. The 15th Chinese Communist Party Congress in September 1997 was the confirmation of Jiang Zemin at the "core" of its leadership, the continuing reform towards a market economy and full integration in the international arena. Under these reforms, the government would reduce their role in the economic activities and state owned enterprises would conduct their business according to market conditions. It was also the 15th Congress that gave the green light for reforming most of the 300,000 Chinese state own enterprises (SOE), allowing private forms of ownerships and restructuring the bigger conglomerates in order to turn them into competitive firms. Privatization and the introduction of a system of shareholding of stocks were utilized to turn state ownership into private ownership. As it was recognized in the EU communication "... ambitious economic and social reform agenda...can be seen as a clear signal of China's intention to consolidate, accelerate and complete the transition already under way"[26]. It was the consolidation of power by

---

[26] Communication of the Commission "Building a Comprehensive Partnership with China"-Summary-electronic version.

Jiang Zemin and the raise of the reformist leader Zuo Rongji to the position of future Chinese Premier. Li Peng would continue to rank as number two in the Party system, but he would become the Chairman of the National People's Congress, therefore away from the executive role he played since 1988. It was also the confirmation of Jiang's choice of Hu Jintao as the "core" of the future generation of Party leaders.

China was giving a good account of cooperative and responsible involvement at the international level. Initatives such as her contribution to the peaceful solution of the North Korea nuclear crisis, the Cambodian war, the successful handover of Hong Kong and China's mature reaction to the Asian Financial Crisis were indication of how the country was willing to play a leading role at regional level.

EU was also changing. The Treaty of Amsterdam augmented the scope of its CFSP by introducing several political innovations to the framework designed by the Treaty of Maastricht. It defined a set of instruments for the CFSP, the most significant one being the "common strategies" that could be adopted when the high level of interest of the Member States so determined, by unanimity at the Council.

The treaty also created the role of the High Representative for CFSP, performed by the Secretary-General of the Council, giving a face to EU's foreign policy. In addition, Amsterdam also introduced qualified majority voting (QMV), in the decision making process involving participation of European forces in humanitarian and rescue missions, peacekeeping and crisis management (the "Petersberg Task"), increasing the operational capacity of CFSP.

Therefore, after the Treaty of Amsterdam, EU became better prepared to project a European presence at the international arena.

The combination of evolving international reality and domestic changes, both in EU and China, let to the need for "Building a comprehensive partnership with China". This document presented five objectives:

- engaging China further, through an upgraded political dialogue, in the international community
- supporting China's transition to an open society based upon the rule of law and the respect for human rights
- integrating China further in the world economy by bringing it more fully into the world trading system and by supporting the process of economic and social reform underway in the country
- making Europe's funding go further, and
- raising the EU profile in China.

The new policy established a higher level of political dialogue, with the first EU-China Summit of Head of Governments, taking place in London on 2nd April 1998, a week after the adoption of the said document by the Commission. Premier Zhu Rongji of PRC appointed just a few weeks before to this position by the National People's Congress, headed the delegation from China, whilst EU was represented by the British Prime Minister and EU rotating Presidency Tony Blair and Jacques Santer, President of the Commission, for this first ever Summit.

According to the official "Joint Press Statement",[27] the meeting's agenda focused on issues that were the most relevant for their bilateral relations. Increase in dialogue and cooperation between the two sides was considered to be of fundamental interest and "conducive to world peace, stability and development"[28]. Welcome and support to the launching of the Euro was expressed by the Chinese side. Both sides exchange views on their respective internal developments. China had keen interest in the European integration process and EU welcome "China's strong commitment to market reform"[29]. EU also briefed the Chinese on the Commission's Communication on China, which, in turn, welcomed it. Economic and trade ties were mutually considered as the foundation for the continued development of the relations. Both sides agreed to work together towards progressing on the negotiations of China's accession to the WTO. EU welcomed China's decision to ratify the UN Covenant on Social, Economic and Cultural Rights and its intention to sign the UN Covenant of Civil and Political Rights. Both expressed the same positive feelings on the progress of the China--EU human rights dialogue and the wide range of cooperation projects in support of such dialogue. China's reaction to the Asian Crisis, and particularly her decision not to devalue her currency and keeping on with reform was given high notes by EU and the two sides' endeavors to strengthen exchange and cooperation in the international financial and monetary field. EU offered a package of technical assistance measures to help create a sound financial system. Finally, it was agreed that such Summits would be held on an annual basis.

---

[27] The electronic version of this statement is available at the Chinese Embassy in London webpage at www.chinese-embassy.org.uk .
[28] Ibid.
[29] Ibid.

The end of colonial rule in Hong Kong followed closely by the same process in Macau, in December 1999, turned a chapter in the common history between China and Europe, that of colonial ruling and occupation. Although the history of the new Special Administrative Regions are very different, and in the case of Macau it was considered, even by Chinese standards as a colony only for about 150 of its 450 of history, nevertheless, two issues, "inherited by history"[30] were finally solved, in a cooperative and pragmatic way. China and the two former colonial powers, Portugal and the United Kingdom, notwithstanding all the difficulties of the process, gave a very positive example to the world of how peaceful and creative solutions to long lasting and sensitive issues can really work out.

At the turn of the century, it was very reasonable to state that China and EU were going through an excellent memento on their institutional relations, and that further improvement was expected in the future.

5. New challenges for a mature relationship (2001-2005)

International political developments at the dawn of the new millennium and the vicissitudes in the relations with the U.S underlined the growing importance of EU in China's external relations. The coming of power of George W. Bush, in 2001, begun with a new security strategy for the United States defining China as a strategic competitor. It was worsened by the incident between an US Air force plane and a Chinese fighter, off the cost of Hainan, in China. However, the terrorist attack in New York on 11th September brought the world together in the condemnation of this new global menace, and the pledge to fight against it. China became an ally in the process, not only because there were real threats in regard to acts of terrorism within Chinese territory, particularly in provinces with significant Muslim presence, but also because of China's neighboring Central Asia, where US troops begun operating on their war on the Taliban and Al-Qaeda.

However, the American unilateralist approach to the invasion of Iraq weakened the previous anti-terrorist consensus. EU was broken in two. The US position, of going to war without a mandate from the UN

---

[30] Term used by the Chinese to describe Hong Kong and Macau in a "soft" language.

Security Council, triggered deep divisions among EU member states. China's stand on this issue was a pledge for multilateralism and diplomacy, whereas a common European position, if existed, inspired by the EU tradition of a civilian power, would probably have been quite similar.

From the Chinese point of view, the common ground with EU on global issues was increasing and deepening. China become further integrated in the international community, with her entry into the World Trade Organization (WTO), in December 2001.

EU and China has no strategic competition, on a global or regional level, and no major bilateral issues that cannot be subjected to discussion, even if it results in agreeing to disagree. The European Commission released in September 2000[31] and May 2001[32] two documents on the implementation of 1998 EU's Communication "Building a Comprehensive Partnership", that reported on the results of such policy and proposed ways of increasing its efficiency. It was followed by the Commission's paper "A maturing partnership- Shared interest and challenges in EU-China relations" which was released in September 2003. It was adopted by EU during the General Affairs Council in October 13th 2003, the same day the Chinese Government released its first ever policy paper on bilateral relations with another country or region called "China's EU Policy Paper".

The EU communication recognizes that:

– much has changed in Europe, China and the world since the Commission's last policy paper was issued in early 2001;
– both sides have to adapt to a fast moving international scene;
– Europe and China have an ever-greater interest to work as strategic partners to safeguard and promote sustainable development, peace and stability;
– Europe thus has a major political and economic stake in supporting China's transition to a stable, prosperous and open country that fully embraces democracy, free market principle and the rule of law.[33]

---

[31] Report on the implementation of the Communication "Building a Comprehensive Partnership with China", COM (200)552, Brussels, 8/9/2000

[32] EU Strategy towards China: Implementation of the 1998 Communication and Future Steps for a more Effective EU Policy, COM (2001) 265, Brussels, 15/5/2001

[33] Summarized from the "Commission policy paper – A maturing partnership-shared interest and challenges in EU-China relations" COM(2003) 533, p. 3.

The Chinese views on EU, are as follows:
- The EU is now a strong and the most integrated community in the world, taking up 25 and 35% of the world's economy and trade respectively and ranking high on the world list of per capita income and foreign investment.
- Despite its difficulties and challenges ahead, the European integration process is irreversible and the EU will play an increasingly important role in both regional and international affairs.

On bilateral relations, the document said:
- ...the establishment of diplomatic relations between China and the European Economic Community in 1975 has served the interests of both sides.
- China-EU relations are now better than any time in history.
- There is no fundamental conflict of interest between China and EU and neither side poses a threat to the other.
- However, given their differences in historical background, cultural heritage, political system and economic development level, it is natural that the <u>two sides have different views or even disagree on some issues</u>[34].

The Chinese also identified the common interest with the European Union, in areas such as:
- Both China and the EU stand for democracy in international relations and an enhanced role of the UN.
- Both are committed to combating international terrorism and promoting sustainable development through poverty elimination and environmental protection endeavors.

EU-China bilateral relation is, as mutually recognized and sustained by factual developments, filled with a wide-scope agenda covering multiple issues ranging from international security to education, from finance to public administration, from police to culture, from research to the development of the political system in China. An enlarged agenda has become more and more complex, involving multiple-level actors from the public to the private sector. They became interdependent in economic terms and less asymmetrical, with the

---

[34] Underlined by the author, to show integration of differences into a "regime" agreeing to disagree in some matters.

European Union as China's biggest trading partner and China as the second biggest trading partner of the EU, after the US.

It is, therefore, very important to analyze the most challenging "issues-areas" of mutual interest, where cooperation as well as conflict could take place.

Chapter II – Main areas of cooperation and conflict

a) Human Rights, the rule of law and good governance

After Tiananmen, EU begun, in 1990, a policy of sponsoring resolutions at the UN Commission on Human Rights (CHR) or its sub-commission, condemning China's human rights records. Some resolutions were on Tibet, others on China as a whole. Those positions were ultimately blocked by no-action resolutions, voted by other members, never entering the discussion stage, except in 1995 when, by one single Russian vote, the resolution failed to pass.

China started a dialogue with the EU, by her initiative, in 1994. The first meeting took place in Brussels in January 1995 and the second one in Beijing, one year later, in 1996. However, as the Chinese learnt that both the US and EU were lobbying hard to sponsor a resolution for that year's CHR meeting, the dialogue was suspended in the spring of 1996. The EU policy was broken down when some of the members, namely France followed by Germany, Italy, Spain and Greece, decided not to sponsor such resolution. Those who opposed to that decision argued that it was a trade-off for China buying 30 Airbus planes from the French-German consortium. Whatsoever the reasons might have been, that was EU's last attempt towards such initiative. The EU-China dialogue was resumed in 1997.

Supporting China's transition to an "open country who fully embraces democracy, free market principle and the rule of law"[35] is one of the cornerstones of EU's policy towards the country.

Moreover, the EU-China co-operation on human rights and good governance, namely the experiment with elections at township level, development of the legal system and training in human resources, albeit small in scale, induces positive effects conducive to change.

---

[35] Op. cit.

From a political perspective, human rights issues are a potential area for friction as well as for cooperation, because there are still too many open issues. To number some of them we must consider the non-ratification by China of the UN International Covenants of Civil and Political Rights, re-education through labor and the death penalty, freedom of expression, religion and the right of association and religious and cultural rights for minorities. Each of those issues could trigger contention with negative effects on overall relations. Europe as an open society is vulnerable to public opinion and the efforts of civil society. Public sensitivity to any particular issue could have impacts on the national or intergovernmental agenda, as well as the European Parliament. Even if the politicians are able to find ways to manage those reactions China must understand that under extreme circumstances, this is one area where strong feeling from the civil society could give national governments and EU institutions little room for maneuvering.

On the other hand, this is also an "issue-area" where positive and reliable progress will catch the attention of the Europeans. Therefore, it is also important that China enter into a direct dialogue with Europe's public opinion, letting know what progresses are been made, however slow and difficult they are. Moreover, it is necessary to proceed with the dialogue with EU, based on factual and gradual steps, in the areas were there are existing cooperation, namely in programmes promoting the rule of law and better governance.

China's new generation of leaders, have show determination in addressing those issues and recognizing the need for reform. The public health crisis, prevention and handling of man made disasters, such as those occurred in mines and rivers, the need to fight corruption and misuse of public funds are all problems that need to be tackled. It requires better governance, a strong legal system, and the rule of law, able to protect the ordinary citizen and secure justice for all. In addition, the EU can help China to improve in all those areas.

As a conclusion, the current EU approach based on dialogue and practical co-operation provides good working grounds. However, this approach has adversaries inside the European institutions, at the level of each member state and with NGO's that are professing tighter measures, including the regular filing at the UNCHR resolutions condemning China's handling of human rights issues. They believe that to be the most efficient way to keep up pressure for negotiations and impose changes from the Chinese side. Therefore, for the current

EUstrategy for the dialogue with China on human rights to be sustainable, it must be further improved and be able to produce tangible results, in a long and bumpy road towards democracy. To achieve practical results, the approach should also strengthen cooperation towards improving good governance and the rule of law.

b) The arms embargo, EU-Taiwan relations and the American factor

The embargo on arms trade[36] was part of the Madrid declaration issued by the Council as a reaction to the June 4 events, in Beijing. It was a political declaration and not a legal binding document.

It did not have the force of law, as the Act[37] passed in the United States, regarding similar sanctions, which is still in force. Notwithstanding that fact, the embargo is still on going.

By the end of 2004, there were growing signs of EU finally changing positions. In the joint EU-China summit in The Hague, in December that year, the final declaration confirmed EU's "political will to continue to work towards lifting the arms embargo". Solana, the CFSP High Representative hinted that it could happen in the first semester of 2005, during the presidency of Luxembourg and before the U.K. rotating presidency.

The weapons' industry would be happy with that move. France and Germany were in favor, as well as Portugal. Many EU member states were not opposing although there were doubts over the position of the Nordic members and some new members.

China wanted the end of the embargo, for obvious reasons. However, China has been making a point that her main argument for lifting the embargo is not about allowing her to buy weapons but for being in the same list with countries such as Congo, the Ivory Coast, Liberia, Myanmar and Zimbabwe. For China, a respectful power that is participating in international cooperation programs, including those organized under the United Nations peacekeeping programs or doing her part in the six party talks to keep peace in the Korean Peninsula

---

[36] See ECP's reaction to the Tiananmen Crisis.
[37] Public-Law 101-246 passed by US Congress in February 1990. This law has to be articulated with the US Munitions List, which establishes what can or cannot be exported by US firms.

as well as other international efforts, should earn some more respect from the EU and the US, as well.

There was a belief that a positive gesture by the Chinese government regarding human rights, Taiwan or Tibet, would create the window of opportunity for the EU Presidency to advance for a resolution lifting the embargo, for it require a unanimous vote from the European Council.

However, that opportunity was narrowed when development across the Taiwan Straits, namely the recurrent invocation by the current Taiwan President Chen Shuibian over the issue of the island's independence, provoked a reaction from the Chinese leadership in the form of the "Anti-Secession Law". The National People's Congress passed it in March 2005, authorizing the Chinese authorities to use military force against Taiwan if independence was to be declared. This move was widely criticized by the US and the EU, and was counterproductive towards the lifting of the arms embargo. It was however clarifying in more than one way. Western observers might criticize the timing of that move, but, actually, it turned what might had been an unwritten policy into a legal instrument. Moreover, in the context of the cross-straits relation nothing has been change, just made more transparent, because, China still gives primacy to peaceful reunification as the formula to resolve the Taiwan issue.

Another clarification was the real motive of the American opposition to the EU lifting the embargo. It did not have to do with China's handling of human rights, but with the Taiwan case, with the doctrine of containing China's rise as a regional power, as well as with the interest of its own arms industry. Americans have traditionally been very careful over the issue of the cross-straits relations, and playing with their traditional ambiguity, trying to discourage any adventurous undertakings from either side, working to keep the "status-quo". However, the Bush administration had recently given some signs, maybe to satisfy its neo-conservative faction, to be leaning towards on Taiwan side, not directly, but by using Japan to do so. The strengthening of the US-Japanese alliance during the course of 2005 which considers the stability in the Taiwan straits to be of "common interest" to both, further irritated the Chinese, who are going through one of the worst periods of bilateral relations with their former 2nd World War invaders, since Koizumi came to power.

In his meeting with NATO in Brussels in February 2004, President Bush expressed that "there is a deep concern in our country that a transfer of weapons would be a transfer of technology to

China, which would change the balance of relations between China and Taiwan"[38].

EU's position on "Cross-strait" relations is one that advocates the peaceful resolution of differences between the two sides, "rejecting the use or threat of force"[39], under the one China principle. With this framework in mind, EU must manage the ending of the "arms embargo" to China in a highly prudent way. It must take into perspective the political will expressed at the Hague Summit. EU has recently advocated the need to change some norms in its own "Code of conduct" for arms sales. If this is a way out, acceptable by all EU members, than it should proceed without hesitation. The big picture must be present. If EU wants to develop a strategic partnership with China, then it must act accordingly, even if it will take more time and work to resolve outstanding issues.

c) Market economy status, trade and economic relations between China and EU

In June 2003, China formally requested EU to recognize it as a "market economy" (MES). The request was not openly rejected, but

> "in June 2004, the EU's 'preliminary assessment', found that China was still not deserving of MES. The EU pointed to a number of problems, including state interference in the economy through industrial policy and pricing restrictions; uneven compliance with corporate governance and accounting standards; an ineffective bankruptcy framework and intellectual property rights abuses; and biased capital allocation by financial institutions."[40]

For China, gaining "MES" is important because it influences the calculations of what is fair value for goods subject to "anti-dumping" investigations. In case of a "market economy", the calculation

---

[38] Quoted in "The National Security and Foreign Policy Implications for the United States of Arms Exports to the People's Republic of China by member States of the European Union", a testimony of R. Nicholas Burns, Under Secretary for Political Affairs, U.S. Government before the House Committee on April 14th, 2005. (electronic version)

[39] " EU's relations with Taiwan", op. cit., p.

[40] STEPHEN GREEN, "China's quest for Market Economy Status", in China Brief, Vol. 4, Issue 16 (August 05, 2004), Jamestown Foundation, p 1., available in www.jamestown.org

of the "fair price" is based on the cost structure of the industry under investigation. Otherwise, in case of a "non-market economy", such as China, the structure of a "surrogate" country would be used for those calculations. This "surrogate country" could well be the United States, Japan, or other developed economies. The main theoretical complain about the use of surrogates economies is that in most cases, if not all, they do not reflect the reality of the economy under investigation. Even if, from the quantitative perspective, there are similar cost structures, they cannot express what intangible factors or unquantifiable ones might have in the results. There have been several "anti-dumping" cases raised in the 30 years of EEC/EU- China relations. There were some recent progresses in this area since EU begun considering China as "transition economy". Consequently, the investigation on new "anti-dumping" cases will start by verifying if the products in question are been produced in a free market environment and if such, will they perform the calculations accordingly. Nevertheless, the Chinese request has also a symbolic meaning. EU has recently given "market-economy status" to Ukraine. Some countries such as Australia, New Zealand, Malaysia, Thailand, South Korea, Brazil, have recognized China as a "market-economy". The recognition by EU would be an acknowledgement of the profound transformation China has been through towards an open market economy.

Economic ties between EU and China are the backbone of its current relations. They are traditionally organized in two different areas. The first one is trade; the second foreign direct investment. In a way, economic cooperation could also fit into this heading. Regarding trade, there is a general belief that China, as the world's most populated country and with fast economic growth is a sort of a market of the world. China is currently the second biggest extra-EU trading partner after US. In addition, EU is China's first trading partner. Since the late 90's, EU trade with China has grown at a very fast rate (see Chart C). Between 1995 and 2003, the average annual growth rate of EU imports from China was 17.5% whilst growth in exports, for the same period, average 13.4%. Therefore, for the same period the negative trade balance slipped from 11.6 billion EUROS to 55.3 million EUROS, the worst bilateral trade deficit that it has with any of its partner. However, the relative importance of this bilateral trade to each of these two partners is quite different. To proceed with the analysis of their respective interdependence, in trade terms, one must look at the relative weight of imports and exports in relation to each partner's total trade.

A – EU (15) External Trade with China (%)

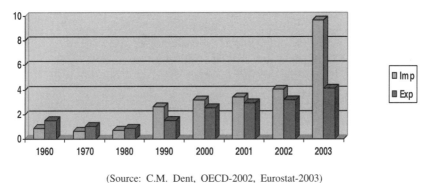

(Source: C.M. Dent, OECD-2002, Eurostat-2003)

For the EU, China was a relatively small market where, in 1990, 2.5% of its imports were coming from and to where it exported only 1.5% of its total exports. However, trade movements have accelerated in recent years and, in 2003, EU exported to China 4.1% of her total extra-EU exports and imported from that source 9.7%[41] of its total extra-EU imports.

B – China External Trade with EU (%)

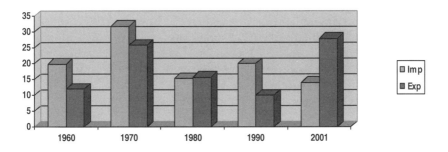

Source: C.M. Dent, Eurostat and author's own calculations. 2001 figure only refers to merchandise trade. Inclusion of service trade will not alter much the results.

---

[41] There is a significant difference between OECD and Eurostat for the 2003 export figure. As the Eurostat should be used as a primary source for EU's statistics, we corrected the Chart with this figure.

On the other hand, EU as a market has increased in significance for China's exports until through the 70's, declined in the 80' and picked up again in the 90's up to the present moment. In 2001, more than 27% of China's total exports (merchandise) went to EU. On the other hand, EU exports are still an important source of China's imports, although loosing ground to other sources. They are still, however, a major source for technology and product with high technological content. In fact, China is now importing much more from Asia, with which it registered a trade deficit in 2000, and exporting more to Europe and the United States.

Most of the trade between Europe and China are in industrial products. It is very common to think low-end textiles and clothing dominates China's exports to Europe while high-value added products dominate imports. This was a right equation many years ago but the current picture is somewhat different. According to the latest information released by EU[42], the EU trade deficit in "machinery" was (-26.4) billion Euros, while the same deficit in textiles was (-13.8) billion Euros. Therefore, almost half of the 2003 trade deficit of (-55) billion Euros are accounted for is trade in machinery, which includes the categories "machinery and mechanical appliances" and "electronic and electric machinery". Of course, we could be counting products with very different technological sophistication. However, China now exports a wide range of products, from washing machines to the latest mobile phones. This shift is partially a reflection of the effects of Foreign Direct Investment in China, namely European FDI, transferring stages of production that are more labor intensive to China and then importing back the final products. According to Chinese data sources, 79% of exports of industrial machinery, 92% of exports of computer equipment and 74% of exports of electronics and telecom were produced by FFEs (Foreign Funded Enterprises)[43].

All EU member states are also registering trade imbalances with China, with the exception of Finland and Sweden. The United Kingdom, Germany and the Netherlands are those with wider trade gaps. The first two are also the main sources of European Investment in China. In the year 2000, they accounted for a current value of

---

[42] DG TRADE A2/CG/SG/WB, Brussels May 2004 (it refers to EU 25).

[43] GEORGE J. GILBOY, "the Myth Behind China's Miracle" in Foreign Affairs, July-August 2004, pg.33-48, USA.

8.7 billion Dollars and 5.9 billion dollars, respectively. These figures were representing together only 4.2% of total inward FDI investment into China.[44] It is therefore impossible to understand China-EU trade relation without also focusing on the investment flux between the two sides.

In 2002, China surpassed the United States as the world's number one recipient of foreign direct investment. By the end of 2002, China's aggregate FDI in utilized investment amounted to USD 446.2 billion from a total stock of contracted investment of USD 827.9 billion[45], at an execution rate of around 54%.

According to EU's data, its aggregate FDI in China by mid 2001 was USD 25 billion (utilized) and USD 50 billion (contracted), 6.5% and 6.8% of the total[46] stock of foreign direct investment received by the country. That amount represented around only one per cent of EU's cumulative outward investment (excluding intra-EU flows), which is relatively low and smaller than its stock in South Korea, Singapore and Taiwan[47]. Main investors amongst EU Member States are the United Kingdom, Germany, France, the Netherlands and Italy.

In their comprehensive work "EU Direct Investment in China", Daniel Van Den Bulcke et al., identified five phases of European FDI inflow to China. Those periods were:

- 1979-85, when EU(EC) accounted for 10% of Chinese inward FDI, it had a relatively strong position due to several big projects including the participation of European Companies such as BP and Elf in oil exploration in the South China Sea;
- In mid eighties, it dropped dramatically as the inflow from other sources grew strongly, particularly in 1987-1988 (36% growth), after the Chinese government issued regulations in order to attract more foreign investment. Europeans were not able to catch on this new opportunity, leading to a relative slow down of its FDI in the Chinese economy;

---

[44] For the same period, total inward FDI from Macau (pop. 450 thousand inhabitants) was 4 billion USD, more than France's 3.8 billion USD. All figures from MOFTEC quoted in "European Union Direct Investment in China", Daniel Van Den Bulcke et. al., op. cit, p. 40.

[45] Figures provided by EU's Commission DG Relex.-24.09.2003.

[46] See note 171.

[47] Sourced from "European Union Direct Investment in China" by Daniel Van Den Bulcke et al, op. cit, pp.50-51 (refers to 1999 figures).

- With the Tiananmen crisis, foreign firms particularly Europeans and Americans were hindered to commit themselves resulting in a general decrease of EU "contracted FDI in China from 8.3% in the period of 1986-1988 to 2.7 per cent between 1989 and 1992"[48];
- Another period of high growth followed in 1994, as foreign investor recovered their confidence, after the XIV Congress of the CCP consecrated the return to the path of economic reform and opening;
- Ironically, with the Asian Financial crises, EU's FDI position in China was reinforced compared with Asian economies as well as the United States, reaching every year, from 1997-2000, US 4.3 billion, a figure which is even more impressive if compared, for instance, with the total amount of USD 2.15 billion reached for the whole period of 1984-1993. It seemed like EU's new political efforts in addressing its relations with China had reflexes over the perception European investors had of that market, which was sustained by China's "responsible" reaction to the financial crisis. It is also interesting to note that this new surge coincided with the period we called "the end of colonial relations". It continued to grow ever since.

On the same token, one should not underestimate the impact of the WTO accession on the perceived risk factor of the Chinese economy, as it turned China into a member of the multilateral trade regime acquiring by "club rights" the status of Most Favored Nation. Therefore, the risk of China losing access to its most important markets for non-commercial reasons had been greatly diminished, as well as investment risks, particularly to foreign investors who rely significantly on exports for the economic soundness of their projects.

If the stock of EU FDI in China is still low, compared with other FDI destinations for European investors, it has shown high growth in the most recent years and its pattern is considered inductive of a long term view, vis-à-vis, shorter-term commitments by other foreign competitors. This behavior could be observed in different characteristics of EU's investment projects. For instance, on average invested projects

---

[48] DANIEL VAN DEN BULCKE et al. "European Direct Investment in China", op. cit., p. 54-55.

in China by EU companies would cost US 17 million and the contribution from the parent company would reach US 9.6 million, in both cases around 50% above average.[49]

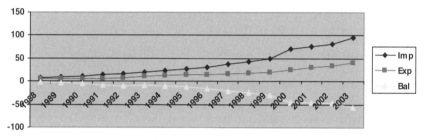

C – EU 15(12-1994) 1988-2003 trade with China (million Euro)

(Source: Eurostat-May 2004)

Another feature of EU FDI projects in China is their size, which tends to be larger than the ones from other foreign investors and over 80% are manufacturing companies. The main sectors are chemicals (18%), metal products and machinery (13%), electrical equipment (11%), food (9%), non-metallic minerals products (8%) and textiles (7%) and transport equipment (6%). From these data, one can conclude that those are capital intensive and high technology industries. The average duration of Joint Ventures with Chinese partners is 25 years, longer for instance than the average of Asian investors (20 years) and North America (21 years). The preferred combination of local partnership with European expertise by European investors has its imprint in the equity sharing of most of those Joint Ventures. In terms of location, EU FDI is concentrated, as well as the US FDI, in the Eastern Region and costal cities. These are huge urban concentrations, with high potential consumer markets and growth in disposable income, skilled labor, developed industrial and transport infrastructure, industry related support services, including marketing and logistics, good telecommunications and appropriate political, governmental and judicial environment.

---

[49] Based on studies in "EU direct investment in China", by Daniel Van Den Bulcke et al, op cit., pp. 58-62.

Therefore, although the quantity of European investments is still lagging behind the standard of other major economies, it has a pattern of high capital intensity and high technological content, and a preference for Joint Ventures with Chinese partners. Its concentration in the most developed regions is a consequence of its market seeking strategy, whereby the main objective is to sell to the Chinese market.

The pattern and evolution of economic relations between China and the EU has been fostering interdependence between the two sides. There are growing trade links and the European Investment in China from a long-term view has contributed to technology transfer and the existence of many joint ventures, with the necessary spills-over towards closer relations. In qualitative terms, the presence of European Investment and the way it has been behaving, helps in adding density to relations which otherwise could be relatively short in quantitative terms.

On the other hand, China's entry into the WTO is already inducing changes favoring better market access for imported products and services and better transparency and clarity for foreign investment.

From the point of view of overall trade and economic relations, the issue of conceding "market economy status" to China could have positive effects. Anti-dumping investigations can effectively be resolved within the framework of WTO. EU could present a timetable to China for "market distortion" practices to be phased out and given a conditional "market economy status", which would be the rule, with exceptions for a few sectors of its economy, where those distortions have had a decisive effect on competitiveness.

The phenomenal increase of Chinese textiles export to Europe after market liberalization in January 2005, which resulted in urgent negotiations between the European Union and China and an agreement signed by both parties in June 10th of this year, has proven that, reasonable solutions can be found through negotiations and responsible attitudes by both parties.

The same principle could be applied to overcome the standing issue of "market economy status".

d) International cooperation

China and the EU share the same long-term view regarding the role of international organizations, namely the United Nations, and multilateralism.

Hence, EU and China should work together in reforming the United Nations and strengthening its role as the guardian of peace and stability in the world. In this regard, regular consultations between China and the EU member states seating at the Security Council should also be a priority.

Areas of international cooperation could also include working closer for consultation and coordination of the positions of China and EU members on major international and regional issues (including non-proliferation, the peaceful resolution of territorial disputes in the South China Sea, the North Korea nuclear programs, the security issues at the Korea Peninsula and the political issues in Burma/Myanmar); strengthening ASEM as a interregional platform, where security dialogues also takes place; prevention and combat of terrorism, including taking actions towards poverty alleviation, respect of religious and cultural differences, and fostering just and even development; and articulating efforts and enhancing cooperation, including police cooperation in the fight against organized crime (sometimes with connection to terrorist networks), particularly in the fields of money-laundering, illegal immigration and drugs production and trafficking.

International cooperation should also be extended to environmental issues, covering not only environmental protection and improvement, but also the management of finite resources, international public health issues, namely research on and prevention of pandemic diseases and food security.

Cooperation on Science and Technology should also increase and the participation of China in the Galileo project is a landmark. The use of nuclear fusion technology under the ITER framework, and a much fruitful collaboration among academic and research institution from both sides, fostering research in "hard", applied and social sciences.

Assuming EU and China have the same long-term compatible objectives for world peace, multilateralism, and sustainable development, international cooperation is an area where much should be expected from EU-China strategic relationship.

Chapter III – Conclusions

China's "peaceful rise", as it has been called by its leadership, is the current stage of the country development, a challenge for the region and the world, but first of all, for China itself. Too many people believe that, sooner or later, the rise of China will pose serious security questions to the world, not only regionally, but also in a wider spectrum, since China is already competing for resources at a world scale. Fast economic growth, very limited use of clean technologies and gross mismanagement are posing serious environmental risks not only to the country but also to their neighbors. China achieved exceptional economic results leading to overall betterment in the living condition of its people. But poverty is still a great problem and regional asymmetries as well. The recent drive by the Chinese leaders to give much more attention to quality growth and development of the poorest regions are very important, and a huge ground for EU cooperative efforts. But China also needs to address the region and the international community as well. The Chinese leadership has been stressing that China's rise is a win-win situation for her Asian neighbors. So far, it is happening exactly like that.

The current generation of leaders, headed by Hu Jintao and Wen Jiabao , according to some observers[50], has been vying for a balanced yet pro-active diplomacy. What does it mean? First of all, it means a balance between Deng Xiaoping's approach of "keep a low profile and never take a lead" and Jiang's later policies of "Great Power Diplomacy". China's diplomacy has been neither low profile nor confrontational. It also tries to balance between political and economic concerns. China has made bold moves towards countries or bloc of countries that are, in their interest, both economically and politically important. Her good neighborhood policies towards ASEAN, with whom a non-aggression pact was signed in late 2003, albeit some sovereignty disputes, is a good example of such policy. Almost 70% of "overseas Chinese" are living in ASEAN countries. They are an extremely important source of inward funds, either as investment or as family remittance; some of China's main markets and suppliers are also there, hence the bilateral Free Trade Agreements that had been signed with some members of the bloc; it is also with some of those countries that China shares some natural resources, namely water, which could lead to dispute over time.

Another example, could be found in the emphasis dedicated to relationship with the Portuguese speaking countries by establishing a

---

[50] WILLY WO-LAP LAM "Beijing's New "Balanced" Foreign Policy: An Assessment" in vol. 4, Issue 4 of "China Brief" (20/2/04), the Jamestown Foundation, available in www.jamestown.org .

new multilateral initiative through Macau, until recently administered by Portugal and where Portuguese is also an official language. Those countries[51], which together represent more than 200 million consumers and are spread in Europe, South America, Africa and Asia, could be an important source for oil, cotton, rubber and other natural resources, as well as, medium and high technology (Brazil, Portugal) which are useful for China's current stage of development. They can also be, and is almost sure it will turn out that way, destinations for the emerging internationalization of Chinese capital and Chinese tourism. This platform is also an example of the sophistication of Chinese economic diplomacy that adds to her bilateral relations with those countries, a multilateral platform built upon the historical links of one of her new Special Administrative Region.

But the word balanced could also mean, as some observers also pointed out, to play one country or bloc of nations against another. The effort in approaching the European Union was perceived as pursuing this goal, once both China and the EU are not in favor of unilateralism. The theorist and followers of the "China Threat Theory" are certainly amongst them. Let us take, for instance Aaron L. Friedberg, assessment that "China may hope to cultivate a much closer relationship with a more independent and perhaps openly anti-American European Union"[52] or, more recently, Frank Chin:

The relationship between China and the EU is being driven inexorably by geopolitical forces, even more than economic ones... China has been casting around for partners to check the excesses of American power. The months leading to up to the invasion of Iraq saw European and Chinese interest dovetail in opposing what both viewed as unilateral action by the US...the Chinese, like the Europeans, want to bring about a multipolar world-with China and Europe as two poles.[53]

However, EU should not be hindered by the American factor in her pursue of closer ties with China. Nor it should be interpreted as a way to "balance" American influence. The transatlantic relation has

---

[51] Angola, Brasil, Cape Vert, Guinea-Bissau, Macau SAR, Mozambique, Portugal and East Timor. The island republic of S. Tome is left out because it has formal relations with Taipei.

[52] AARON L. FRIEDBERG, "The Struggle for Mastery in Asia", in Commentary, Vol. 110, 4, Nov. 2000, p.25, published by the American Jewish Committee, N.Y.

[53] FRANK CHING "Changing Dynamics in EU-China Arms Relations", Asia Media, 8/3/2004, p.7 electronic version available in www.asiamedia.ucla.edu .

a historical, political, economic and social dimension that EU-China relations are very far from reaching, if they ever will. On the other hand, China-US relations remain far more complex and significant than her relations with Europe. It has a security dimension that EU is not able to fill, now or in the foreseeable future.

What is important is that China and Europe keep an open-mind and work closer in their mutual benefit. Willingness, on both sides, to establish a progressive attitude for further cooperation and understanding, in an open regime, where, at every step, new formal or informal agreements can be reached, in diversified areas, bringing closer economic, trade, social and cultural links. People to people relations have chances to develop in such environment and multi-channels of communications will come out naturally.

What is important is that on both extremes of Eurasia, international relations are not seen with the limited scope and philosophical pessimism of realism[54], as a zero-sum game. Europe should worry less of "Managing a rising China"[55] than to a China in turmoil and instability, whatever the causes of such hypothetical scenario could be. For now, it is much more pressing for Europeto understand China and vice-versa. The principles of "constructive engagement" of the Europeans and Zhou Enlai's "Five Principles of Peaceful Coexistence"[56] can live together as long as the contradictions of the XXI century, coming from the phenomenal economic globalization and economic, social, cultural and religious discriminations, are put into perspective.

There are great hopes and the world needs a stronger EU-China Strategic partnership.

---

[54] SEE R. GILPIN, previously quoted.

[55] Title of a paper by François Heisbourg, Fondation pour la Recherche Stratégique, Paris presented in October 22-23,2001

[56] Five Principles of Peaceful Coexistence: 1) mutual respect for each other's sovereignty and territorial integrity; 2) mutual non-aggression; 3) non-interference on each other's internal affairs; 4) equality and mutual benefit and, 5) mutual co-existence.

Chart 4

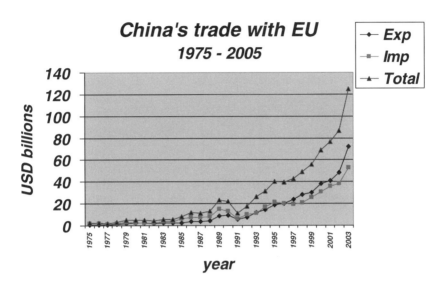

Source: China

SHOULD USING SPECIFIC MEASURES BE A GOAL? – A CASE STUDY OF TRADE RELATIONS BETWEEN BRAZIL AND CHINA

por *Wei Dan**

1. Outline of the Strategic Partnership Brazil and China

As the two biggest developing countries in the world, Brazil and China have established diplomatic relations for thirty-one years and have become strategic partners since 1993. Despite of remote distance and diversities in culture, the bilateral relation is important for both governments, because Brazil and China share common concerns of international situation and have common interests as developing countries.

The Ministries of Foreign Affairs of the two countries have formed a periodic negotiation mechanism since 1985 and till now twelve political consultations have been organized. Since the last decade of the twentieth century, there have been a lot of high-level visits between the two countries. Both hold the belief of multilateralism in international affairs. Both supported the Kyoto Protocol and resisted

---

* Lecturer of Faculty of Law of University of Macau, member of Chartered Institute of Arbitrators and Ph. D student of Faculty of Law of University of Coimbra, Portugal. The author accepted honorably an invitation of the Minister of Development, Industry and Foreign Trade of Brazil, Mr. Luiz Fernando Furlan, to participate in the bilateral technical negotiation between Brazil and China in September, 2005 in Beijing. Through participation in the trade negotiation, combining respective theories of WTO rules, the author would like to express her personal idea concerning how to resolve some trade frictions currently emerged between Brazil and China. The views expressed are only those of the author. Although the academic analysis of the problem concerned is not complex, the present article is attentive to Sino-Brazilian bilateral relations in reality, seeking workable solutions and enlightenment for other developing countries.

together the protectionist's policies of the United States and European Union in Cancun, Mexico. Brazil and China, as important members of G-20, keep a close and an active cooperation in promoting the interests of developing countries in the new Doha round negotiation of the World Trade Organization. Brazil emphasizes promoting bilateral relations with big developing countries. This fact implies many opportunities for a closer cooperation between Brazil and China, namely, China supports Brazil to play a more important role in the international affairs and Brazil recognizes China as country of market economy; Brazil supported China's candidate to become a permanent observer of Organization of American States (OAS) and a member of Inter-American Development Bank (IDB) and China also supported Brazil to become a member of Asian Development Bank (ADB). During the visit of Brazilian President Lula da Silva to China in 2004, the two governments issued a joint communiqué, expounding four principles for future development of bilateral relations and their views on regional and international issues[1].

Over the past three decades since the establishment of diplomatic ties, in particular the ten years since the formation of China-Brazil strategic partnership, in-depth progress has been made in bilateral economic and trade relations. After China became a member of WTO in 2001, a direct consequence is the Brazilian exportation of chicken and beef to China[2]. In 2003, the bilateral trade reached US$ 6780 million. In 2004, the bilateral trade summed US$ 9150 million, which represented an expansion of 37% compared to the year of 2003[3]. Also in 2004, China was the third trading partner of Brazil (after the United States and Argentina) and the fourth country for Brazilian exports and imports. Brazil was the tenth supplier for Chinese imports and the biggest trading partner of China in Latin America. The main exports of Brazil to China are resource-intensive products and primary products (nearly 70% are agricultural products), such as

---

[1] The four principles set forth by the two governments are: (1) maintain equal negotiation and strengthen mutual political trust; (2) keep reciprocal and mutual benefit trade and expand economic and commercial relations; (3) maintain consultation and negotiation and strengthen international collaboration; (4) promote non-governmental exchange and strengthen mutual understanding.

[2] The two governments signed a bilateral agreement in 2002 to eliminate phytosanitary barriers.

[3] Source: SECEX/MDIC, Brazil.

soy bean, iron sand[4], timber, wood pulp, petroleum[5], leather, auto parts, etc. The main exports of China to Brazil are electromechanical equipments, high technology products, clothing, coal, coke, textile products, components of wireless communication equipments, etc.

There are already seventy-six companies or enterprises of Chinese investment that have been established in Brazil, and the total value reached US$ 0.13 billion, mainly concentrating on mining, wood processing and domestic assembly. Currently, some Chinese enterprises have defined new big projects of investment in Brazil, such as the basic infrastructure, mining and smelter, etc. In China, there are 337 Brazilian investment projects, with the amount US$ 0.12 billion, in the areas of feeder liner aircraft manufacture, refrigerator and compressor industry, food service, auto parts industry, etc. One of the biggest joint-ventures is the cooperation between Companhia Vale do Rio Doce and Shanghai Baosteel, with the investment amount about US$ 2 billion, two huge steel mills will be constructed in Maranhão, Brazil.

The strategic partnership also covers cooperation of science and technology, such as agriculture, animal husbandry, aquaculture, forestry, aviation, space flight, medicine, new materials, bioengineering and peaceful use of nuclear energy. In 2000, the two countries made together one earth resources satellite, which contributed a lot to some big projects of China, such as South-to-North water division and West-to--East Gas Transmission. In October, 2003, the second Sino-Brazilian satellite was sent to the space. Now, it is playing an important role in monitoring of Amazon, which makes Brazil reduce her technological dependence on some developed countries. Recently, the two countries expect to develop cooperation in infrastructure construction in Brazil (mainly the railway construction to facilitate the transportation of products) and joint exploitation international of petroleum resource.

To enhance the exchange and collaboration in various areas, Economic and Trade Mixed Commission, Science and Technology Mixed Commission and Cultural Mixed Commission have been established by the two governments.

Such a strategic partnership will not only benefit both China and Brazil, but also serve the common interests of developing countries and world peace and development.

---

[4] Brazil is the second biggest producer of iron sand in the world.

[5] China is the second biggest importer of petroleum in the world, only following the United States.

2. Background of the case

However, the strategic partnership does not mean that there won't be any trade conflicts between the two countries. In fact, even between good friends there can be troubles. In recent years, with the expansion of bilateral trade, both in quantity and in value, it is natural that there are more trade frictions between Brazil and China.

In 2004, Brazil exported to China US$ 5440 million, more than 20% compared to the year before, and the exports to China represented 5.6% of Brazilian total exports; China exported to Brazil US$ 3710 million, with an annual increase of 72.7%, the imports from China representing 5.9% of total Brazilian imports. From January to August of 2005, the Brazilian exports to China increased 6%, while the growth rate of Chinese exports to Brazil went up to 47.36%. The participation of Chinese products in the total Brazilian imports changed from 5.9% in 2004 to 6.9% in current year, growing from US$ 2244 million to US$ 3307 million. Also in the period January and August of 2005, the imports of textiles from China grew 49.1%, the imports of Chinese shoes increased 59.2% and the imports of Chinese toys expanded 66.4%.

In March, 2005, some Brazilian enterprises began to complain that large amount of Chinese low-priced[6] products affected their sales in domestic market. Especially, the Brazilian Association of Textiles Industry (ABIT) asked the government to apply specific safeguard measures against the Chinese imports. In the late of August, Brazilian Manufacture Federation united some big synthetic fiber factories to hold a demonstration, requesting the government to adopt specific safeguards measures against China as soon as possible because there were already 29,000 workers who had lost their jobs due to the Chinese imports.

In this context, in September, the Ministry of Development, Industry and Foreign Trade of Brazil began to have technical negotiations with the Ministry of Commerce of China in Beijing, hoping to reach an agreement between the two sides, so that China will make self-adjustment or restrain voluntarily her exports to Brazil and then, Brazil can ease up the pressure from the domestic industries without using any specific safeguards measures. The two ministers also held sincere and friendly talks on the difficult issue. Although the hard

---

[6] According to ABIT, the price of the same textiles sold in the United States is 79% much higher than that sold in Brazil.

negotiations in the late of September in Beijing did not lead to an agreement, the efforts to come to a consensus between the two governments did not stop.

At the strong request of respective domestic industries, on September 22nd, 2005, the decree no. 5544, which incorporated the Protocol on the Accession of the People's Republic of China into the domestic legal system, was promulgated in Brazil. On October 5th, two more decrees, namely, the decree no. 5556 and the decree no. 5558 entered into effect in Brazil. The former prescribes specific safeguard measures of temporary character towards Chinese products in general (with exception of textiles and clothing) and the latter is aimed specifically at Chinese textiles and clothing. From then, any Brazilian enterprise that suffered from Chinese imports can submit an application of specific safeguard measures to the Brazilian government together with sufficient proofs.

The bilateral trade negotiation in September 2005 focused mainly on the Chinese textiles exports to Brazil, mentioning also other products exports as well. But no doubt, the question of textiles was the most important concern for both sides.

First of all, let us get acquainted with the developments of textile industry in both countries. As all know, in China, the textile industry has been one of the pillar industries of national economy. The output of yarn, cotton, woolen fabric, silk fabric, chemical fabric and garment takes the first ranking in the world. The export of garment of China also holds the highest record in the world for many years. It is estimated that the gross output value of the year 2005 would reach 110 billion RMB and the Chinese export of garment would be around 30% of world exports by the year of 2008. There are totally 19 million employees engaged in textile industry. The textiles correspond to an important part of national exports and have contributed so much to the export earnings. Near one third of national output is aimed at exportation[7]. For example, in 2004, the export value of textiles reached US$ 9510 million, equivalent to 12% of total national export value[8]. Because

---

[7] YU, Y. D., ZHENG, B.W., (ed), 2000: *The Research Report on China's Entry into WTO – The Analysis of the China's Industries,* Social Sciences Documentation Publishing House, Beijing, p. 165.

[8] In 1998, the output of Chinese textile industry represented 10.8% of national industrial output, the exports of this sector was equivalent to 23.3% of national products' exportation and corresponded to 70.6% of total earned foreign exchange.

of the rich resources of domestic labor, the cost of Chinese textiles is much lower than most developed countries. However, as a large processing base, the competitive advantage of Chinese textiles, compared with the textile industry of other countries, exhibit mainly on the products of low price, because many domestic enterprises do not have sufficient capacity and fund to manufacture garments of famous brands in the international market. Still more important, being short of unified and effective administration, the product pricing system in China is confusing. Many enterprises do not hesitate to reduce the products' price in order to compete in the market occupation; naturally, the profit level of Chinese exports has been very low. According to the Chinese Minister, "China can only import one Air Bus A380 when she sells out 800 million pieces of blouses".

The Brazilian industrial modernization actually started from the textile industry, and it has been a traditional industry[9]. Beginning in the nineteen seventies, the output of textile industry grew steadily, playing a more important role both in the domestic industrial output (around 20%) and in GDP (4.4% in 2001). After adopting the Real Plan in 1994, the Brazilian currency became more stable. Besides the growth of exports, the imports also increased along with the constantly expanding domestic demand. In recent years, the textile foreign trade has turned up surplus. For the first time, Brazil has become an exporter of cotton instead of an importer since 2001. More than 1.5 million persons are working in the sector. Among the textile material supply, fabric industry and ready-made clothes industry, the latter seems to be the main body. In the foreign trade, China is an important exporter of Brazil, just following the United States. Based on the statistics of the Ministry of Development, Industry and Foreign Trade, the imports of textiles from China increased four times between 2000 and 2004. The participation of China in the total imported textiles by Brazil grew from 7.2% in 2000 to 17.6% in 2004.

3. Major arguments of Brazil and China

In the bilateral negotiation, Brazil asserted that based on the article XVI of Protocol on the Accession of the People's Republic of

---

[9] FURTADO, Celso, 1989: *Formação Econômica do Brasil,* Companhia Editora Nacional, (Chinese edition of 2002 by Social Sciences Documentation Publishing House, Beijing), p. 192.

China into the World Trade Organization and the paragraph 242 of the Report of Working Party on the Accession of China, a WTO member has the right to apply transitional product-specific safeguard mechanism. Under this mechanism, where Chinese products are being imported into the territory of any member of WTO in such increased quantities or under such conditions as to cause or threaten to cause market disruption to the domestic producers of like or directly competitive products, the affected WTO member may request consultation with China with a view to seeking a mutually satisfactory solution including safeguard measures and voluntary export restraints. If consultations do not lead to an agreement within 60 days, the affected member can resort to safeguard measures only toward China. The provisions are part of terms and conditions for China's accession into WTO.

However, Brazil claimed that she did not intend to use unilaterally specific safeguard measures towards Chinese products, instead of this, voluntary export restraints through bilateral negotiations would be a better solution. Based on the previous experiences with Argentina, Brazil suggested that the two trading partners may create one Trade Monitoring Group to ascertain situations of imports increases that cause or threaten to cause market disruption and to initiate consultation process between the two countries.

In addition, regarding the concrete case, the total value of export restraints in question only represents a very small percentage of Chinese exports to Brazil and also of all Chinese exports to the world (the exports of Chinese textiles to Brazil only represented 4% of total Chinese exportation to Brazil and 0.3% of total exportation of China to the world). In this sense, the voluntary export restraints by China will alleviate significantly the pressures and worries coming from the Brazilian domestic industries.

China asserted that though a WTO member may use specific safeguard measures towards Chinese imports, stipulated by the Protocol and the Report as a legitimized right, such application is discriminatory and may hurt China's feeling because it is destined only to China. Any form of quantitative restrictions is against the spirit of WTO (article XI of GATT 1994). WTO members should comprehend all the WTO legal documents fairly and excise their rights with good intention. Since the liberalization of textile trade on January 1st of 2005, Chinese government has conducted the foreign trade with quite a lot of voluntary restraints. In the bilateral trade with Brazil, China has a big deficit[10]. Normally, it is the country with deficit that asks her trade partner with surplus to apply quantitative restraints, but not the contrary. After analyzing the Brazilian proposal of the products' list to be incorporated in the voluntary export restraints, China considered that from the point of view of pure economic interests, it seemed that the domestic industry would rather wait to see the results of the specific safeguard measures than be imposed restriction on exports by the government. To resolve the current problems, China suggested other ways, such as to promote mutual investment and customs' cooperation, and even though the Trade Monitoring Group should be created, it must reflect the strategic partnership and should be reciprocal.

4. Evaluation

4.1. *Brief assessment of trade remedies and specific safeguard measures*

Anti-dumping measures, countervailing measures and safeguards are three main trade remedy measures applied by the WTO members. The General Agreement on Tariffs and Trade (GATT 1994) stipulated in article VI that "...dumping, by which products of one country are introduced into the commerce of another country at less than the normal value of the products, is to be condemned if it causes or threatens material injury to an established industry in the territory of a contracting party or materially retards the establishment of a domestic industry"; "the term countervailing duty shall be understood to mean a special duty levied for the purpose of offsetting bounty or subsidy bestowed, directly, or indirectly, upon the manufacture, production or export of any merchandise" and "no countervailing duty shall be levied on any product of the territory of any contracting party imported into the territory if another contracting party in excess of an amount equal to the estimated bounty or subsidy determined to have been granted, directly, indirectly, on the manufacture, production or export of such product in the country of origin or exportation...". The

---

[10] In the year of 2003, China' deficit in the bilateral trade was US$ 2.308 billion. Cited from PASSOS, Maria Helena, (2004), *Dois Gigantes Somam Forças*, Brasil, Ministry of Foreign Relations, p. 8.

article XIX of GATT allows the use of trade remedy measures when no unfair trade happens (there is no need to prove the existence of any dumping or subsidy of imported products). In order to prevent abusing these measures, trade remedy system has been taken into account and regulated by WTO, including Agreement on Implementation of Article VI of the General Agreement on Tariffs and Trade 1994, Agreement on Subsidies and Countervailing Measures and Agreement on Safeguards[11].

The trade remedy system is considered as the escape clauses because it allows a WTO member in certain circumstances to avoid WTO obligations that cause serious injury to domestic industries of a product or competitive with domestic industries whose importations are growing. One of the objectives of the WTO is to promote economic growth through free trade. But because there are still a lot of dissimilarities in economic scale, quality, quantity and unit price of a determined product among the members, WTO has established some rules to restrict the imports even for the cases of fair trade. It is understandable that the governments are affected by some groups of interests and some political factors. Although consumers surely gain from the cheaper and good-quality imports, domestic producers and industries that produce like or directly competitive products probably suffer injuries from such imports, for example, decreases in the level of sales, in the profits, in the capacity utilization and in financing capacity, increases of unemployment and bankruptcy. Even though such kind of injury may be smaller than the benefits and net welfare gains from the imports, the governments cannot turn a blind eye to the demands of domestic industries.

Two situations should be distinguished when resorting to trade remedy measures. Anti-dumping measures and countervailing measures can only be applied in the cases of unfair forms of trade while general safeguard measures apply to compensations for fair trade. In fact, these measures are compromises between the world trade libera-

---

[11] For a long period of time, Article XIX of GATT 1947 had been questioned a lot. Namely, Article XIX did not provide an acceptable definition of serious injury so that importing country would have a big margin to define it by itself; there were few rules of domestic procedures for invocation of safeguard measures; the notification and consultation procedures seemed inadequate; and grey-area measures had been widely used to escape GATT obligations. In these respects, the Agreement on Safeguards is a substantial improvement over Article XIX of GATT.

lization as an ideal and the actual trade relations as a reality. Safeguard measures are instruments to avoid risks of trade liberalization, and at the same time, means to keep the growth and development of international trade. Especially, safeguards are one kind of safety valve for importing country' economy and have been used more and more frequently. Compared with the other two trade remedy measures, the requirements to apply safeguards established by the WTO are stricter so that they cannot be abused.

Generally speaking, it is much easier for trade partners to use specific safeguard measures against China than resorting to anti-dumping measures, countervailing measures and traditional safeguard measures. To use specific safeguard measures, a WTO member does not need to conduct complex investigation such as anti-dumping, being enough to prove the existence of domestic market disruption, owing to imports from China.

The specific safeguard measures towards China have already departed from the characteristics of general safeguard measures established by the WTO, since the requirements of application are much lower than traditional safeguard mechanism and also lower than the ones of remedies for unfair trade.

To explain this point, it is necessary to analyze both the similarity and differences of the general safeguard measures and specific safeguard measures. One thing in common is that the general safeguard measures and specific safeguard measures are both means to reduce imports. These measures should be temporary, lasting only enough to facilitate adjustment. Safeguard should not impose absolutely restrictions on imports, that is to say, it must provide a reasonable space for trade growth.

The biggest difference between the two kinds of safeguards lies in the source of a product. According to the provisions of Agreement on Safeguards of WTO, no matter where come from the imports, the importing country may start procedures of safeguard measures, pursuant to article II, "safeguard measures shall be applied to a product being imported irrespective of its source". This complies with the non-discrimination principle of WTO[12]. Article XVI of Protocol on the

---

[12] For example, Article I of the GATT states that "...any advantage, favor, privilege or immunity granted by any contracting party to any product originating in or destined for any other country shall be accorded immediately and unconditionally to the like product originating in or destined for the territories of all other contracting

Accession of the People's Republic of China provides that any WTO member may apply transitional product-specific safeguard mechanism towards products of Chinese origin. For this reason, specific safeguard measures, as part of the terms and conditions for China's accession, are exceptions of Article XIX of GATT and of Agreement on Safeguards of WTO.

On the other hand, the substantive requirements are quite different. For an importing country to apply safeguards, it is necessary to prove that there are increased imports, due to unforeseen development and GATT obligations, and the increased imports must cause or threaten serious injury to domestic producers of like or directly competitive products. In other words, there must be at least three conditions: a sharp increase of imports (absolute or relative to domestic production), a serious injury or a threat of serious injury of domestic industry and the causal link between the injury/threat and such increased imports. While any WTO member may pursue safeguard action against imports from China when there are increased quantities or under such conditions as to cause or threaten to cause market disruption to the domestic producers of like or directly competitive products. According to the paragraph 4 of Article XVI, "Market disruption shall exist whenever imports of an article, like or directly competitive with an article produced by the domestic industry, are increasing rapidly, either absolutely or relatively, so as to be a significant cause of material injury, or threat of material injury to the domestic industry. In determining if market disruption exists, the affected WTO Member shall consider objective factors, including the volume of imports, the effect of imports on prices for like or directly competitive articles, and the effect of such imports on the domestic industry producing like or directly competitive products". We can see that the "market disruption" is much more oblique and difficult to be interpreted than "serious injury" and "threat of serious injury" (Article IV of

---

parties". The principle of non-discrimination is also complemented by Article III (National Treatment on Internal Taxation and Regulation) and Article XIII (Non--Discriminatory Administration of Quantitative Restrictions). Article XIII specifies that "no prohibition or restriction shall be applied by any contracting party on the importation of any product of the territory of any other contracting party or on the exportation of any product destined for the territory of any other contracting party, unless the importation of the like product of all third countries or the exportation of the like product to all third countries is similarly prohibited or restricted".

Agreement on Safeguards). Also, there is a difference in terms of injury extent, since "material injury" mentioned in Article XVI of the Protocol is lighter than "serious injury" defined by the Agreement on Safeguards. Therefore, for trade partners of China, they have stronger discretionary power by utilizing specific safeguard measures. Furthermore, the provisions of trade diversion lower the substantive requirements for specific safeguard measures. "Trade diversion referred to an increase in imports from China of a product into a WTO Member as the result of an action by China or other WTO Members pursuant to paragraphs 2, 3 or 7 of Section 16 of the Protocol" (paragraph 247 of Report of the Working Party on the Accession of China). For example, if Chinese products were considered the reason for market disruption for country A and restricted to enter its territory, so when country B considered Chinese products caused or threatened to cause significant diversions of trade into its market, country B may also apply safeguard measures against Chinese imports, without the need to prove the market disruption.

As for trade compensation and retaliation, in the case of absolute increase in imports, according to Article VIII of the Agreement, the affected exporting country by safeguards may negotiate with concerned WTO members to seek any adequate means of trade compensation for the adverse effects. If no agreement is reached within 30 days in the consultations, the exporting country shall be free to suspend the application of substantially equivalent concessions or other obligations to trade of the importing country applying the safeguards, upon the expiration of 30 days from the day on which written notice of such suspension is received by the Council for Trade in Goods and not later than 90 days after the measure is applied. The indispensable prerequisite is that the Council for Trade in Goods does not disapprove. The right of suspension shall not be exercised for the first three years that a safeguard measure is in effect. The paragraph 6 of Article XVI of the Protocol also stipulates that China has a right to suspend the application of substantially equivalent concessions or obligations under the GATT 1994 to the trade of the WTO Member applying the measure, if such measure remains in effect more than three years. Regarding to a relative increase in imports, the Agreement does not provide any time limit, the exporting country may suspend concessions opportunely, however, "China has the right to suspend the application of substantially equivalent concessions or obligations under the GATT 1994 to the trade of the WTO Member applying the measure, if such measure remains in effect more than two years". That is to say, China can only adopt trade compensation measures or retaliation two years later of the utilization of specific safeguard measures.

The application term of specific safeguard measures towards Chinese products is 12 years from the accession. The transitional safeguards for textiles will maintain until December 31, 2008.

4.2. Brazilian legislation

In order that the specific safeguard measures become operative and go into effect, upon the request and pressure coming from domestic industries, Brazilian government promulgated the decree no. 5556 of October 5, 2005 to establish rules for transitional safeguards (Article XVI of the Protocol on the Accession of People's Republic of China) and the decree no. 5558 of October 5, 2005 to specify rules for textile safeguards (Report of the Working Party on the Accession of China).

In Brazil, the Foreign Trade Council (CAMEX) has the competence to decide whether to apply provisional safeguards or no, based on the opinion of Secretary of Foreign Trade of the Ministry of Development, Industry and Foreign Trade (SECEX), after investigation process.

In the Brazilian legislation, one of the originalities is that from the moment of receiving application begins a procedure of preliminary consultation of 30 days, for the negotiation between the industries and the two governments. The investigation starts with the publication of circular in the Official Daily by the SECEX. During the investigation period (8 months for other products and 4 months for textiles), it is possible to apply provisionary safeguard measures in necessary proportion, provided with proofs of market disruption that causes material injury or threatens to cause material injury.

In the case of textiles, it is sufficient to prove the market disruption exists and it impedes the orderly development of trade. After the end of preliminary consultation, if the two countries do not reach an agreement, the investigation procedure will begin and the formal consultation will last 90 days. During these 90 days, China shall immediately impose restrictions on the exportation of textiles to a level no greater than 7.5% (6% for wool product categories) above the amount entered during the first 12 months of the most recent 14 months.

The market disruption may originate either from the rapid increase of imports or from the trade diversion effect. The specific safeguard measures applied by the third country may cause trade diversion to Brazil, and thus, Brazil can also launch respective procedures.

The specific safeguards against Chinese textiles are in force for one year, and domestic industry may submit a new application[13], asking for another safeguard measure for one year. As for other products, the period of transitional safeguards is 2 years and can be prolonged for another year through application.

4.3. Some considerations

It is evident that after domestic legislation, Brazil is well equipped with legal instruments. In the bilateral trade conflicts, the situation is very favorable to Brazilian side from the legal perspective. However, such arm should not be easily used.

To see whether resorting to specific safeguards measures is a good policy or not, the following factors must be taken into consideration.

First, the specific safeguards shall be transitional nature only for period of time as may be necessary to prevent or remedy the market disruption. Referring to the Agreement on Safeguards, the starting point of any safeguard measures shall not neglect the importance of structural adjustment as well as the need to enhance rather than limit competition in international markets. For international trade in textiles, the Multi-Fiber Arrangement (MFA) was brought to an end by the Agreement on Textiles and Clothing of GATT Uruguay Round. Now, beginning from January 1st, 2005, the timetable of full integration of textiles into the multilateral trading system has finished already; which implies that the international specialization based on the relative comparative advantage of producers will be confronted with more competitions. Surely, changes will occur in the patterns of production, trade and investment of textiles and clothing. Many deve-

---

[13] Brazilian legislation adopts the same criterion of the EU's legislation and the legislation of the United States. China considers that it is questionable because according to the paragraph 242 (f), "no action taken under this provision would remain in effect beyond one year, without reapplication, unless otherwise agreed between the Member concerned and China"...

loping countries will increase their exports and face intense competition in the international arena. China, a main textile and clothing exporter, was not covered by any multilateral trade rules for many years, wishes to benefit from WTO membership and put herself on equal footing with other WTO members. Some producers who lack competitiveness may be reluctant to carry out structural adjustments and they will ask more governmental support. Sometimes, the result of continued protection of domestic industries probably can slow down the adjustment process because the contingency protections like safeguards or specific safeguards have the same effect with restrictions under MFA's rules[14]. The specific safeguards shall not become a means of prolonging inefficient declining enterprises.

Second, consumers will no doubt be the main beneficiaries through lower prices and a wider economic choice. There can be interests' conflict among Brazilian producers and consumers and even among producers and importers.

Thirdly, the Brazilian producers and enterprises who asked their government to apply specific safeguards should also take into account of national trade interest as a whole. Since the interest of Chinese textiles exporting to Brazil is rather small in the total value of the bilateral trade, Brazil and China have great interests in agricultural products, mechanical equipments, aircraft manufacture and minerals. Brazil has an active balance in the bilateral trade. China has been the main importer of soy bean and other products. For resource-intensive products, Brazil is not the only supplier in the world. There is also intensified competition among suppliers like Brazil, Argentina, the United States and other countries in the international market.

More over, in fact, using discriminatory specific safeguard measures by Brazil will surely lacerate the feeling of its strategic partner. In addition to trade, China intends to invest in Brazil some projects over US$ 10 billion. Each project will bring new jobs and opportunities. The two countries have important cooperation and common interests in other economic areas (for example, the WTO Doha Round) and international affairs (democratization of world politics and multilateralism of international affairs, reform of Security Council of United

---

[14] SMEETS, Maarten, (1995): *Main Features of the Uruguay Round Agreement on Textiles and Clothing, and Implications for the Trading System,* Journal of World Trade, Vol. 29, No. 5, October, p. 108.

Nations, elimination of poverty, anti-terrorism, etc). But once the friendship's sentiment is wounded, normal bilateral relations will then be affected.

For China, on the other hand, it is necessary to seek practical and flexible solutions and reach an agreement through adequate concession.

Although China opposes firmly the application of Article XV, XVI of Protocol on the Accession and Paragraph 242 of the Report of Working Party, being discriminatory provisions, they are part of term and condition for the accession of the WTO. Due to the trade diversion, resorting to the specific safeguard measures by any WTO member will produce a chain effect on Chinese exports to other markets. The United States, the European Union, Turkey and Peru had some investigations of particular Chinese products, but till now, there is no one country which has already applied any specific safeguard measures towards any Chinese product. In this sense, even though the economic interests of textiles' exports to Brazil are not so significant, China shall participate actively and constructively in the negotiation, since the possible effects will be very unfavorable once Brazil applies the provisional measures.

Chinese exporting industries shall also practice self-discipline to prevent exportation surge. In the actual world, the best way to solve trade conflicts is to coexist and develop together with trade partners. It is not realistic to achieve rapid self development at cost of the disappearance or even "death" of others. As the biggest producer and exporter of textiles in the world, China should be more responsible for steady liberalization of global textiles market. To keep the domestic textile industry growing, the export of low-priced products is not the only way. Expand domestic demand, bring about pluralism of exportation markets, improve the products' quality, and increase the added value and technical parameter of products will all help to avoid trade tensions.

4.4. *Feasible solutions for the long term*

In the bilateral technical negotiations in the late September in Beijing, the two governments discussed the feasible solutions to strengthen cooperation mechanism to prevent the occurrence of trade abnormality in the future.

First of all, one working group shall be formed in order to harmonize the statistics of customs of the two countries, namely, the commodities classification and trade volume. The harmonized statistics is a starting point for reasonable analysis of bilateral trade in the future.

As for the trade friction, the customs of the two countries shall enhance cooperation and crack down on illegal trade acts, for example, smuggling, false customs declaration, lower-value invoice, illegal entrepôt (triangular) trade, etc. For this purpose, domestic regulation is considered a useful way. Moreover, some administrative measures can also be applied for sensitive products, such as the requirement of certificate of origin emitted by Ministry of Commerce. The value of invoices shall be recognized by domestic trade union.

In the third place, the two sides should start direct dialogues between the enterprises and private sectors through Economic and Trade Mixed Commission. Sometimes, the private sectors may achieve a consensus and find better solutions, such as mutual investment or other forms of cooperation.

It is believed that all these measures are conducive to reducing trade tensions in the future.

5. Summary and conclusions

The brief analysis suggests that, with the growth of trade and investment relationship between Brazil and China, trade conflicts will happen more frequently. The specific safeguards are a kind of legal rules of WTO, however, resorting specific safeguard measures should not be a goal and we should not treat them as first preference. We would prefer to see a win-win situation and mutual benefits in the economic globalization. Using specific safeguards will lacerate the friendship and probably give rise to a series of new problems. The two strategic partners should spare no effort to reach a consensus and minimize the use of these measures.

The mutual concessions to be made by the two governments do not mean winnings and losses. Negotiations are like this; the two sides come closer through mutual comprehension and finally achieve a consensus which will be favorable for both. Without doubt, the general interests and long-term interests shall be taken into account.

Since the strategic partnership between Brazil and China is based both on economic and political backbones. In the economic respect, the bilateral relation is significant because of the tremendous potentials and economic complementarities. For Brazil, let's take an example of the year 2003, the exports to China represented 40% of surplus. For China, Brazil means access to agricultural and mineral resources for industrialization and economic modernization, being an alternative to developed countries and developed blocs. In the political domain, the dimensions of the two countries, the important regional roles, the great challenges of development that both are facing, the conditions as big developing countries and similar positions in the international scenario, all these factors make the two countries share the same view of multilateralism in the international affairs. Comparing with the existing trade friction, there are still many priorities to be weighed.

Improving the current occasion, requires a good art of settlement because the strategic partnership between Brazil and China is an important component of the relationship between China and Latin America and cooperation between the two continents, in addition, a mutual satisfactory solution of trade frictions between Brazil and China will become a good example for other developing countries in conducting their trade relations in the future.

A ÁUSTRIA NA UNIÃO EUROPEIA: A ANATOMIA DA ADESÃO DO 'ESTADO FUNDADOR AUSENTE'[1] DO PROJECTO EUROPEU

por *Laura C. Ferreira-Pereira**

Não obstante a convergência original de valores e princípios existente entre a Áustria e os Estados fundadores das Comunidades Europeias, as sucessivas gerações de governantes austríacos tiveram que aguardar o momento oportuno para fundir o seu país no magma comunitário. Isto só ocorreu cerca de quarenta anos após do dealbar do *sui generis* processo de integração europeia. Tal ficou a dever-se ao facto de a questão da adesão do país ao clube das prósperas democracias ocidentais ter estado historicamente ensombrado por dois problemas. O primeiro, iminentemente político, esteve associado à interpretação atribuída por uma grande parte dos juristas e políticos austríacos e soviéticos ao Artigo 4 do Tratado de Estado proibindo a união política e económica (*Anschluss*) com a Alemanha. O segundo, de foro predominantemente legal, compaginou-se com o estatuto de neutralidade permanente. Desde o restabelecimento da soberania da Áustria em 1955, todos estes problemas estiveram imbricados, o que significava que qualquer decisão sobre a fórmula mais adequada para a regulação das relações com as Comunidades Europeias tinha necessariamente repercussões, não só na esfera política, mas também na

---

* Professora Auxiliar do Departamento de Relações Internacionais e Administração Pública da Universidade do Minho; Directora do Núcleo de Investigação em Ciência Política e Relações Internacionais (NICPRI).

[1] A descrição da Áustria como 'Estado fundador ausente' do processo de integração europeia foi originalmente introduzida pelo ex-Ministro dos Negócios Estrangeiros austríaco, Alois Mock. Ver ALOIS MOCK, "L'Autriche. Partenaire Naturel de la Communauté Européenne", *Revue du Marché Commun*, N° 333, Janeiro 1990.

própria credibilidade do estatuto de neutralidade permanente. Esta imbricação exigiu da parte da elite política austríaca uma boa medida de flexibilidade e temperança, sempre que as circunstâncias exigiram a adopção de uma postura claramente definida em relação ao projecto europeu.

Ainda que o dilema de aderir ou não ao processo de construção europeia tenha constituído uma constante no horizonte da política externa austriaca, houve dois momentos particulares em que este assumiu uma maior intensidade política e psicológica no seio das forças vivas da sociedade civil austríaca: por ocasião da candidatura britânica às Comunidades Europeias em 1961 e por altura da ratificação do Acto Único Europeu (AUE) em 1987. Foi exactamente do segundo momento de confrontação com o dilema da integração que brotou o debate político conducente ao pedido de adesão da Áustria à União Europeia (UE) em Julho de 1989.

Volvida uma década após a adesão da Áustria à UE, este artigo revisita o passado para apresentar a anatomia da adesão deste país ao 'Concerto Comunitário'.[2] As reflexões aqui produzidas têm por escopo central tornar inteligível o momento histórico de passagem da Áustria a Estado-membro da UE, o qual que teve como pano de fundo mudanças dramáticas geradoras de uma ordem internacional fundamentalmente nova: o fim da Guerra Fria, a vaga democrática na Europa Central e de Leste e a dissolução da União Soviética (US). Com este objectivo, o presente estudo procurará identificar os factores externos e internos que estiveram na origem do processo político decisório que desencadeou o pedido de adesão austríaco à então Comunidade Europeia (CE) em 1989. Este exercício retrospectivo permitirá iluminar o múltiplo racional subjacente à petição da Áustria junto de Bruxelas. Procurar-se-á ainda perceber qual foi a reacção da CE ao pedido feito por Viena e a dinâmica do processo de negociações que viabilizou a assinatura do Tratado de Adesão no Verão de 1994. A análise terá por corolário o referendo austríaco cujo desfecho positivo determinou a entrada da Áustria para a UE.

---

[2] Uma versão mais detalhada dos desenvolvimentos reconstituídos neste artigo, assim como, dos argumentos nele articulados poderá ser encontrada na obra intitulada *A Áustria e a Integração Europeia*, publicada em Maio de 2002 pelas Edições APPACDM (Braga).

A Nova Orientação da Política de Integração Europeia

A verdadeira viragem da estratégia de integração europeia da Áustria principiou em meados de 1986 coincidindo com uma mudança no cenário político interno que ficou assinalada por três importantes circunstâncias: a eleição de Kurt Waldheim para a Presidência da República; o retorno da chamada 'Grande Coligação' entre o Partido Social Democrata (SPO) e o Partido Conservador (OVP)[3]; e a participação de um punhado de jovens políticos promissores do SPO em importantes posições do Governo Federal. Indubitavelmente, a aliança entre os Conservadores, há muito afastados da liderança política, e uma nova vaga de Sociais-Democratas de tendência progressista resultou num reforço substantivo da matriz europeia da política externa austríaca que, a partir desse momento, não mais deixou de se ampliar. Os principais decisores políticos de ambas as forças partidárias passaram a convergir quanto à prioridade de aproximar o país à CE. Neste sentido, o novo Chanceler (Social-Democrata) Franz Vranitzky sugeriu que a Áustria deveria buscar uma "quase adesão" à CE, ao mesmo tempo que o *Nationalrat* apoiava esmagadoramente o aprofundamento da cooperação com os Estados comunitários dentro dos limites permitidos pela neutralidade permanente.

Naquele mesmo ano, a chefia da diplomacia austríaca foi entregue a Alois Mock que, de imediato, se propôs abandonar a *"política mundialista ou 'terceiro-mundista'"*[4] prosseguida pelo seu antecessor, Bruno Kreisky, e orientar a política externa em direcção à Europa Ocidental com vista à participação integral da Áustria na CE. A política de pendor europeísta agora perfilhada por Alois Mock enterraria as últimas reminiscências da Era Kreisky introduzindo um novo ciclo na política de integração austríaca. Isto numa fase em que o entendi-

---

[3] Tal sucedeu na sequência de eleições legislativas realizadas naquele ano. Em 1986, Norbert Steger entregou a chefia do Partido Liberal (FPO) a Jörg Haider e o Partido Social-Democrata decidiu pôr termo à coabitação com os Liberais. Com este propósito, o Chanceler Franz Vranitzky convocou eleições legislativas que ficaram marcadas pelo ressurgimento da velha aliança entre o OVP e o SPO, volvidos 20 anos desde a sua primeira experiência governativa conjunta. O novo governo, constituído em 21 de Janeiro de 1987, foi encabeçado por Franz Vranitzky, como Chanceler, e por Alois Mock, como Vice-Chanceler (até 1989) e Ministro dos Negócios Estrangeiros.

[4] Cf. Félix Kreissler, "Euromania, Euroscepticisme, Eurodiscussion, Euroadhésion", in Helmut Kramer e Anton Pelinka (eds.), *L'Autriche et l'Integration Européenne*, Rouen, Publications de l'Université de Rouen, Austriaca, N° 38, Junho 1994, pág. 138.

mento da neutralidade permanente já havia sido flexibilizado ou, melhor, reconciliado com a perspectiva de adesão à CE. Com justiça, podemos considerar Alois Mock o grande arauto e responsável pela adesão da Áustria à UE. Como demonstraremos ao longo deste artigo, mesmo antes de terem surgido os primeiros sinais (externos e internos) indiciando a premência do país se tornar membro da CE, este político já anunciava a necessidade de o país se preparar para o parto histórico e sempre adiado da sua adesão ao clube das prósperas democracias europeias. Dizemos adiado porque, partindo do entendimento de que a Áustria «*pela sua geografia, as suas estruturas democráticas e pluralistas, a sua economia de livre mercado, a sua fidelidade ao respeito pelos direitos do homem...pelas suas tradições humanitárias e culturais, pelas suas contribuições intelectuais à civilização do nosso continente é um país fundamentalmente europeu*», Alois Mock considerava a Áustria um «*parceiro natural da Comunidade Europeia*».[5]

Depois de o Governo Federal ter defendido em Janeiro de 1987 que a intensificação das relações com a CE constituía a prioridade máxima da sua política externa, na Primavera, o Ministério dos Negócios Estrangeiros concebeu uma "Abordagem Global". Tratava-se de uma nova estratégia de aproximação ao processo de integração europeia, em geral, e ao Mercado Interno, em particular, não envolvendo a participação da Áustria na engrenagem institucional comunitária.[6] Os decisores austríacos procuravam através da "Abordagem Global" alcançar uma participação mais incrementada em todas as dimensões do Grande Mercado pela via da conclusão (com a CE) de um conjunto de acordos bilaterais que, a seu tempo, "*poderiam ser incluídos num novo 'Tratado Europeu' que passaria a substituir os*

---

[5] Cf. ALOIS MOCK, "L'Autriche. Partenaire Naturel de la Communauté Européenne", *Revue du Marché Commun*, N° 333, Janeiro 1990, pág. 3. (Ênfase da Autora).

[6] Politicamente encarnada e orquestrada por Alois Mock, a "Abordagem Global" inspirou-se na proposta de Andreas Kohl, um dos mais influentes especialistas de política externa do OVP, que num artigo de grande repercussão publicado em 1985 sugeriu um *"triplo salto"* para a Europa – cooperação, associação, adesão. Para mais detalhes sobre a visão de Kohl, ver D. MARK SCHULTZ, "Austria in the International Arena: Neutrality, European Integration and Consociationalism", *West European Politics*, Londres, Frank Cass, Vol. 15, N° 1, Janeiro 1992, pág. 190; e PAUL LUIF, "The Evolution of EC-EFTA Relations and Austria's Integration Policy", in Hanspeter Neuhold (ed.), *The European Neutrals in the 1990's. New Challenges and Opportunities*, Boulder (Colorado), Westview Press, Austrian Institute for International Affairs Series, 1992, pág. 70.

anteriores Acordos de Comércio Livre entre a Áustria e a CE".[7] Como explicita Melanie Sully, no quadro desta nova abordagem, a assinatura de um Tratado entre a Áustria e os Doze corresponderia ao desfecho de um processo tridimensional, isto é, composto por três níveis de aproximação: no primeiro nível, o Executivo austríaco concentrar-se-ia na promoção de contactos multilaterais entre a CE e a Associação Europeia de Comércio Livre (EFTA) dentro do espírito da Declaração de Luxemburgo de 1984, que apontava para a ideia da criação de um Espaço Económico Europeu (EEE); o segundo nível envolveria negociações bilaterais em certas áreas específicas; e, por último, o terceiro nível, no âmbito do qual teriam lugar as negociações Áustria-CE conducentes à assinatura de um "Tratado Europeu"[8], equivaleria à fase de adaptação e/ou harmonização autónoma do sistema legal austríaco ao *acquis* comunitário.

É digno de nota que não era esperado que a "Abordagem Global" produzisse uma plena adesão, antes uma "quase-adesão", pois rechaçava o elemento político ainda considerado constrangedor e de difícil articulação com a delicada questão da neutralidade permanente. Esta "quase-adesão" tinha por finalidade viabilizar o pleno acesso da Áustria ao tão desejado Mercado Interno.

Os representantes dos Doze transmitiram ao Executivo de Viena a sua recusa da hipótese de uma "quase adesão", argumentando que a participação integral (incluindo o processo decisório) no Mercado Interno implicava necessariamente a adesão completa e efectiva, isto é, estava reservada apenas aos membros da CE. Era a lógica comunitária do 'Tudo ou Nada' contra o pragmatismo subjacente à "Abordagem Global", que acabou por não colher devido à forte relutância dos Doze em aceitar a participação de Estados não membros no Mercado Interno por considerá-la um elemento perturbador da coesão intra-comunitária e do esforço de aprofundamento necessário à realização do Mercado Comum. Em face da irredutibilidade da CE, no final de 1987, a perspectiva da adesão passou a ser equacionada com seriedade pela coligação governamental e, subsequentemente, a figurar na agenda como o próximo alvo a alcançar no âmbito política de integração europeia.

---

[7] Cf. PAUL LUIF, "Austria and West European Integration", in Kari Mottola e Heikki Patomaki (eds.), *Facing the Change in Europe: EFTA Countries' Integration Strategies*, Helsínquia, The Finnish Institute of International Affairs, 1989, pág. 3.

[8] Ver MELANIE A. SULLY, *A Contemporany History of Austria*, Londres, Routledge, 1990, pág. 120.

A anuência dada pelos dos decisores políticos austríacos à solução da adesão efectiva à CE não pode ser divorciada do novo dinamismo político e económico que esta organização vinha maturando desde 1985 e que finalmente ganhou corpo aquando da entrada em vigor do AUE em 1 de Julho de 1987.[9] O comprometimento dos Doze em realizar plenamente as chamadas quatro liberdades fundamentais (de circulação de bens, serviços, pessoas e capitais) e de eliminar, até 1992, todas as fronteira internas da CE deixou a elite política austríaca perplexa e intranquila ao confrontá-la com o mesmo dilema dos anos 50: evitar os efeitos da discriminação ou abster-se de participar no novo *momentum* de aprofundamento da CE. Durante mais de uma década, graças aos Acordos de Comércio Livre (1972), a Áustria tinha conseguido evitar qualquer discriminação excessiva dos produtos nacionais e usufruído vantagens comerciais consideráveis nas suas relações com os Nove, sem o constrangimento político indesejável. No entanto, a perspectiva de concretização do Mercado Interno implicando a extinção dos obstáculos comerciais entre os parceiros e o reforço da barreira proteccionista em relação aos terceiros Estados, fez ressurgir o receio do aparecimento de uma 'Europa Fortaleza', fechada sobre si mesma, e tornou premente a prossecução de uma política de integração mais activa, capaz de ajudar a Áustria a responder aos novos desafios suscitados pela aceleração do processo de construção europeia.

No seguimento desta linha de raciocínio, as autoridades austríacas chegaram à conclusão de que a manutenção do país à margem da CE seria economicamente prejudicial de duas formas: por negar ao país o progresso económico resultante da participação plena no Mercado Interno e por impor-lhe o fardo provocado pelos custos extraordinários e constrangimentos decorrentes da marginalização. Os políticos mais optimistas acalentavam que a adesão à CE, a nível interno, encorajaria o crescimento económico facilitando a reestruturação da indústria nacionalizada e, externamente, removeria as remanescentes dúvidas sobre a natural vocação europeia da Áustria e, de um modo geral, engrandeceria o seu prestígio internacional.[10]

Em suma, podemos salientar que a partir de 1987, o equacionamento da adesão como o próximo alvo da política de integração euro-

---

[9] O AUE, uma vez adoptado no Luxemburgo a 17 de Fevereiro de 1986, foi aprovado no Conselho Europeu de Haia em 28 de Fevereiro de 1986.

[10] Ver CLIVE CHURCH, "EFTA and the European Community – Views from the Alps", *Politics and Society in Germany, Austria and Switzerland*, Vol. 1, Nº 3, 1989, pág. 43.

peia da Áustria foi, em grande medida, despoletado pela expectativa e/ou previsão de enormes custos económicos resultantes da exclusão do Mercado Interno em face do carácter eurodependente da economia austríaca. Este equacionamento, ao encerrar a intenção do Governo Federal de substituir a fórmula minimalista dos Acordos de Comércio Livre pela fórmula maximalista da adesão, sinalizou a afirmação de uma nova estratégia europeia da Áustria

Com efeito, os anos 80 trouxeram consigo uma mudança de orientação da *Europapolitik* austríaca consubstanciada na passagem de uma política neutrocêntrica para uma política eurocêntrica, isto é, centrada sobre a Europa. Neste ponto da discussão, é importante antecipar que esta passagem, propiciada por um entendimento menos rígido da dicotomia neutralidade permanente *versus* integração europeia, e depois espicaçada pelo novo dinamismo da CE corporizado no AUE, esteve na base daquilo que apelidaremos de 'Revolução Copernicana' da política de integração europeia da Áustria, a qual se compaginou com a subordinação da preocupação com a neutralidade permanente à preocupação de garantir a estabilidade e prosperidade económica da Áustria no quadro do Grande Mercado.

O pedido de adesão da Áustria à CE deve ser, assim, entendido como a consequência directa e culminante da 'Revolução Copernicana' que encontrou a sua justificação maior no deslocamento do interesse nacional – da busca de um estatuto de sujeito activo das relações internacionais através do incremento de intervencionismo nos assuntos mundiais para a conquista de um lugar cativo na Europa Ocidental e, em especial, na Europa Comunitária. A perspectiva da realização do Grande Mercado em 1992 foi o seu elemento catalisador mais próximo ao desencadear, a partir de 1987, um intenso debate interno entre as principais forças partidárias e grupos de interesse sobre o futuro modelo das relações Áustria-CE, o qual acabaria por revelar a necessidade de os dirigentes políticos austríacos redefinirem, de forma célere, a estratégia nacional em relação ao processo de integração europeia.

O Debate Interno Conducente à Apresentação do Pedido de Adesão

Em meados dos anos 80, as indústrias situadas na metade ocidental da Áustria foram as primeiras vozes a reivindicar insistentemente a adesão à CE em face dos fortes obstáculos encontrados à colocação das suas exportações no mercado comunitário. A pressão das prósperas indústrias ocidentais, realizada através das respectivas câmaras de comércio, foi responsável pela decisão da Câmara Federal do Comércio (representante dos interesses das pequenas e médias empresas), tradicionalmente hostil à integração europeia, de aprovar a participação integral da Áustria no Grande Mercado europeu e a apresentação do pedido de adesão no seu *"Memorandum zur Vorbereitung Osterreichs auf den Europaisschen Binnenmarkt"* de Dezembro de 1987.

Cerca de seis meses antes (Maio 1987), a Associação dos Industriais Austríacos (representante dos interesses da indústria exportadora austríaca e, portanto, o actor social mais apreensivo quanto à previsível discriminação resultante da realização do Mercado Único) já havia instado o Governo Federal a esforçar-se vigorosamente para alcançar o objectivo da adesão da Áustria à CE no mais curto prazo possível, tornado-se, assim, o primeiro defensor da integração europeia, dentre todos os parceiros sociais. Entusiasmado com a dinâmica política, económica e tecnológico-científica comunitária, e ciente da forte dependência entre a economia austríaca e a economia dos Doze, aquela Associação advogava a adesão como a única via capaz de garantir uma participação plena no Mercado Interno.

Em cruzada pela causa europeia, este poderoso *lobby*, reconhecendo que, tradicionalmente, o principal argumento contra a adesão se prendia com a neutralidade permanente, comissionou, em 1987, um estudo a dois especialistas de Direito Internacional (Hummer e Schweitzer) que, partindo da premissa de que *"no nosso século de grande interdependência económica, um pequeno país cujo comércio externo é vital não pode viver em autarcia"* e, portanto, não se deve confundir *"neutralidade com independência absoluta"*[11], concluiu que a adesão à CE e o estatuto de neutralidade permanente eram perfeitamente compatíveis. Em paralelo, a Associação dos Industriais Austríacos publicou uma brochura com o título sugestivo, *"Europa – unsere Zukunft"* (*"A Europa – o nosso Futuro"*), onde avançou a tese de que a ancoragem da Áustria à Europa Ocidental não seria incompatível, nem com o Tratado de Estado, nem com a Lei Federal Constitucional sobre a Neutralidade Permanente, uma vez que estes dois pilares legais da política externa austríaca apenas interditavam uma união política com a Alemanha (*Anschluss*) e a CE era uma organização internacio-

---

[11] Cf. PAUL LUIF, "Austrian Neutrality and the Europe of 1992", in Gunter Bischof e Anton Pelinka (eds.), *Austria in the New Europe*, New Brunswick-Londres, Transaction Publishers, Contemporary Austrian Studies, 1992, pág. 32.

nal formada por onze membros para além da Alemanha que, apesar de ser um Estado fundador e economicamente influente, não ocupava aí uma posição hegemónica a ponto de ter a palavra final no processo decisório comunitário. Estas publicações, entre outras de cariz legal, económico e social que entretanto foram surgindo, em conjunto com uma absorvente campanha mediática promovida pela Associação, não só lançaram as bases para uma discussão de amplitude nacional sobre a adesão – que até então nunca tinha sido realizada – mas também funcionaram como o principal rastilho para o clima de euforia que se instalou na sociedade austríaca, a partir de 1987.

Em finais desse ano, para além da Câmara Federal do Comércio, as organizações dos agricultores passaram a apoiar informalmente a candidatura austríaca sucumbindo à força de atracção da CE que, à sua vista, se afigurava como um grande mercado receptor dos produtos nacionais. Em inícios de 1988, o Ministro da Agricultura, Josef Riegler (OVP), enfatizou que o grande défice comercial nacional de que padeciam os produtos agrícolas só poderia ser reduzido através da adesão à CE pois, por esta via, o país poderia aceder aos mercados localizados no sul da Alemanha e no norte de Itália, até então praticamente inacessíveis aos produtos austríacos. Sensível à exortação de Riegler, em Fevereiro do ano seguinte, a liderança política da Conferência dos Presidentes das Câmaras da Agricultura[12] declarou que estava disposta a apoiar a entrada da Áustria para a CE. No entanto, apesar das garantias e dos esclarecimentos prestados aos agricultores de todo o país, por meio de reuniões informativas promovidas pela Conferência, o grosso dos membros das câmaras da agricultura opôs-se à opinião dos respectivos líderes. Deste modo, os agricultores austríacos tornaram-se os principais adversários da adesão.

Face ao voluntarismo demonstrado pelos representantes dos *lobbies* afectos ao sector do capital (entenda-se, a Associação dos Industriais Austríacos e a Câmara Federal do Comércio), e para espanto de alguns observadores, os sindicatos e as câmaras do trabalho não ofereceram resistência ou oposição à questão da adesão. Antes, procuraram tomar algum tempo para, como meros espectadores, acompanhar o desenrolar do debate e reflectir seriamente sobre os benefícios e as desvantagens da adesão. De facto, no que respeita à União dos

---

[12] Os Presidentes das (nove) câmaras da agricultura estão informalmente organizados ao nível central na Conferência dos Presidentes das Câmaras da Agricultura onde representam os interesses agrícolas.

Sindicatos Austríacos, o veredicto só surgiu após longas discussões entre os vários sindicatos que não falavam de acordo. Consequentemente, a questão da adesão transformou a União dos Sindicatos numa espécie de Torre de Babel devido à existência de uma multiplicidade de opiniões dissonantes que impediram o entendimento colectivo.[13]

Por força da ausência de consenso, a União adoptou inicialmente uma postura considerada "cautelosamente positiva"[14] antes de sentenciar positivamente a adesão à CE, no seu *"Europa Memorandum"* de Dezembro de 1988, em reconhecimento de um conjunto de vantagens inerentes à adesão, tais como, a manutenção de um pleno emprego em resultado da livre entrada dos produtos austríacos no mercado comunitário, o aumento salutar da competitividade e a redução desejável dos preços. Por conseguinte, entre a perda da influência na arena política e a perspectiva da melhoria do bem-estar da população, a União dos Sindicatos optou pela segunda.

Por sua vez, a Câmara Federal do Trabalho expressou o seu apoio à adesão em Janeiro de 1989. No entanto, tal como havia sucedido com a União dos Sindicatos Austríacos e outros parceiros sociais retratados anteriormente, esta decisão foi tomada à revelia de alguns dos membros, sob o impulso dos seus líderes que acreditavam que apenas a adesão poderia garantir a participação cabal da Áustria no Mercado Interno e a superação da crise económica, em particular, do sector da indústria nacionalizada, gerador de desemprego e mal-estar social.

As posições altamente favoráveis das forças sociais ligadas à indústria orientada para o mercado europeu e mundial foram cruciais

---

[13] Tal como descreve Paul Luif, os sindicatos e os sindicalistas estavam divididos quanto ao proveito da adesão: o sindicato da indústria têxtil defendia a adesão enquanto que o sindicato da construção civil, temendo o aumento da competitividade e da mão-de-obra estrangeira (imigrante) negava-lhe o seu apoio; alguns sindicalistas alertavam contra o perigo de *dumping* social e a deterioração dos níveis de protecção do consumidor que a adesão à CE poderia provocar; outros viam vantagens na diminuição do elevado nível de preços e na possibilidade dos austríacos que viviam perto da fronteira com a República Federal da Alemanha encontrarem aí mais facilmente trabalhos (melhor remunerados); finalmente, muitos estavam convictos de que a enorme influência dos sindicatos na definição das políticas económicas nacionais, pela via da concertação social, seria enfraquecida em resultado da transferência de certas competências internas para Bruxelas, onde a tomada de decisões estaria fora do seu alcance. Ver PAUL LUIF, "Austria", in Helen Wallace (ed.), *The Wider Western Europe: Reshaping the EC-EFTA Relationship*, Londres, Royal Institute of International Affairs/Pinter Publishers, 1991, pág. 135; e "Austria and West European Integration", pág. 6.

[14] Ver PAUL LUIF, "Austria", pág. 130; e Melanie A. Sully, op. cit., pág. 124.

para a formação de uma opinião positiva por parte dos partidos governantes sobre a opção da adesão à CE. Deste modo, em Janeiro de 1988, o OVP, partido minoritário da coligação governamental, movido pela enorme popularidade que a perspectiva de adesão conquistara entre a opinião pública[15] e pela pressão das províncias ocidentais lideradas pelo Governador de Vorarlberg, passou a pleitear pela entrada da Áustria para a Europa Comunitária – em boa verdade, uma causa acalentada pelos seus militantes desde os anos 60. Na sequência de uma conclusiva reunião realizada a 8 de Janeiro de 1988, nas imediações de Salzburgo[16], o Comité Executivo do OVP decidiu apoiar a plena adesão da Áustria à CE. Esta deliberação foi confirmada 3 meses depois, no Congresso Especial sobre a Europa, quando os Conservadores aprovaram o "Manifesto Europa", no qual *"a declaração da vontade de aderir à UE"* foi considerada *"uma estratégia ofensiva"* que poderia suscitar um *"estímulo económico"*, tal como o Tratado de Estado, em 1955, despertou o ímpeto democrático.[17] A respeito da neutralidade permanente, o Manifesto declarou que: *"Não é esperado um conflito entre as obrigações militares decorrentes da neutralidade permanente e os direitos e deveres resultantes da adesão à Comunidade Europeia, visto que a entrada para a Comunidade Europeia não é equivalente à entrada para uma aliança militar... Assim sendo, é possível para um Estado permanentemente neutral tornar-se membro*

---

[15] De acordo com os resultados de uma sondagem de opinião realizada em Janeiro de 1988, cerca de 54% dos austríacos apoiavam a adesão à CE, ao passo que somente 19% se pronunciaram contra; o remanescente percentual (27%) não soube responder ou mostrou-se indeciso. Sobre a a evolução da atitude da opinião pública relativamente à adesão da Áustria à CE (desde Abril de 1987 a Junho de 1989), ver PAUL LUIF, "Austria's Application for EC Membership: Historical Background, Reasons and Possible Results", in Finn Laursen (ed.), *EFTA and the EC: Implications of 1992*, Maastricht, European Institute for Public Administration, 1990, págs. 193-197; "The Evolution of EC-EFTA Relations and Austria's Integration Policy", págs. 77-79.

[16] Como confirma Melanie Sully, nesse encontro o Partido Conservador decidiu conceder à questão europeia a máxima prioridade. Com este propósito, foram organizados grupos de trabalho para examinar os efeitos da adesão em áreas tão importantes como a economia, a agricultura, o ambiente, o emprego, a política regional, a educação e a neutralidade. E, uma vez calculadas as vantagens e desvantagens daquele passo, os especialistas do partido concluíram que, na altura, não existia outra alternativa para a Áustria senão a adesão à CE. Sobre este assunto, ver MELANIE A. SULLY, op. cit., pág. 122.

[17] Conforme citado por PAUL LUIF, "Austria and West European Integration", pág. 5.

da Comunidade Europeia e, ao mesmo tempo, preservar a sua neutralidade permanente".[18] O grande objectivo consensualmente fixado naquele Congresso que, doravante, pautaria a conduta do partido sobre a integração europeia era, portanto, a completa adesão da Áustria à CE em estrita obediência aos preceitos da neutralidade permanente.

Em grande medida, pressionados pela União dos Sindicatos Austríacos e pela Câmara Federal do Trabalho, os homens da dianteira do SPO, nomeadamente, Franz Vranitzky (Chanceler Federal), Ferdinand Lacina (Ministro das Finanças), Rudolf Streicher (Ministro da Economia e dos Transportes) e Peter Jankowitsch (Ministro dos Negócios Estrangeiros durante o mandato da fugaz coligação SPO-FPO), passaram a favorecer a adesão à CE encarada como uma forma de *"disciplinar a indústria austríaca e garantir uma competitividade internacional de longo prazo, o futuro da indústria e as perspectivas de emprego"*.[19] No entanto, tratava-se ainda de uma posição titubeante e cautelosamente defendida fora da redoma do partido, em vista das divisões existentes no seu interior acerca de matérias tão delicadas como o ambiente e a neutralidade permanente. Por este motivo, na expectativa de um sinal claro que suscitasse um maior consenso entre os militantes Sociais-Democratas, Franz Vranitzky anunciou, em Julho de 1988, que só no ano seguinte, como corolário de um estudo cabal sobre os ganhos e as perdas da participação da Áustria na CE, o Governo Federal tomaria uma decisão definitiva sobre a questão da CE, a qual poderia incluir a possibilidade de apresentação do pedido de adesão.

Entretanto, no terreno diplomático, altas personalidades designadas pelo Governo austríaco realizaram um périplo pelas capitais europeias com o objectivo primário de convencer os governos dos Doze acerca da *"'maturidade europeia' da Áustria em todos os domínios"*.[20] Contudo, rapidamente, a aura de simpatia conquistada na sequência desta dança de visitas se esfumou quando, durante uma visita de Roland Dumas a Viena, em 20 de Outubro de 1988, por força do forte apego da população à neutralidade permanente, o Chanceler Vranitzky afirmou peremptoriamente que aquela matéria era inegociável. Melindrados com esta declaração, diversos responsáveis europeus responderam à inflexibilidade de Viena rechaçando a possibilidade da CE vir a

---

[18] Conforme citado por MELANIE A. SULLY, op. cit., págs. 122-3.
[19] Cf. D. MARK SCHULTZ, MARK SCHULTZ, op. cit., pág. 189.
[20] Cf. FÉLIX KREISSLER, "Euromania, Euroscepticisme, Eurodiscussion, Euroadhésion", pág. 139.

acolher no futuro Estados (permanentemente) neutrais. Por consequência, instalou-se um certo mal-estar no seio da elite política austríaca que entendeu esta resposta como um aviso de que o acolhimento da Áustria no seio da família comunitária não era desejado.

É nesta atmosfera, algo expectante e saturada de ansiedade, que os oponentes da adesão à CE começaram a organizar-se e a fazer ouvir a sua voz em praça pública. Nas hostes da oposição, o destaque vai primariamente para os Verdes – então o mais pequeno e segundo mais jovem partido com assento no *Nationalrat*. À lupa dos ecologistas, a CE era considerada uma organização internacional *non grata* porquanto, para além de enfermar de um défice democrático e de uma componente militar, *"significava expansão económica com altos custos para o ambiente, para as pequenas e médias companhias e para o Terceiro Mundo"*.[21]

O minúsculo Partido Comunista foi também um aceso adversário da adesão. Na esteira da visão ortodoxa soviética, os Comunistas opunham-se à entrada da Áustria para a CE por considerá-la equivalente ao *Anschluss* e, portanto, ruinosa para a soberania do país. A este respeito, Elfriede Jellinek (um conhecido escritor austríaco e membro deste partido) teceu um dos comentários mais cáusticos ao qualificar a adesão da Áustria à CE como uma forma de *Anschluss "mais discreto, mais 'moderno' e mais terrível"* [22] do que aquele que vitimou o país em 1938.

Ao lado dos Verdes e dos Comunistas, também contestaram a hipótese da adesão vários grupos pacifistas e de jovens católicos, individualidades da tradicional ala esquerda do SPÖ (como a Juventude Socialista), para além de alguns enclaves sindicalistas relacionados com a indústria nacional (protegida) e com o sector agrícola[23].

Entre finais de 1988 e princípios de 1989, a contestação dos eurocépticos aumentou de tom com o lançamento da "Iniciativa Áus-

---

[21] Conforme citado por ANDREAS BIELER, "Austria´s Decision to Apply to the European Community: Social Forces in the Turmoil of Globalisation", Comunicação apresentada na Conferência *Integration Within a Wider Europe*, Birmingham, 18-19 de Setembro 1995, pág. 15.

[22] Elfriede Jellinek citado por PAUL LUIF, "Austria", pág. 129.

[23] A tese sustentada pelo Governo, segundo a qual o sector agrícola na sequência da adesão à CE beneficiaria da possibilidade de poder competir, em pé de igualdade, com os produtos comunitários nunca conseguiu atrair os agricultores à causa europeia, apesar destes serem apoiantes tradicionais do ÖVP, uma força fervorosamente pró-europeia.

tria-Europa", animada por dois antigos Ministros dos Negócios Estrangeiros, Erich Bielka-Karltreu e Erwin Lanc, que contou com a participação de um notável leque de figuras públicas proeminentes, tais como, os professores universitários Peter Gerlich, Egon Matzner, Anton Pelinka, Kurt Rothschild, Alexander Van Der Bellen, e os escritores Elfriede Jellinek e Hilde Spiel, entre muitos outros. Estribando-se maioritariamente nos meios de comunicação social, na realização de conferências de imprensa e distribuição de pequenas brochuras, este grupo procurou divulgar junto da opinião pública argumentos de peso contra uma adesão precipitada à CE, visando travar o avanço da vaga eurofórica. Entre outras alegações, os contestatários da adesão alertavam sobretudo contra o fim da neutralidade austríaca e o perigo do centralismo decisório de Bruxelas.

De um modo geral, a acção dos oponentes à adesão engolfou a opinião pública austríaca numa onda de reflexão que desembocou num eurocepticismo crescente, dado que os inconvenientes da adesão em certos sectores (como por exemplo, na agricultura) e domínios (tais como, o ambiente) começaram a ganhar saliência. Nos finais de 1988, as sondagens traduziam já o êxito da campanha anti-europeísta ao indicarem uma diminuição considerável do entusiasmo dos nacionais pela CE. Desta forma, o eurocepticismo, depois de Bruxelas, atingia Viena.[24] A escalada da oposição trouxe problemas sérios aos Conservadores que tiveram de pagar um preço alto pelo seu forte empenho na defesa de uma adesão imediata à CE. Em Março de 1989, saíram derrotados nas eleições regionais (*Landtagswahlen*) em três províncias, com destaque para o Tirol onde a perda foi de 16 pontos percentuais.[25] Em resultado deste revês, amiúde atribuído à política de integração maximalista do OVP, Alois Mock viu-se obrigado a abandonar a liderança política do partido que, nos princípios de Maio, passou para as mãos Joseph Riegler, um político mais moderado nas questões europeias.

---

[24] Entre Janeiro e Outubro de 1988, o percentual de pessoas contra a adesão passou de 19% para 31%. E, uma sondagem de opinião realizada em Janeiro de 1989 indicava que 42% dos austríacos se opunham à participação da Áustria no processo de integração europeia. Ver PAUL LUIF, "The Evolution of EC-EFTA Relations and Austria's Integration Policy", pág. 78.

[25] Os habitantes do Tirol temiam o aumento do tráfego rodoviário proveniente da Comunidade e a subsequente degradação do meio ambiente, mas também estavam receosos relativamente aos efeitos da liberalização económica.

É irrefutável que desde os finais de 1987 a 'Grande Coligação' passou a comungar do fascínio pelo *ethos* europeu e a vislumbrar, a prazo, a adesão à CE. Todavia, com respeito ao consenso governamental sobre o futuro da política de integração, cumpre-nos precisar que este não assentava ainda em base muito sólidas. Isto porque existiam divergências entre os partidos governantes quanto ao ritmo a imprimir ao processo de adesão. A partir de Janeiro de 1988, o OVP passou a advogar a apresentação imediata do pedido de adesão. Os Conservadores desejavam que a candidatura austríaca seguisse para Bruxelas até fins de 1988, pois consideravam estrategicamente importante que a adesão se consumasse antes da concretização do Grande Mercado para que a Áustria, em defesa dos seus interesses, pudesse participar nos processos de decisão a ela conducentes, bem como, na sua efectiva implementação. Por seu turno, o SPO (o partido maioritário da coligação) fazendo prova de maior zelo pelo valor da neutralidade permanente, defendia um compasso mais lento, passível de propiciar uma análise cuidada das vantagens e das desvantagens de uma eventual adesão. Consequentemente, instalou-se uma certa crispação entre Alois Mock, defensor da maior celeridade na apresentação do pedido a Bruxelas, e Franz Vranitzky que parecia interessado em conhecer a opinião da CE antes de avançar paulatinamente, não afastando a hipótese de um novo esquema especial que não a adesão integral.[26].

Os Sociais-Democratas, porém, não defraudaram as expectativas daqueles que esperavam ansiosamente pela entrada do ano de 1989. É que, depois das quatro instituições da "Parceria Social" e dos Chefes do Governo dos *Lander* (*Landeshauptmanner*) se terem pronunciado a favor da adesão no curso do mês de Março[27], a 3 de Abril de 1989,

---

[26] Ver HELEN WALLACE, "The external implications of 1992 II: Austria in the wings", *The World Today*, Vol. 45, Nº 2, Fevereiro 1989, pág. 32.

[27] Nos primeiros dias de Março, os Presidentes das quatro organizações envolvidas na "Parceria Social": a Câmara Federal da Economia (da parte patronato), a União dos Sindicatos Austríacos (da parte dos trabalhadores provenientes de todos os sectores de actividade e famílias partidárias), as Câmara Federal do Trabalho (onde estão filiados todos os assalariados, à excepção dos funcionários públicos e das pessoas empregadas na agricultura e silvicultura), a Conferência dos Presidentes das Câmaras da Agricultura (em representação dos interesses do sector agrícola), assinaram uma declaração favorável à candidatura austríaca, mediante a qual informaram o Governo Federal sobre a sua convicção de que somente a adesão poderia garantir à Áustria uma participação em pé de igualdade no Mercado Interno. Por seu turno, a Conferência dos Chefes de Governo dos *Lander* já se havia pronunciado a favor do pedido de adesão à CE em 13/11/1987, 15/04/1988 e 25/04/1988.

o Comité Nacional do SPO deu a sua anuência à apresentação do pedido de adesão da Áustria na condição de serem garantidas certas exigências básicas: a manutenção do princípio de neutralidade permanente, a preservação dos padrões sociais e de defesa ambiental, e a conservação das leis de protecção ao consumidor. No documento que consagrou esta importante decisão – o Relatório *"A Áustria na Europa"*[28] – aquele órgão reconheceu que *"nas circunstâncias prevalecentes actualmente, a única forma inequívoca de participação no Mercado Interno é a adesão"*[29]; reiterou a importância da neutralidade permanente considerada um princípio intocável (entenda-se, inegociável) e admitiu que apesar da manutenção da neutralidade e a adesão não serem *"directamente compatíveis"*, estas poderiam, no entanto, ser conciliadas *"através de uma vontade política capaz"*.[30]

É curioso notar que a aquiescência do SPO para a candidatura da Áustria surgiu no momento em que já havia sido retomado o fôlego para a concretização dos objectivos definidos na Reunião de Luxemburgo, em 1984 que apontaram para a criação de um EEE agregando os Estados-membros da CE e da EFTA. Tal retoma, particularmente importante nas relações CE-EFTA, foi inaugurada pelo discurso proferido por Jacques Delors no Parlamento Europeu, em 17 de Janeiro de 1989, no qual o Presidente da Comissão Europeia propôs uma parceria mais estruturada entre a CE e a EFTA, com um esquema de decisão e instituições administrativas comuns, de modo a permitir a *"extensão das actividades"* entre as duas organizações, e a afirmação da *"dimensão política da cooperação nos domínios económico, social, financeiro e cultural"*. Esta parceria deveria, em especial, propiciar a criação de um EEE.

À primeira vista, a emergência do EEE parecia resolver de um só golpe os problemas da EFTA e da CE. Com efeito, este arranjo multilateral deveria evitar a marginalização económica dos países da EFTA ao viabilizar a sua participação no Mercado Interno, mas também contrariar a sua satelitização política, na medida em que estes passariam a participar nas tomadas de decisão do principal actor político e económico da Europa. Pela parte da CE, o EEE parecia apro-

---

[28] Este documento, que tinha por título original *"Osterreich in Europa. Bericht des Parteivorsitzenden an das Parteiprasidium und den Bundesparteivorstand"*, foi apresentado no Congresso do SPO realizado em Vorarlberg.

[29] Cf. MELANIE A. SULLY, op. cit., pág. 128.

[30] Cf. PAUL LUIF, "Austria", pág. 132.

priado para desencorajar novos pedidos de adesão (dos países da EFTA, da Europa de Leste e Central, mas também de Malta e Chipre) e, portanto, para atrasar o alargamento da CE, criando-se assim condições para a realização do seu aprofundamento. Por isso, embora o conteúdo real da proposta de Jacques Delors não fosse ainda completamente claro, a ideia do EEE foi recebida com entusiasmo pela Áustria e os restantes países da EFTA, e formalmente aceite numa Cimeira realizada em Oslo, em meados de Março de 1989.[31]

No entanto, ao arrepio das expectativas de Jacques Delors, os responsáveis políticos austríacos não se deixaram dissuadir perante a oferta do EEE. Na realidade, nem as discussões suscitadas na Cimeira da EFTA em Oslo, nem as conversações realizadas durante uma reunião informal dos Ministros da CE e da EFTA em Bruxelas, no mesmo mês, alteraram a atitude do Governo Federal. Desde bem cedo, o país sinalizou que, como membro leal da EFTA, iria participar nas negociações CE-EFTA conducentes à criação do EEE, mas que isto não constituiria uma alternativa à sua aproximação autónoma à CE destinada a agilizar a sua admissão na família europeia. Alois Mock, fazendo eco da postura predominante no seu partido, defendeu a continuidade da política de integração austríaca no sentido da prossecução da adesão à CE. Isto significava que a Áustria devia manter o seu plano de acção e apresentar a candidatura a Bruxelas, em meados de 1989.

Com efeito, ainda que no horizonte se vislumbrasse o estabelecimento de um acordo global, aparentemente oportuno e benéfico, entre a EFTA e a CE, a adesão permaneceu aos olhos da maioria dos protagonistas da política central, dos parceiros sociais e, mesmo, dos Chefes de Governo dos *Lander*, como a forma mais segura de alcançar uma participação plena no Mercado Interno. Uma primeira evidência deste facto foi a decisão do Comité Executivo do SPO de aceitar a apresentação do pedido de adesão à CE, nos primeiros dias de Abril. Em segundo lugar, a 17 de Abril de 1989, o Governo Federal enviou às duas câmaras parlamentares (*Nationalrat* e *Bundesrat*) um relatório intitulado "O *Modelo Futuro das Relações da Áustria com as Comunidades Europeia*"[32] recomendando a apresentação do pedido de ade-

---

[31] Cf. SUSAN WILSON, "Austria's Application for Membership in the European Community and Delor's Call for a New EC-EFTA Relationship", *Georgia Journal of international and Comparative Law*, Vol. 20, 1990, pág. 243.

[32] O "*Relatório do Governo Federal ao 'Nationalrat' e ao 'Bundesrat' sobre o futuro modelo da relação entre a Áustria e as Comunidades Europeias*" (título completo) deveria servir de base para uma decisão parlamentar sobre a questão da adesão à CE.

são da Áustria à CE sob a égide do estatuto de neutralidade permanente, aqui descrito como uma contribuição específica do país para a paz e segurança na Europa. Durante o mês de Junho, este relatório foi cabalmente examinado pelos comités parlamentares e debatido nas sessões plenárias. Uma vez ultrapassadas certas divergências entre os representantes dos partidos da coligação governamental,[33] foi alcançado, em 26 de Junho de 1989, um compromisso sobre os moldes futuros da política de integração europeia da Áustria.

Esse acordo, que deveria ser mantido até ao final das negociações, enfatizou a importância da neutralidade permanente ao estatuir que *"mesmo no caso da adesão à CE a manutenção da neutralidade permanente é irrevogável, e tem de ser salvaguardada de acordo com o Direito Internacional durante as negociações com as Comunidades Europeias"*[34]; e, ainda, que *"a necessária latitude política tinha de ser preservada, para que a Áustria como membro da UE pudesse conservar a sua política de neutralidade, uma política que é de interesse para toda a Europa"*[35]. O mesmo documento também sublinhou que a integração não deveria conduzir, nem à deterioração do sistema de segurança social ou dos elevados padrões de protecção do ambiente e do consumidor, nem à degradação das zonas agrícolas e florestais, alertando-se igualmente para a necessidade da resolução dos problemas crónicos de tráfego rodoviário que atravessava o território nacional, antes da largada do processo negocial para a adesão. Além disso, ficou ainda plasmado na letra do pacto SPO-OVP que os eventuais custos da adesão não deveriam ser cobertos exclusivamente através de cortes de despesas orçamentais em outros sectores e que os agricultores deveriam ser indemnizados pelas perdas sofridas em resultado dos baixos preços praticados pela CE. Por último, ficou acordado que a coordenação interna da política de integração austríaca ficaria sob a alçada conjunta do Chanceler (SPO) e Vice-Chanceler (OVP), ao passo

---

[33] As principais matérias de discórdia entre os partidos da coligação governamental compaginaram-se, por um lado, com a identidade dos responsáveis pela condução da política de integração austríaca, designadamente sobre a quem incumbiria coordenar a preparação das conversações e executar o pedido de adesão: se ao Chanceler Federal, ou ao Ministro dos Negócios Estrangeiros; e, por outro lado, com as consequências financeiras da adesão à CE.

[34] Cf. PAUL LUIF, "The Evolution of EC-EFTA Relations and Austria's Integration Policy", pág. 73.

[35] Cf. PAUL LUIF, "Austria", pág. 132.

que as negociações directas com Bruxelas incumbiriam ao Ministro dos Negócios Estrangeiros (OVP); e que seria organizado um referendo nacional sobre a adesão à CE após o término das negociações.

Do ponto de vista processual, o acordo OVP-SPO foi essencial para a materialização da candidatura austríaca ao passo que pressagiava uma ratificação politicamente fácil do futuro Tratado de Adesão da Áustria à CE. Isto porque, de acordo com a Constituição Federal, a conclusão de qualquer tratado internacional exigia uma maioria de 2/3 no *Nationalrat* (Artigo 9, parág. 2; Artigo 44, parág. 1; e Artigo 50) e os votos dos Sociais-Democratas e dos Conservadores, na altura, eram suficientes para aprovar o Tratado de Adesão, não existindo na câmara parlamentar outra aliança partidária capaz de sobrepujar aquela votação conjunta.

Em 29 de Junho, o *Nationalrat* aprovou uma resolução sobre o relatório governamental, com uma larga maioria, compreendendo os votos dos deputados das três principais facções partidárias – o SPO, o OVP e o Partido Liberal (FPO).[36] Esta resolução deu luz verde para o início das negociações com Bruxelas, na base do pressuposto de que a neutralidade permanente era indispensável e a Áustria, como membro da família europeia, deveria ser capaz de cumprir as obrigações inerentes a este estatuto internacional especial. Não surpreendentemente, a maioria dos pontos veiculados naquele documento coincidiam, no seu conteúdo, com as condições básicas enunciadas no acordo OVP-SPO anteriormente aludido.

Sob o fogo do debate acerca do relatório governamental, os deputados do OVP, SPO e FPO qualificaram o pedido de adesão à CE como sendo a decisão estratégica mais importante desde a conclusão do Tratado de Estado em 1955. Por entre os parlamentares propagou-se o sentimento de que a CE se havia tornado mais pluralista e, portanto, podia acomodar um país permanentemente neutral; e de que a Áustria fazia parte da Europa e da economia europeia, devendo desempenhar um papel activo no processo de integração europeia. Além disso, a ideia generalizada que todos os Estados comunitários têm direito a veto, em todas as questões importantes, também influiu positivamente na percepção de que dentro da CE os interesses nacionais estariam sempre salvaguardados.

---

[36] Em defesa da sobrevivência da neutralidade permanente, somente o Partido dos Verdes – que apenas contava com 5% do apoio popular e 7 representantes no *Nationalrat* – se opôs à candidatura da Áustria à CE.

No rasto crítico-analítico de Heinrich Schneider, é curioso referir que, nas vésperas do pedido de adesão, a Áustria possuía uma visão muito particular da integração europeia, ou seja, do *modus operandi* organizacional e do *modus vivendi* político da CE, a qual se diferenciava sobremaneira daquela prevalecente em Bruxelas e nos próprios Estados comunitários. Sendo assim, perspectivada desde Viena, a CE era primariamente considerada uma comunidade económica muito atractiva e o processo de integração percebido como uma forma altamente desenvolvida de cooperação entre os Estados movidos por interesses económicos. Concretamente, aos olhos dos governantes austríacos, a integração económica era entendida como uma integração "negativa" visto que se orientava para eliminação dos obstáculos físicos, técnicos e fiscais às trocas comerciais, e a integração política como uma cooperação de natureza eminentemente intergovernamental. A União Política era encarada como uma utopia dos eurofundamentalistas, defensores de uma integração pura, e não um objectivo ao qual ficavam vinculados todos os participantes na construção europeia. Nesta perspectiva, os dirigentes em Viena não conseguiram discernir que a ênfase dada à realização do Mercado Interno, sobretudo a partir do AUE, estava potencialmente ligada a uma estratégia de desenvolvimento político da CE e, portanto, ao serviço do propósito mais ambicioso e menos aparente da superação da atrofia política, para além do objectivo da debelação da 'eurosclerose' económica, tão sobejamente alardeado.[37]

Com efeito, nesta altura, as implicações políticas da integração europeia foram subestimadas pela classe política austríaca. Isto terá sucedido ou por esquecimento relativamente à presença na agenda fundadora da CE de uma finalidade política que, mais ou menos de forma subliminar, tinha vindo a motorizar a construção europeia desde os seus primórdios; ou por cepticismo em relação ao futuro prolongamento político desta organização, assim, transposto para o domínio do desígnio; ou, ainda, por voluntária cegueira política movida pela necessidade alimentar internamente uma imagem inofensiva da CE num momento em que muitos viam na adesão o principal antídoto para a

---

[37] Ver HEINRICH SCHNEIDER, *Austria and EC*, Londres, The Royal Institute of International Affairs, Discussion Papers Nº 24, 1989, págs. 12-25; e SIEGLINDE GSTOHL, "Deux Études sur la Stratégie Europeénne de l'Autriche", in Helmut Kramer e Anton Pelinka (orgs.), *L'Autriche et l'Integration Européenne*, Rouen, Publications de l'Université de Rouen, Austriaca, Nº 38, Junho 1994, pág. 129.

recessão económica que havia assolado a Áustria, conforme confirmaremos mais à frente. Independentemente da razão em causa, certo é que, guiada por percepções subjectivas e algo distorcidas sobre a realidade comunitária decorrentes da *"falta de experiência com a supranacionalidade ou com a prática da política comunitária"*, e sempre colocando a tónica nos benefícios resultantes da futura adesão, a elite política procurou *"convencer-se e convencer os outros da exequibilidade e do carácter inofensivo da plena adesão à UE"*.[38]

Fazendo um balanço geral das posições adoptadas pelas forças vivas da sociedade austríaca, concluímos que entre 1987 e 1989 foi-se firmando, progressivamente, um consenso generalizado em relação aos benefícios da integração europeia e ao perigo da Áustria ficar de fora do 'Concerto Comunitário'. Na sequência de um amplo debate interno, encetado pela Associação dos Industriais Austríacos, formou-se um *"bloco histórico"*[39] favorável à adesão que agrupou os parceiros sociais, os partidos governantes e importantes entidades (como por exemplo, o Ministério da Economia, o Ministério da Agricultura, o Ministério do Trabalho e o Ministério do Ambiente). Esta histórica plataforma pró-europeia – que os oponentes à adesão, atrás identificados, não conseguiram eclipsar – constituiu-se no verdadeiro responsável colectivo moral e material pela finalização da candidatura austríaca à CE em 4 de Julho de 1989.

O Pedido de Adesão e a Reacção da Comunidade Europeia

Na oportunidade, o Conselho de Ministros fixou a redacção final da candidatura austríaca à CE, que foi apresentada pelo Ministro dos Negócios Estrangeiros Alois Mock, a 17 de Julho, em Bruxelas, junto do seu homólogo francês Roland Dumas, então Presidente do Conselho de Ministros da CE. Na chamada "Carta" para Bruxelas, onde

---

[38] Cf. HEINRICH SCHNEIDER, op. cit., págs. 14 e 23.

[39] A expressão "bloco histórico" refere-se a um conjunto ou fracções de classes que formam uma aliança com vista a estabelecer um tipo de estado ou ordem mundial da sua preferência. Trata-se de um importante instrumento analítico forjado por Antonio Gramsci que Andreas Bieler utilizou para orientar o seu estudo sobre a importância dos grupos de interesses austríacos no debate interno que conduziu ao pedido de adesão à CE. Sobre os diferentes entendimentos e uso do termo, ver ANDREAS BIELER, op. cit., págs. 1-4.

ficou plasmado o pedido de adesão, o texto era breve e muito objectivo. Em escassas linhas redigidas com grande simplicidade, a Áustria, apelando à provisão consubstanciada no Artigo 237º do Tratado de Roma, manifestou o desejo de tornar-se membro da CE, mas preservando o estatuto de neutralidade permanente internacionalmente reconhecido que mantinha há 35 anos. Do ponto de vista nacional, a inserção da cláusula de neutralidade naquele documento explica-se basicamente pelo receio dos responsáveis políticos austríacos de melindrarem a opinião pública, favorável à manutenção da neutralidade permanente em detrimento da adesão à CE. Além disso, tal justificou-se também pela necessidade de satisfazer a ala (esquerda) dos Sociais-Democratas mais relutantes, assim como, de apaziguar a acção contestatária daqueles que haviam inflamado a discussão e alarmado muitos nacionais com o anúncio do advento de um novo *Anschluss*, desta feita, ao espaço comunitário, na sequência do qual o país voltaria a integrar a esfera de influência alemã e perderia a sua identidade nacional. No plano externo, ao introduzir a reserva de neutralidade no seu pedido formal de adesão, o Governo austríaco procurou preservar a credibilidade do estatuto de neutralidade permanente junto da comunidade internacional e, em especial, da US sendo certo que esta preocupação foi suscitada pela subsistência do espectro da bipolaridade no quadro internacional.

É digno de nota que a "Carta" para Bruxelas, nomeadamente o seu segundo parágrafo, só foi possível dada a vontade política dos partidos governantes para encontrarem uma forma de conjugar a adesão à CE e a neutralidade permanente. Ao nível interno, isso foi viabilizado pela adopção de uma interpretação minimalista da neutralidade permanente limitada ao seu substrato militar. No plano externo, a Áustria procurou promover a (re)interpretação da neutralidade permanente como uma contribuição específica para a paz e segurança internacionais – em substituição do anterior entendimento da neutralidade permanente como um particular contributo para o desanuviamento e a melhoria das relações Leste-Oeste.

Nesta linha de raciocínio, é importante sublinhar que a lógica do pedido de adesão da Áustria à CE repousou primordialmente sobre dois elementos: o entendimento mais liberal da questão da compatibilidade entre a neutralidade e a integração europeia, e a percepção, por parte da elite política austríaca, da proximidade de mudanças estruturais na Europa Central e de Leste. Em relação ao primeiro elemento, importa referir que os dirigentes austríacos baseavam a compatibilidade entre a neutralidade permanente e a adesão à organização comunitária nas chamadas 'cláusulas de salvaguarda' previstas no Tratado constitutivo da Comunidade Económica Europeia (CEE). Se Bruxelas reconhecesse a neutralidade como uma contribuição para a paz e a segurança mundiais, ao abrigo do Artigo 224º, Viena poderia invocar esta provisão para isentar-se de medidas contrárias às obrigações relevantes do seu estatuto de neutralidade permanente. Em relação à Cooperação Política Europeia (CPE), os defensores da adesão também não viam obstáculos porque esta dinâmica cooperativa estava confinada ao plano de consulta e coordenação no quadro do qual todas as decisões eram objecto de consenso. A par disso, no domínio de intervenção da CPE tinham apenas cabimento os aspectos políticos e económicos da segurança e não quaisquer assuntos relacionados com a defesa militar. Finalmente, a União Política, como a última etapa do processo de integração europeia, tampouco perturbava os dirigentes austríacos, pois tratava-se de um objectivo com contornos ainda não definidos que, uma vez admitida à CE, a Áustria poderia ajudar a formatar de acordo com o seu estatuto especial e explorando a regra da unanimidade.[40]

Sobre o segundo elemento, podemos afirmar que no Verão de 1989 os advogados da adesão pareciam contar com uma evolução do quadro político europeu susceptível de minimizar os problemas levantados pela neutralidade permanente face à integração europeia. Algumas fontes sugerem que, embora cientes do carácter pioneiro da candidatura da Áustria, os responsáveis políticos austríacos deram mostras de optimismo em relação ao seu acolhimento pelos Doze. Tal optimismo deveu-se primariamente à confiança que os governantes austríacos depositaram nos efeitos da *perestroika* e do *glasnost* de Mikhail Gorbachev nos países comprometidos com a neutralidade, de resto, cuidadosamente ponderados antes da petição a Bruxelas. Nesta perspectiva, podemos afirmar que a Áustria foi o primeiro membro da EFTA a apresentar o seu pedido de adesão, desde a entrada do Reino Unido e da Dinamarca em 1973, antecipando-se à Suécia, Finlândia e Noruega, porque os seus dirigentes foram os primeiros a discernir os novos sinais dos tempos e, em resultado disso, a considerar a adesão à CE como fazendo parte de uma onda transformadora da Velha

---

[40] Ver HANSPETER NEUHOLD, "The European Neutrals Facing the Challenges of the 1990's", in Hanspeter Neuhold (ed.), *The European Neutrals in the 1990's. New Challenges and Opportunities*, Boulder/Colorado, Westview Press, Austrian Institute for International Affairs Series, 1992, pág. 244.

Europa dividida, e na qual urgia participar sob pena de o país ver passar a História ao seu lado.

No aviso de recepção da candidatura austríaca, a Presidência da CE limitou-se a declarar, em termos quase telegráficos, que: *"O Conselho tomou nota das considerações contidas no parágrafo 2 da vossa carta em relação ao estatuto de neutralidade permanente da Áustria. Esta questão será examinada pelas instâncias da Comunidade no quadro das disposições institucionais existentes".*[41] A referência ao parágrafo 2 da "Carta" para Bruxelas foi simultaneamente sintomática e premonitória. Sintomática, na medida em que sinalizou que, na óptica da CE, o fulcro problemático da candidatura da Áustria radicava na neutralidade permanente. Premonitória porque fazia prever um debate aceso nas principais instâncias da CE, dada a tradicional atitude dos seus Estados-membros em relação aos países comprometidos com uma tradição de neutralidade.

Falando em termos gerais, podemos qualificar de 'fria' a recepção inicial da candidatura austríaca entre os meios comunitários. O generalizado sentimento de indiferença, que originalmente só não foi manifestado pela República Federal da Alemanha, ficou a dever-se predominantemente ao estigma decorrente da neutralidade permanente, considerada um obstáculo ao desenvolvimento de um pilar de política externa e defesa, e subsequente afirmação da CE enquanto verdadeiro actor político global. Jacques Delors, Presidente da Comissão Europeia, exprimiu repetidas vezes as suas reservas relativamente à candidatura de um país permanentemente neutral como a Áustria, ao lado de outras personalidades europeias, tais como, Leo Tindemans, Lord Plumb, Willy De Clercq e Van Miert.

Todavia, relançando um olhar mais perscrutador, a reacção dos Estados-membros da CE à candidatura da pequena Áustria traduziu-se num misto de simpatia, cepticismo e, até mesmo, de algum repúdio. A República Federal da Alemanha (RFA) e a Itália, embora reconhecendo a existência de um conflito latente entre a admissão de um Estado permanentemente neutral e as aspirações integracionistas da CE nos domínios económico e político, mostraram-se publicamente dispostas a apoiar a admissão do país vizinho. Por seu turno, a Holanda, o Luxemburgo e a Bélgica defenderam que a *"Comunidade devia*

---

[41] Conforme citado por PETER JANKOWITSCH e HANNES PORIAS, "The process of European integration and neutral Austria", in Sheila Harden (ed.), *Neutral States and the European Community*, Londres, Brassey's, 1994, pág. 36.

concentrar-se nos seus objectivos agendados para 1992, em detrimento de pedidos de adesão".[42] A França manifestou séria preocupação pelas repercussões da entrada da Áustria no desenvolvimento da dimensão comunitária de segurança. Finalmente, com respeito aos britânicos, importa ressaltar que estes não esconderam, juntamente com os dinamarqueses, um certo grau de simpatia pela candidatura austríaca por considerá-la passível de induzir a CE a favorecer o alargamento em prejuízo do aprofundamento.

O debate no Conselho das Comunidades, que precedeu o envio da candidatura austríaca para a Comissão, revelou este mosaico de posições. Nesta altura, ficou claro que os países-membros não tinham dúvidas quanto à idoneidade política e económica da Áustria que satisfazia os principais requisitos de elegibilidade exigidos aos potenciais candidatos. Todavia, ainda assim, alguns mostraram bastante relutância em admitir nas suas fileiras um Estado permanentemente neutral. Dentre estes, deve destacar-se o Ministro dos Negócios Estrangeiros belga, Mark Eyskens, que, desde logo, bloqueou uma resposta imediata ao Governo austríaco ao vetar a proposta franco-alemã de alterar a agenda do Conselho de 17 de Julho e enviar prontamente o pedido de adesão da Áustria para a Comissão Europeia. A Bélgica temia o influxo (negativo) da neutralidade austríaca no aprofundamento do processo de integração europeia e, por isso, exigiu uma discussão sobre a neutralidade permanente e a sua compatibilidade com os objectivos políticos da CE antes de qualquer avanço na apreciação do dossiê austríaco.

Depois de cerca de onze dias de discussões, na sequência da reunião do Conselho de Ministros de 28 de Julho de 1989, a questão de saber se era necessário a realização de um debate aprofundado sobre a neutralidade antes da análise do pedido de adesão austríaco foi definitivamente ultrapassada. Os representantes dos Estados-membros deliberaram, por unanimidade, efectuar este exame *"no momento devido, tendo em consideração as disposições pertinentes do Acto Único e nomeadamente o seu Artigo 30º, parágrafo 5"*[43], e enviar de

---

[42] Cf. FERDINAND PROTZMAN, "An Icy Reception for Austria's Bid To Join the European Union", *The New York Times*, 1 de Maio 1989, pág. D8.

[43] Cf. Comissão das Comunidades Europeias, "Le défi de l'élargissement: Avis de la Comission sur la demande d'adhésion de l'Autriche", *Bulletin des Communautés européennes*, Luxemburgo, Serviço das Publicações Oficiais das Comunidades Europeias, Suplemento 4/92, 1993, pág. 6.

imediato o pedido de adesão da Áustria para a Comissão Europeia. De acordo com o estipulado pelo Conselho, a Comissão de Representantes Permanentes (COREPER) endossou os documentos da candidatura austríaca à Comissão Europeia para que esta instituição pudesse produzir o seu indispensável parecer, conforme prescrito pelos Tratados.

Entretanto, em Fevereiro de 1990, numa tentativa de dissipar as suspeitas e, até mesmo uma certa antipatia, que recaíam sobre a candidatura nacional, o Governo austríaco dirigiu à Comissão Europeia e a todos os Estados comunitário um memorando onde sublinhou que a Áustria subscreve na totalidade *"os objectivos fundamentais dos Tratados comunitários e do Acto Único Europeu"*[44] (incluindo a CPE) e anela aderir à CE de uma forma plena e solidária. O Executivo Federal utilizou ainda algumas linhas para manifestar o desejo de ver sua candidatura apreciada sem grande demora.

Aquela investida diplomática não teve qualquer efeito tangível sobre os trabalhos da Comissão Europeia que precisou de dois anos para produzir (até Agosto de 1991) e três para publicar o seu parecer sobre o pedido de adesão da Áustria. O atraso nos trabalhos da Comissão Europeia, amiúde justificado pelo facto de os comissários se encon-trarem primariamente concentrados na implementação do Mercado Interno, ficou, na prática, a dever-se à existência de uma oposição significativa à candidatura austríaca no seio desta instituição. Em rigor, podemos dizer que a Comissão Europeia estava profundamente dividida em dois grupos com posições diametralmente opostas: um primeiro grupo que desejava que as conversações se iniciassem de imediato[45]; e um segundo grupo, mais homogéneo, que defendia a necessidade de protelar qualquer decisão sobre a petição de Viena até 1996, data em que seria revisto o Tratado da União Europeia. Neste último grupo encontravam-se os representantes da França e da Holanda. Os franceses, em particular, temiam a 'interioridade' e a subsequente perda de influência política, em resultado da expansão geográfica da

---

[44] Conforme citado por PAUL LUIF, "La Neutralité de l'Autriche et l'Europe de 1992", in Helmut Kramer e Anton Pelinka (eds.), *L'Autriche et l'Integration Européenne*, Rouen, Publications de l'Université de Rouen, Austriaca, Nº 38, Junho 1994, pág. 32.

[45] Dentre os comissários que favoreceram o início imediato de conversações preparatórias com a Áustria encontravam-se os britânicos Sir Leon Brittan e Bruce Millan, os italianos Filippo Maria Pandolfi e Carlo Ripa di Meana, o belga Karel Van Miert, e o dinamarquês Henning Christophersen. Ver "The makings of a new constellation", *The Economist*, 4 de Agosto 1990, pág. 41.

CE que, em contrapartida, colocaria a Alemanha numa posição mais central e influente.

Sobrevoando as grandes linhas do parecer da Comissão Europeia emitido em Agosto de 1991, é importante referir que, situando-se no plano económico, o colégio dos comissários depois de reconhecer o carácter dinâmico e próspero da economia austríaca, caracterizar os intensos vínculos comerciais existentes entre a Áustria e a CE[46] e destacar a especificidade do perfil do candidato resultante de um elevado grau de compatibilidade com a CE (jamais igualada por anteriores candidatos), assim como, a exemplaridade do seu desempenho nos domínios monetário e orçamental, concluiu que a CE deveria *"responder favoravelmente ao pedido de adesão da Áustria"*.[47]

Do ponto de vista político, a Comissão não escamoteou a questão da neutralidade permanente que foi objectivamente encarada como potencial fonte de problemas para a CE e para a Áustria. As dificuldades para a CE decorreriam da predisposição de Viena de *"opor-se sistematicamente"* a certas medidas contrárias à política de neutralidade, quer no quadro da futura política externa e de segurança comum, quer no domínio da política comercial comum devido à prática corrente do Conselho *"de impor sanções económicas contra certos países ao abrigo do Artigo 113º do Tratado CEE, após ser alcançado o consenso no seio da Cooperação Política"*.[48] O problema que potencialmente confrontaria a Áustria prendia-se com a deliberação do Tribunal de Justiça Europeu, segundo a qual a invocação do Artigo 224º só poderia ser feita a título excepcional ao passo que a letra daquela disposição só poderia ser interpretada de forma restrita[49]. Sob

---

[46] Como parceiro comercial, a Comunidade fornecia 68% das importações (totais) austríacas e recebia 65% das exportações (totais) da Áustria. Ver Comissão das Comunidades Europeias, "Le défi de l'élargissement: Avis de la Comission sur la demande d'adhésion de l'Autriche", pág. 10.

[47] Cf. ibid., págs. 18-9.

[48] Cf. ibid., pág. 17.

[49] Conforme esclarece Hanspeter Neuhold, quando a Áustria apresentou o seu pedido de adesão em 1989, o primeiro argumento baseou-se na existência das chamadas "cláusulas de salvaguarda" contidas nos Artigos 223º e 224º. Em virtude deste último artigo autorizar os Estados-membros a adoptarem medidas visando o cumprimento da sua responsabilidade de contribuir para a manutenção da paz e segurança internacionais, foi sugerido pelos responsáveis austríacos que a neutralidade permanente podia ser considerada uma dessas tarefas. No entanto, segundo o Tribunal Europeu, as tarefas em questão deviam limitar-se ao âmbito das decisões do Conselho de Segurança, sob o Capítulo VII da Carta da ONU. Para mais detalhes sobre este

esta luz, o entendimento sustentado pelas autoridades austríacas de que a interpretação da neutralidade permanente, como contributo para a paz e segurança internacionais, permitiria ao país exonerar-se de certas obrigações inerentes aos Tratados foi enjeitado pela Comissão.[50] Além disso, ao solicitar a admissão do seu país à CE, as mesmas autoridades foram confrontadas com a necessidade de fazer prova da sua capacidade jurídica de subscrever a vontade que predominava entre os Doze de fortalecer *"a identidade e o papel da União como uma entidade política na cena internacional"* por meio do *"reforço da segurança da União...e pela definição a prazo de uma política de defesa"*[51]; e de clarificar a sua posição face à eventual participação do país *"numa operação de manutenção da paz decidida pela Comunidade (União Política) sem o aval jurídico da ONU"*.[52]

Nesta perspectiva, a Comissão Europeia enfatizou a ideia de que a adesão da Áustria à CE colocava, simultaneamente, às autoridades europeias e austríacas, não só a questão da compatibilidade entre a neutralidade permanente e as disposições dos Tratados vigentes, mas igualmente o problema do engajamento da Áustria nos compromissos subjacentes à futura Política Externa e de Segurança Comum (PESC). De facto, remetendo o assunto para um plano prospectivo, aquela instituição expressou claramente que cumpria à Áustria apresentar garantias específicas sobre a sua capacidade legal para desempenhar as obrigações inerentes a uma política externa e de segurança comum, que na altura se encontrava em plena gestação.[53]

No seu conjunto, a Comissão Europeia admitiu que a adesão da Áustria representaria um ganho para a CE, em razão da sua robusta economia e dos seus fortes laços comerciais com os Estados comunitários, assim como, da sua experiência no centro de uma Europa em

---

assunto, ver HANSPETER NEUHOLD, "Perspectives of Austria's Membership in the European Union", *German Yearbook of International Law*, Berlim, Duncker & Humbolt, Vol. 37, 1994, págs. 24-26; e KARL ZEMANEK, "Austria and the European Community", *German Yearbook of International Law*, Berlim, Duncker & Humboldt, Vol. 33, 1991, págs. 152-156.

[50] Ver Comissão das Comunidades Europeias, "Le défi de l'élargissement: Avis de la Comission sur la demande d'adhésion de l'Autriche", pág. 18.

[51] Extractos das conclusões do Conselho Europeu de Luxemburgo (28 e 29 de Junho de 1991) que aprovou a versão consolidada dos textos propostos pelas Conferências Intergovernamentais sobre a União Económica e Monetária e a União Política. Cf. ibid., pág. 17.

[52] Cf. ibid., pág. 18.

[53] Ver ibidem.

redefinição (geo)política, económica e social. Na parte final do seu parecer, lemos que a CE *"beneficiará globalmente da adesão da Áustria, que alargará o círculo dos países capazes... de fazer progredir rapidamente a União Económica e Monetária... e também da experiência de um país, que pela sua posição geográfica, pela sua história e pelos seus laços que preservou e estreitou, está inteiramente no centro da construção da nova Europa"*.[54] Nestes termos, a Comissão Europeia considerou a Áustria um peticionário elegível, mas sobretudo um candidato necessário tendo em conta os desafios que se apresentavam à CE no quadro do seu futuro alargamento à Europa Central e de Leste. Consequentemente, aquela instituição reenviou a candidatura austríaca ao Conselho para considerações adicionais.

Da linha geral da argumentação dos comissários ressalta que, embora se tenha reconhecido e diagnosticado com acuidade a problemática inerente à neutralidade permanente, esta não foi considerada pelos comissários como um obstáculo intransponível à admissão da Áustria em face da evolução dos acontecimentos na Europa.[55] Assim, os representantes austríacos receberam de Bruxelas e das restantes capitais comunitárias, a garantia de que a neutralidade permanente, o aspecto mais espinhoso da sua candidatura, seria analisado, "com novos olhos"[56], no âmbito do inédito contexto geopolítico europeu e, por esta via, o reconhecimento da possibilidade de conciliação entre a neutralidade permanente e a adesão da Áustria.

O Governo austríaco esperava que Bruxelas emitisse de imediato um sinal positivo para o início das negociações. Por isso, foi com desapontamento que os defensores de uma adesão rápida receberam a notícia de que os Doze não estavam dispostos a encetar qualquer negociação sobre um novo alargamento antes da finalização do processo de ratificação do Tratado de Maastricht, da conclusão de um acordo sobre o Pacote Delors II e da concretização do Mercado Único, em 1 de Janeiro de 1993, no seguimento das conclusões do Conselho Europeu de Lisboa realizado a 26 de Junho de 1992. A CE receava que o início das negociações com Viena pudesse abrir um precedente inoportuno que obrigasse a CE a considerar as candidaturas dos restan-

---

[54] Cf. Comissão das Comunidades Europeias, "Le défi de l'élargissement: Avis de la Comission sur la demande d'adhésion de l'Autriche", pág. 19.

[55] Cf. ibidem.

[56] Cf. ALOIS MOCK, *Discurso perante o Parlamento Austríaco*, Londres, Embaixada da Áustria, 28 de Maio 1991, pág. 2.

tes peticionários em lista de espera, tais como, a Turquia, Malta e Chipre[57], ou desencadear, por efeito de contágio, a candidatura de outros membros neutrais da EFTA[58], para perturbação do seu importante momento de aprofundamento.

Ao solicitar o seu pedido de adesão à CE, Viena atiçou a crítica colérica por parte daqueles que consideravam a candidatura austríaca altamente perniciosa à materialização do EEE. No entanto, a questão do EEE só surgiu em princípios de 1989, dois anos depois do início do debate no seio da sociedade civil austríaca, durante o qual se foram deixando entrever as principais razões que estiveram na base do apoio generalizado da candidatura austríaca; e seis anos antes de a Áustria se ter tornado membro de pleno direito da UE, período durante o qual também é possível descortinar o múltiplo racional subjacente ao pedido de adesão austríaco.

Os Principais Motivos Subjacentes à 'Carta para Bruxelas'

A literatura é unânime em afirmar que o pedido de adesão da Áustria à então CE foi primariamente suscitado por considerações de natureza marcadamente económica. E, nesta perspectiva, identifica-se o recuo do crescimento económico provo-cado pela crise económica interna que golpeou o país a partir de meados dos anos 80, a par da perspectiva do desenvolvimento do Mercado Interno, como a *causa prima* subjacente à aquiescência da classe política austríaca sobre o envio da 'Carta' para Bruxelas.[59]

---

[57] A Turquia apresentou o seu pedido de adesão em 14 de Abril de 1987; Chipre e Malta a 4 e 16 de Julho de 1990, respectivamente.

[58] De certa forma, este efeito de contágio já se tinha começado a produzir com a candidatura da Suécia em 1 de Julho de 1991.

[59] Ver ANNA MICHALSKI e HELEN WALLACE, *The European Community: The Challenge of Enlargement*, Londres, Royal Institute of International Affairs, 1992, pág. 81; HELMUT KRAMER, "Austria in a New Europe", in C. Randall Henning, Eduard Hochreiter e Gary Clyde Hufbauer (eds.), *Reviving the European Union*, Washington, Institute for International Economics, 1994, pág. 123; REINHARD RACK, "Austria Application", in Clive Church (ed.), *Widening the Community Circle?*, Londres, UACES Occasional Papers N° 6, 1991, págs. 35-6; HEINRICH SCHNEIDER, op. cit., págs. 5-11; WOLFRAM KAISER, "Austria in the European Union", *Journal of Common Market Studies*, Vol. 33, N° 3, Setembro 1995, pág. 412; ALOIS MOCK, "Austria in a changing Europe", *The World Today*, Vol. 46, N° 3, Março 1990, pág. 38; HANSPETER NEUHOLD "The European Neutrals Facing the Challenges of the 1990's", págs. 243-4; e PAUL LUIF, "Austria", págs. 134-137; "Austria and West European Integration", pág. 9.

A partir de 1985, a economia austríaca, e em particular o segmento das indústrias nacionalizadas, mergulhou numa profunda crise que se revelou particularmente difícil de gerir em vista da prevalência de um elevado défice orçamental que inibiu o Governo Federal de providenciar um apoio qualitativa e quantitativamente proporcional à gravidade da situação e, por conseguinte, de evitar certas consequências indesejáveis: o aumento do desemprego e a diminuição da taxa de crescimento económico. No ano seguinte, a aprovação do AUE, tendo como objectivo primordial a concretização do Mercado Interno, ameaçava agudizar o estado precário da economia nacional bastante dependente dos mercados comunitários que, na altura, já captavam mais de 50% das suas exportações.

As indústrias situadas na metade ocidental da Áustria, tradicionalmente mais orientadas para o mercado comunitário com destaque para as indústrias de Salzburgo e Vorarlberg, foram as primeiras a sentir os fortes obstáculos à colocação das suas exportações no mercado comunitário; e a pressentir o advento de uma discriminação em larga escala, assim como, o consequente colapso total da indústria exportadora nacional, caso a Áustria se mantivesse à margem deste Grande Mercado.

Nesse contexto de recessão interna que o aprofundamento da integração económica dos Doze ameaçava agravar, não surpreende que a reivindicação da necessidade dos responsáveis políticos reequacionarem as relações Áustria-CE, assim como, a defesa da adesão integral do país a esta organização tenham sido protagonizadas, logo em 1987, pela Associação dos Industriais Austríacos e pela Câmara Federal da Indústria, conforme já discutido anteriormente. Da parte dos grupos de interesse formados por trabalhadores e empregados, foi também a crise da indústria nacionalizada que levou os sindicatos austríacos a alinharem por uma política externa pró-europeia e a apoiarem a opção da adesão à CE.

A ligação ao Mercado Interno foi considerada vital, na medida em que, por um lado, existia uma real necessidade de proteger as indústrias exportadoras orientadas para o mercado comunitário e internacional que não usufruíam auxílio estatal da crescente discriminação infligida pelos seus principais parceiros comerciais; e, por outro lado, de superar o desempenho negativo das indústrias nacionalizadas e outras que gozavam de protecção estatal através do acesso aos programas comunitários de investigação e tecnologia tendentes a promover a modernização e a inovação tecnológico-científica de que tanto carecia o sector industrial.

A classe dirigente austríaca acreditava que somente a participação no Mercado Interno pela via da adesão à CE, poderia impulsionar política e psicologicamente a introdução de reformas estruturais necessárias para debelar a chamada "Austriosclerose"[60], assim como, preservar as exportações nacionais das práticas discriminatórias que multiplicar-se-iam com a realização do Mercado Único.

Se é indiscutível que a (re)orientação da política de integração austríaca, a partir de 1987, foi condicionada pela expectativa de resolução de certas fragilidades e problemas económicos internos, também é certo que o pedido de adesão teve por base fortes motivações políticas. Tais motivações começaram a firmar-se em princípios de 1989 mediante o reconhecimento de que o esquema multilateral do EEE, apesar de permitir a obtenção de grande parte das vantagens inerentes ao Mercado Interno, negava à Áustria a possibilidade de influenciar politicamente as decisões que, embora sendo adoptadas pelas instituições comunitárias, tinham inevitavelmente efeitos sobre a sua esfera nacional, mesmo que o país permanecesse fora da CE. Nesta perspectiva, a decisão de aderir à CE foi igualmente estimulada pela vontade de ganhar influência política em Bruxelas através da participação, em pé de igualdade, dos governantes, diplomatas e funcionários nacionais no processo decisório comunitário.

Todavia, à parte de uma lógica económica e política, a aspiração austríaca relativamente à adesão à CE, comportou ainda uma dimensão histórico-idealista que, de uma forma omnipresente, acompanhou o processo de aproximação gradual da Áustria à dinâmica de integração europeia. Na realidade, são muitos os estudiosos que concordam que a "Carta" para Bruxelas foi a reafirmação de que o *"locus político da Áustria é ao lado das democracias pluralistas ocidentais"*.[61] Na chamada 'Declaração de Bruxelas'[62], o Governo Federal insistiu na loca-

---

[60] Em 1989, o investigador Heinrich Schneider sustentava que adesão da Áustria poderia converter-se numa *"alavanca política e psicológica para a introdução de reformas estruturais"*. Cf. HEINRICH SCHNEIDER, op. cit., pág. 8.

[61] Cf. KARL KOCH, "Austria: The Economic Logic of Accession", in Jonh Redmond (ed.), *Prospective Europeans: New Members for the European Union*, Londres, Harvester Wheatsheaf, 1994, pág. 42.

[62] Trata-se de um documento de grande interesse emitido pelo Governo Federal paralelamente à entrega da petição formal de adesão a Roland Dumas que, surpreendentemente, não tendo sido lido na altura por qualquer entidade, só meio ano mais tarde chegou às mãos das instituições comunitárias e dos Governos dos Estados-membros da Comunidade, sob a forma de memorando.

lização histórica e ideológica da Áustria na Europa ao declarar que a identidade do país esteve inseparavelmente ligada ao projecto de integração europeia tendo existindo, desde cedo, um compromisso do país com a ideia da Europa, para além de um sólido vínculo ao núcleo dos países europeus comprometidos com os ideais da democracia e da liberdade. Tudo isto, para implicitamente firmar a ideia de que *"a Áustria pertence à CE e que a adesão a esta organização era um direito por nascimento e/ou lhe estava destinado desde o primeiro momento após o restabelecimento da República, depois da Segunda Guerra Mundial"*.[63]

Ainda que num plano de menor relevo, é interessante referir o influxo de elementos de índole psicológica no reforço do ímpeto integracionista austríaco. Em primeiro lugar, a crónica predisposição do povo austríaco para integrar amplos espaços económicos e políticos, bem patente em diferentes momentos da história nacional.[64] Em segundo lugar, o medo da perda da identidade europeia decorrente da generalização da ideia de que a CE era sinónimo de 'Europa' e, portanto, a não inclusão naquele espaço poderia produzir a perda do sentimento de pertença dos austríacos à Europa Ocidental.

Na fase posterior à apresentação do pedido de adesão, em especial desde a queda do Muro de Berlim até ao início das negociações para a adesão em Fevereiro de 1993, juntaram-se às motivações analisadas até aqui, outras relacionadas com exigências políticas, militares e de segurança imediatamente decorrentes do revés estrutural ocorrido no xadrez da geopolítica europeia e das relações internacionais. À medida que a economia nacional dava sinais de melhoria (entre finais dos anos 80 e princípios dos anos 90) e, em especial, após o colapso da US e o início da guerra na ex-Jugoslávia, a entrada da Áustria para a família dos Doze passou também a ser perfilhada por motivos de segurança. O conflito na vizinha ex-Jugoslávia e o forte espectro

---

[63] Cf. Declaração de Bruxelas conforme citada por REINHARD RACK, op. cit., pág. 33.

[64] Este fascínio pelo grande e/ou grandeza esteve bem patente durante a longa dominação sob o Império dos Habsburgos, no desejo de unificação com a República de Weimar durante o período entre as duas guerras mundiais, na anexação consentida da Áustria pela Alemanha Nazi em 1938; e continuou a manifestar-se a partir de 1955, designadamente, com o empenho do Governo austríaco na criação de uma gigantesca zona de comércio livre no quadro da Organização Europeia de Cooperação Económica (OECE) e, de forma mais subtil, na *Weltpolitik* (política global ou mundial) de Bruno Kreisky.

nacionalista existente no interior de muitos Estados vizinhos, amedrontaram os decisores austríacos que estavam plenamente conscientes da incapacidade do aparelho militar nacional para defender o país contra uma intervenção armada, na eventualidade de difusão do conflito jugoslavo ou de escaramuças étnicas para o interior das suas fronteiras. Consequentemente, a UE passou a ser contemplada como um abrigo protector contra possíveis ameaças à paz e segurança nacionais. Daí a emergência de uma retórica política mais centrada nos argumentos militares e de segurança em detrimento dos argumentos económicos que, embora não tivessem desaparecido do horizonte, paulatinamente foram perdendo o seu enfoque inicial junto da opinião pública.[65]

É digno de nota que a desagregação da US e a libertação político-ideológica dos países que se encontravam sob o seu jugo imperialista gerou uma motivação idealista em torno da integração da Áustria na UE: participar na missão histórica de reconciliação das duas Europa, na verdadeira recriação da família europeia, na qual os Estados comunitários já tinham começado a empenhar-se, designadamente, através da assinatura dos 'acordos europeus'.[66] Neste sentido, a Áustria passou também a encarar a integração no espaço comunitário como um meio de ajudar os Estados emancipados da Europa Central e Oriental – com quem partilhava uma afinidade geográfica, e um importante legado histórico, cultural e humano – na restruturação das suas frágeis economias, assim como, na consolidação dos seus regimes democráticos.

Para além de todas as razões já expostas que foram adensando a aspiração da Áustria aderir à UE, entendemos ser pertinente referir o impacto positivo da desagregação do bloco soviético no desapareci-

---

[65] Como corrobora Paul Luif, em meados de 1992, as vozes mais conservadoras do OVP começaram a advogar que a razão primária para aderir à UE deveria ser a segurança nacional, chegando mesmo a admitir que a ênfase dada inicialmente aos aspectos económicos havia sido um erro e que o objectivo último da adesão da Áustria seria a União Política. Por seu turno, os Sociais-Democratas também começaram a falar com mais frequência sobre os aspectos ligados à segurança. Ver PAUL LUIF, "Reconciling the problem of membership of the UE with its long tradition of neutrality", *European Brief*, Abril/Maio 1994, pág. 37.

[66] Os denominados "acordos europeus" correspondem aos acordos de associação assinados entre a UE e os países de Leste (logo em 1991 com a Polónia, a Checoslováquia e a Hungria; posteriormente com a Roménia e a Bulgária) que, em substituição dos anteriores acordos de cooperação menos ambiciosos, vêm incrementar uma cooperação financeira e cultural e institucionalizar o diálogo político, reconhecendo como objectivo final, mas não automático, a adesão à UE.

mento do tabu da neutralidade. Isto tanto para a Áustria ao *"tornar irrelevantes as atitudes soviéticas com respeito à adesão da Áustria à UE"*[67], como para os Doze, por silenciar a sua relutância contra a participação de um Estado permanentemente neutral na construção europeia. A quebra daquele tabu fortaleceu a vontade dos dirigentes de prosseguirem sozinhos a marcha em direcção a Bruxelas. Por outro lado, também alterou profundamente a tradicional percepção da Áustria por parte da UE, na exacta medida em que a adesão deste Estado passou a ser vislumbrada de modo mais optimista. Em particular, a mudança de atitude dos países comunitários pode ser ilustrada pela observação pelo Vice-Presidente da Comissão Europeia, F. Andriessen que, em inequívoco abono da Áustria, teria afirmado que *"se se encontrou um 'modus vivendi' para um Estado [entenda-se a Irlanda], porque não fazer o mesmo para outro?"*[68]

Do exposto, entendemos que a candidatura austríaca em Julho de 1989, não obstante fazer prova de lealdade em relação à neutralidade permanente, traduziu a escolha de uma política de integração menos neutrocêntrica, alicerçada na preferência pela manutenção da prosperidade económica, em detrimento das preocupações com a credibilidade da neutralidade permanente junto da comunidade internacional. Numa fase mais avançada, após os acontecimentos revolucionários ocorridos no Leste europeu, a mesma escolha reflectiu a opção pela redefinição da essência legal da neutralidade permanente fundada no reconhecimento da diminuição do seu valor como *"cavaleiro solitário"*[69], isto é, como único instrumento de segurança nacional. Em suma, o forte dinamismo da integração económica na Europa Ocidental e a crescente desintegração político-ideológica e económica na Europa Central e de Leste fizeram aumentar, nos dirigentes austríacos, o receio de ficarem à margem da dinâmica europeia de prosperidade e da segurança. Na realidade, o entendimento prevalecente era o de que a Áustria *"não podia dar-se ao luxo de 'ficar de fora da Europa' se não queria correr o risco de cair num isolamento desastroso"*[70]. Assim sendo, a adesão à

---

[67] Cf. ANNA MICHALSKI e HELLEN WALLACE, op. cit., pág. 81.

[68] F. ANDRIESSEN citado HERBERT SCHAMBECK, *L'Austria e l'Europa*, Editore Giuffrè, Milão, 1992, pág. 34.

[69] Cf. KARL ZEMANEK, "Demain l'Europe", *Le Monde des Débats*, Janeiro 1994, pág. 15.

[70] Cf. FÉLIX KREISSLER, "Euromania, Euroscepticisme, Eurodiscussion, Euroadhésion", pág. 141.

CE tornou-se um factor mais urgente do que os problemas relevantes da reformulação da lei e da política de neutralidade permanente.

Portanto, ajuizamos que o pedido de adesão da Áustria à CE assinalou o momento da 'Revolução Copernicana' da política de integração europeia deste Estado traduzida na opção por um euro-alinhamento, que foi ganhando expressão a partir de 1991, quando as mudanças ocorridas nos espaços geopolíticos contíguos ao território austríaco induziram os responsáveis políticos a uma reinterpretação menos rígida da neutralidade permanente. A neutralidade reformulada destinava-se sobretudo a servir de esteio ao desfecho favorável do processo de adesão da Áustria à CE. O Ministro dos Negócios Estrangeiros Alois Mock, tendo sido o principal impulsionador da reorientação eurocêntrica da política de integração europeia, foi também o mais importante protagonista político por detrás da reavaliação da política de neutralidade que ficou sintetizada do seguinte modo: *"a neutralidade significa menos do que nunca isolamento; é mais do que nunca solidariedade"*[71]; *"o mito de que se pode garantir a segurança numa ilha isolada está morto. A segurança da Europa é a nossa segurança"*.[72]

O Processo Negocial do Tratado de Adesão

Por ocasião do Conselho Europeu de Edimburgo realizado em Dezembro de 1992, os Doze decidiram que as negociações para a admissão da Áustria, da Suécia, da Finlândia e da Noruega[73] principiariam em 1993. Tal deliberação, tendo sido adoptada antes do término do processo de ratificação do Tratado de Maastricht, significou o fim da relutância da UE em iniciar o quarto alargamento da História Comunitária. Em obediência ao espírito de abertura plasmado no Artigo O do Tratado de Maastricht[74], as negociações, a título individual com a Áustria, mais precisamente, com a formação dos negociadores austríacos encabeçada pelo Ministro dos Negócios Estrangeiros, Alois Mock,

---

[71] Cf. ALOIS MOCK, *Declaração perante o Parlamento Austríaco*, pág. 1.
[72] ALOIS MOCK citado por KARL KOCH, op. cit., pág. 43.
[73] A Finlândia solicitou a adesão à UE em Março de 1992 e a Noruega em Novembro do mesmo ano.
[74] O Artigo O do Tratado de Maastricht declara que *"Qualquer Estado europeu pode pedir para se tornar membro da União"*. *Tratado da União Europeia*, Conselho das Comunidades Europeias, Luxemburgo, Serviço das Publicações Oficiais das Comunidades Europeias, 1992, pág. 138.

e pela Secretária de Estado no Gabinete do Chanceler Federal, Brigitte Ederer, tiveram início a 1 de Fevereiro de 1994.

Pese embora uma parte não negligenciável das matérias constituintes da agenda de negociações já ter sido examinada durante o processo de criação do EEE, os representantes da Áustria e dos Estados-membros da UE tiveram de confrontar-se com o exame minucioso de cerca de 29 capítulos que serviram de base às conversações. E, ainda que tenham decorrido com uma celeridade sem precedentes, as negociações nem por isso deixaram de envolver uma boa medida de complexidade e tensão, até porque as áreas de maior interesse e preocupação para o Executivo de Viena – a agricultura, o ambiente, o tráfego rodoviário, as regulações restritivas de venda de segundas residências nas regiões alpinas e a PESC – não haviam sido objecto de discussão durante o processo negocial do EEE. Neste ponto da análise, todavia, daremos particular enfoque ao dossiê da PESC devido à sua estreita ligação com a política de neutralidade austríaca, fazendo tão-somente brevíssimas alusões às restantes matérias controversas que também marcaram o compasso das negociações.

Desde o princípio, era do conhecimento geral que se avizinhava uma maratona diplomática, cuja meta deveria ser alcançada impreterivelmente a 1 de Março de 1995 por forma a permitir aos eurodeputados a votação do novo alargamento da UE. Todavia, os meses entre Fevereiro e Dezembro de 1994 foram marcados por uma certa fleuma negocial, com as partes contratantes a envolverem-se em assuntos de menor significado. Na realidade, só nos finais de 1994, sob a presidência belga, se começaram a assistir aos primeiros progressos concretos. Ironicamente, no caso da Áustria, os primeiros avanços nas negociações surgiram no âmbito de duas áreas particularmente sensíveis: a PESC e o ambiente.

Com respeito à PESC, é fundamental destacar a assinatura pelos negociadores austríacos de uma declaração impregnada de simbolismo que visava oficializar o comprometimento dos quatro países candidatos (Áustria, Finlândia, Suécia e Noruega) ao segundo pilar de Maastricht. Tratava-se da chamada 'Declaração Conjunta Nº 1', cujo significado, tal como sublinhou Graham Avery, residiu no facto desta não ter singularizado publicamente a Áustria.[75] Tal sucedeu porquanto tal declaração correspondia a um texto único, no qual os peticionários

---

[75] Ver GRAHAM AVERY, *The Commision's Perspective on the EFTA Accession Negotiations*, Sussex, Sussex European Institute, Working Paper Nº 12, 1995, pág. 4.

se comprometeram a *"participar plena e activamente na Política Externa e de Segurança Comum, tal como foi definida pelo Tratado da União Europeia"* e a *"adoptar na sua totalidade e sem reservas todos os objectivos do Tratado, das provisões do Título V, e das declarações relevantes a ele ligadas"*[76], o que colocou a Áustria, em termos de comprometimento político-diplomático, a par dos seus parceiros nórdicos que sustentavam posturas distintas em relação à neutralidade.[77]

Em nossa opinião, a aceitação aberta das aspirações da Tratado da União Europeia relativamente à PESC, e que apontam para *"a definição, a prazo, de uma política de defesa comum que poderá conduzir, no momento próprio, a uma defesa comum"*[78] constituiu a confirmação da reinterpretação da neutralidade permanente, por via da qual a política de integração austríaca se despojou do seu tradicional neutrocentrismo e ganhou o novo *élan* eurocêntrico. Nesta linha de raciocínio, estamos persuadidos que foi a 'Revolução Copernicana' que preparou o terreno para uma rápida conclusão do dossiê da PESC e evitou que este se convertesse na 'pedra de tropeço' das negociações entre a Áustria e a UE.

A questão do ambiente esteve inicialmente relacionada com a negociação de um período de transição, durante o qual a Áustria poderia manter e progressivamente adaptar as leis nacionais sobre o meio ambiente aos padrões menos exigentes preconizados pelos Doze. A UE reconheceu a política ecológica da Áustria como um modelo a seguir no futuro pelo conjunto dos Estados-membros ao comprometer--se, no curso do período de transição de quatro anos a partir da data de adesão, a conceder certas prescrições específicas e a exonerar este candidato do cumprimento de determinadas regras constantes nos Anexos do Tratado da União Europeia, bem como, a examinar e rever o *acquis* afecto ao capítulo do ambiente visando a melhoria do nível de protecção ambiental na superfície comunitária.

O resultado desta primeira fase de negociações foi altamente positivo, tanto ao nível prático, como ao nível psicológico, na medida em que ambas as partes demonstraram vontade de colaborar: a Áustria ao assinar uma declaração conjunta de alinhamento incondicional ao

---

[76] Conforme citado por HANSPETER NEUHOLD, "Perspectives of Austria's Membership in the European Union", pág. 26.

[77] A Finlândia e a Suécia praticavam a chamada neutralidade clássica e a Noruega, sendo membro da NATO, não tinha qualquer compromisso com uma postura neutral.

[78] Cf. Artigo J.4 do *Tratado da União Europeia*, pág. 126.

segundo pilar do Tratado de Maastricht, e os Doze ao concederem um período de transição de quatro anos para o dossiê do ambiente que sinalizou a intenção da UE de respeitar uma área de extrema importância, onde o candidato se destacava pela sua dedicação e exemplaridade.

Fazendo eco de alguma literatura mais atenta, parece-nos curioso referir que no curso das negociações, apesar da existência de fortes motivos para aderir ao 'Concerto dos Doze' e do desejo de abreviar o período negocial, a Áustria não deixou transparecer qualquer sentimento de inferioridade e/ou subalternidade em relação aos Estados comunitários. Antes, o candidato empenhou-se por obter, da parte da UE, um tratamento especial mostrando-se renitente a ser tratado como um 'qualquer' país terceiro. Com efeito, como confirma Heinrich Schneider, o Governo austríaco procurou adoptar uma posição forte, não como um peticionário modesto com pouco para oferecer, mas como um parceiro com capacidade de proporcionar numerosas contrapartidas em troca dos benefícios da adesão. Desde logo, a Áustria considerava-se um país industrializado que reunia as condições necessárias para participar no orçamento comunitário como contribuinte líquido, assim como, na terceira fase da União Económica e Monetária (UEM), ao lado de alguns dos Estados-membros mais importantes. À margem da esfera económica, os responsáveis austríacos enfatizaram o valor do seu exemplo na prossecução de algumas políticas (com destaque para a política ambiental); a importância da estabilidade da sua democracia baseada na regra do direito; e, ainda, a *mais valia* das suas relações privilegiadas com os países da Europa Central e Oriental que lhe conferiam a capacidade de prestar bons serviços à UE, no quadro do seu novo diálogo com o Leste.[79]

Em 4 de Maio de 1994, cerca de dois meses após o término das negociações entre a Áustria e a UE, o hemiciclo de Estrasburgo abriu a última sessão plenária da legislatura para votar a entrada da Áustria, da Suécia, da Finlândia e da Noruega. Para surpresa da maioria[80] e grande satisfação dos candidatos, o Parlamento Europeu, em nítida

---

[79] Ver HEINRICH SCHNEIDER, op. cit., págs. 9 e 10.

[80] Falamos aqui no elemento surpresa porque o Parlamento Europeu, numa tentativa de precipitar a reforma da máquina institucional comunitária em vias de estrangulamento funcional, havia acenado com a possibilidade de bloquear o alargamento da UE à Áustria e aos países nórdicos. Na sua edição do dia 11 de Março de 1994, o jornal *Le Monde* declarava: *"Por falta de garantias sobre as reformas institucionais, o Parlamento Europeu ameaça rejeitar os acordos para o alargamento"*. Conforme citado em Félix Kreissler, "Euromania, Euroscepticisme, Eurodiscussion, Euroadhésion", pág. 144.

defesa da materialização do alargamento da UE, aprovou por uma esmagadora maioria a entrada dos novos membros. No caso particular da Áustria, tal aprovação saldou-se numericamente em 378 votos a favor, 24 votos contra e 60 abstenções. No seguimento dos trâmites inerentes ao processo de adesão, em 24 de Julho do mesmo ano, os Chefes de Estado e de Governo dos Doze e os representantes do Governo Federal austríaco, reunidos em Corfu, procederam à assinatura do Tratado de Adesão. Contudo, antes de se tornar membro de pleno direito da UE, a Áustria teve ainda de aguardar o desfecho da realização de um referendo nacional e do processo de ratificação do Tratado de Adesão pelo *Nationalrat* e pelas entidades competentes de cada Estado comunitário.

Sendo a ratificação considerada uma mera formalidade, concentrar-nos-emos de seguida na análise do referendo sobre a adesão que envolveu de forma directa a população austríaca, a quem constitucionalmente incumbia proferir a última palavra sobre a adesão da Áustria à UE.

O Referendo Nacional sobre a Adesão

Pouco depois da conclusão das negociações em Março de 1994, o Governo austríaco decidiu agendar a realização de um referendo sobre a adesão para 12 de Junho de 1994. Os dirigentes austríacos concordavam que a adesão à UE exigia a intervenção dos cidadãos no processo decisório, não tanto por força do estatuto (legal) de neutralidade que seria pouco afectado, mas sobretudo porque a participação da Áustria no arranjo comunitário produziria uma drástica alteração de certos elementos constitucionais fundamentais, tais como, o princípio democrático, o princípio do Estado de Direito, o princípio da separação de poderes e o princípio do federalismo. Isto equivaleria àquilo que a doutrina legal austríaca designava de revisão total da Lei Fundamental[81], expressamente prevista e caracterizada no Artigo 44 da Constituição austríaca, segundo o qual a modificação global da

---

[81] Ver HANSPETER NEUHOLD, "Perspectives of Austria's Membership in the European Union", págs. 27-8; DAVID KENNEDY e LEO SPECHT, "Austria and European Communities", *Common Market Law Review*, Kluwer Academic Publishers, Vol. 26, N° 4, 1989, págs. 618 e 625-641; e PATRICK SCHULZ e GERHARD HAFNER, "L'Autriche et l'Union Européenne: Technique et Pratique du Référendum", *Revue du Marché commun et de l'Union européenne*, N° 383, Dezembro 1994, págs. 640-1.

Constituição Federal, devendo ser precedida pela aprovação de uma maioria de 2/3 no *Nationalrat* (parágrafo 1), exige a realização de uma consulta a toda a população nacional (parágrafo 3).[82]

Em perfeita sintonia com a elite política austríaca, os especialistas em Direito Internacional consideravam que a adesão à UE engendraria *"a modificação constitucional mais decisiva e substancial operada na Áustria desde 1920"* – ano em que passou a vigorar a Constituição que pôs termo ao regime monárquico e consagrou a República do Estado Federal da Áustria. Por conseguinte, o referendo era largamente justificado porquanto este procedimento inscrevia-se numa mudança substancial na legislação nacional que iria integrar um número significativo de disposições comunitárias e correspondia a uma transferência de soberania em certos domínios.[83]

Em retrospectiva, parece-nos pertinente assinalar que existiu entre a discussão nacional que antecedeu o pedido de adesão e o debate que precedeu o referendo, tomado no seu conjunto, uma visível simetria quanto às posições adoptadas pelas forças vivas da sociedade civil austríaca. Na verdade, a literatura sobre a acesa discussão que se gerou a nível nacional no contexto do referendo austríaco apontam para a existência de um bloco apoiante e um outro oponente, no seio dos quais vemos aparecer praticamente os mesmos protagonistas que se perfilaram na discussão entre 1987 e 1989. Porém, se estamos persuadidos que o debate para o referendo se assemelhou a uma espécie de reedição do debate sobre o pedido de adesão, também reconhecemos que o primeiro ultrapassou o segundo em termos de massa participativa. Queremos com isto dizer que passamos de uma discussão de tipo elitista – envolvendo predominantemente a classe política, as forças

---

[82] Cf. Chancelaria Federal da Áustria, *Austrian Federal Constitutional Laws (Selection)*, págs. 52-55 e 131-133; e CHARLES KESSLER, *The Austrian Federal Constitution*, Viena, Manzsche Verlags, 1993, págs. 35-6 e 86-7.

[83] Segundo os especialistas de Direito Internacional Patrick Schulz e Gerhard Hafner: *"A União Europeia tem uma dimensão supranacional e a sua ordem jurídica apresenta características específicas: a legislação dimana dos órgãos comunitários e vincula os Estados-membros, mesmos se um dentre eles se opõe. O primado e o efeito directo do direito comunitário impõem-se face às ordens jurídicas nacionais e o controle da interpretação e da aplicação do direito comunitário é da competência do Tribunal da CE no Luxemburgo. Resulta desta nova situação instaurada pela adesão da Áustria à UE uma transferência de soberania aos órgãos comunitários, em particular, em matéria de legislação."* Cf. PATRICK SCHULZ e GERHARD HAFNER, op. cit., pág. 636.

sociais e, num segundo plano, um núcleo de intelectuais esclarecidos – para uma discussão massificada que se estendeu a todas as franjas da população chamadas, agora, a opinar sobre uma decisão fundamental para o país, sob a orientação das elites política e social.

Nesta linha de raciocínio, não surpreendeu ver neste debate a adesão da Áustria à UE ser fervorosamente defendida pelos representantes da coligação governamental e pelos principais grupos de interesse. De inédito em relação ao primeiro debate que culminou em Julho de 1989 com o pedido de adesão, importa sublinhar primeiramente a participação de um novo protagonista, o Fórum Liberal[84], cujo apoio veio reforçar a já robusta frente pró-europeia. Dizemos reforçar, não tanto em termos quantitativos, pois tratava-se de um partido de constituição e aderência exíguos, mas em sentido político--estratégico, uma vez que este impediu a oposição de apresentar a adesão à UE como um assunto de interesse exclusivo do Governo Federal e, portanto, uma bipolarização da questão europeia. Em segundo lugar, é digno de nota a presença de um número significativo de intelectuais e, mais importante do que isso, de líderes religiosos, bem como, de figuras públicas ligadas ao mundo artístico e do desporto. Sendo usualmente rotulados de líderes de opinião, quer os académicos, quer os notáveis da Igreja, do desporto e das artes abrilhantaram a causa europeia promovendo o voto favorável. Em terceiro e último lugar, torna-se obrigatório referir o papel desempenhado pelos meios de comunicação social nesta discussão, mais especificamente, na formação de uma opinião pública favorável ao projecto europeu.

Tal como destaca Andreas Unterberger, as sondagens de opinião realizadas posteriormente ao referendo confirmaram que muitos cidadãos foram persuadidos a votar a favor da adesão menos pela campanha governamental do que pelas parangonas da imprensa escrita que, de forma veemente, projectaram a imagem da Europa como uma boa aposta para o país. Para além da televisão, a imprensa foi uma das principais responsáveis pelo recuo do 'Não' que, no início do debate, parecia prevalecer entre os prospectivos votantes. Com efeito, a esmagadora maioria dos jornais austríacos plasmaram na página impressa o seu incondicional apoio à adesão da Áustria à UE – um fenómeno excepcional que causou enorme estranheza num país onde os jornais,

---

[84] O Partido Fórum Liberal nasceu em 9 de Fevereiro de 1993, em resultado da saída demissionária de cinco deputados do FPÖ, cinco dias antes, para formar um grupo parlamentar autónomo encabeçado por Heide Schmidt.

por tradição, raramente tendem a apadrinhar candidatos ou partidos em períodos eleitorais.[85]

Entre os mentores do 'Não' à UE encontramos, de novo, o Partido Comunista e os agricultores, assim como, os Verdes que não abandonaram a sua preocupação com as repercussões ecológicas da adesão, designadamente, a manutenção dos exemplares padrões nacionais de protecção e defesa do ambiente no seio de uma comunidade formada por países menos exigentes e preocupados com as questões ambientais. No entanto, em contraste com o que sucedera no debate sobre a adesão, a oposição contou com um novo aliado dissidente, Jörg Haider, o líder do FPO, que de incondicional partidário da adesão se transformou subitamente num adversário feroz da Europa Comunitária. Debutando, para espanto geral, na defesa de uma *"'identidade austríaca' cuja existência há pouco tempo atrás havia contestado"*[86], Jörg Haider construiu um discurso agressivo, povoado de alusões xenófobas, com o intuito de incendiar a insatisfação popular e recolher, como dividendos imediatos, o apoio dos pequenos agricultores, funcionários públicos e desempregados e, a curto prazo, (entenda-se nas eleições legislativas agendadas para Outubro de 1994) a simpatia de outras faixas da população descontentes com o desempenho governamental. No plano mediático, similarmente ao que havia sucedido no campo pró-europeu, o jornal diário de grande circulação *Taglich Alles* e o semanário *Die ganze Woche* solidarizaram-se com os eurocépticos ao reproduzirem e subscreverem, em numerosos artigos, as posições, os argumentos e, até mesmo, os rumores perfilhados por aqueles que pugnavam pela vitória do 'Não' à Europa.

Ao examinarmos a literatura respeitante à forma como se desenrolou o debate que antecedeu o referendo austríaco, somos tentados a afirmar em jeito caricatural, porém sem fugir à realidade dos factos, que os euro-defensores e os euro-opositores, escudando-se num discurso maniqueísta, desempenharam um papel em muito semelhante ao de pregadores do Paraíso e do Inferno, respectivamente, procurando converter o maior número possível de almas. Os euro-defensores, utilizando a imagem da 'Terra Prometida' apregoaram os previsíveis benefícios da adesão ao clube das prósperas e pacíficas democracias

---

[85] Ver ANDREAS UNTERBERGER, "Austria's Referendum Surprise", *Europe*, Setembro 1994, pág. 21.

[86] Cf. FÉLIX KREISSLER, "Euromania, Euroscepticisme, Eurodiscussion, Euroadhésion", pág. 143.

ocidentais, a saber: o aumento do crescimento económico (a par do aumento do emprego e da diminuição da inflação e dos preços), o reforço da segurança pela ligação a um espaço onde a guerra entre os seus membros se tornou impensável, e a participação activa nas decisões adoptadas nos fóruns de Bruxelas. Além disso, alertaram para a inaptidão da Áustria resolver, por conta própria, os sérios problemas que enfrentava – desde as dificuldades económicas até à necessidade de proteger o meio ambiente – apresentando a UE como o apoio vital, no qual os austríacos se poderiam estribar para garantir a sobrevivência de um Estado com um registo (histórico) de riqueza material, estabilidade social e paz.

De facto, os euro-defensores, sobretudo os dirigentes do OVP e do SPO, procuraram convencer os austríacos que a adesão à UE constituía a única alternativa razoável para a saída da crise e a reentrada numa fase de afluência. O Leste, ainda em desintegração, não podia oferecer à Áustria as vantagens inerentes àquilo que ainda não havia adquirido, ou seja, uma estrutura política, económica e financeira estáveis. A permanência do país fora das fronteiras da UE somente resultaria, para além do isolamento do país, em enormes perdas dificilmente recuperáveis: a perda de um lugar na 'locomotiva' comunitária do progresso económico, tecnológico e científico, e dentro da 'muralha' protectora europeia; a perda da oportunidade de desempenhar um papel na construção da nova arquitectura europeia de segurança e, como corolário de tudo isto, a perda do sentimento de pertença à Europa Ocidental. Por outro lado, a campanha dos euro-opositores caracterizou-se pela ênfase dada aos efeitos negativos da adesão e pela disseminação da dúvida sobre a validade das previsões optimistas ventiladas pelos apoiantes do 'Sim' à Europa.[87] Em franco contraste com a imagem da 'Terra do Leite e do Mel', a UE foi qualificada como um *"monstro anti-democrático, centralista, burocrático que despojaria a Áustria da sua soberania, neutralidade e identidade arrastando-a para guerras"*.[88] completamente alheias à sua vontade, interesses e aspirações. Na fase final do debate, a intensidade emocional da retórica anti-europeia transcendeu os limites da racionalidade e passou a disseminar certos rumores que, apesar do seu conteúdo rocambolesco, chegaram a confundir, em certo momento, alguns espíritos menos esclarecidos e/ou mais

---

[87] Ver HANSPETER NEUHOLD, "Perspectives of Austria's Membership in the European Union", pág. 17.
[88] Cf. ibid., pág. 18.

influenciáveis. Na realidade, foi com os rumores de que, na sequência da entrada da Áustria para a UE, as reservas de ouro nacionais seriam transferidas para Bruxelas (ou Frankfurt), a água austríaca seria reclamada pela Espanha e o país poderia ser forçado por Bruxelas a construir uma estação nuclear que a oposição fez a sua derradeira aposta para a captação de votos negativos.

Embora nas vésperas do referendo, as sondagens já augurassem a vitória do 'Sim', nem os mais optimistas dentre a classe política em Viena, nem os eurocratas em Bruxelas esperavam a *"divina surpresa"*[89] que constituiu o esmagador triunfo do 'Sim' à adesão da Áustria à UE, na sequência de uma participação maciça do eleitorado no dia do referendo. Em 12 de Julho de 1994, contra as previsões dos institutos de sondagens (que apontavam para uma magra vitória do voto positivo) e as expectativas daqueles que esperavam no voto dos nacionais o último freio para a obstinação da Áustria pela Europa Comunitária, 82,4% dos austríacos pronunciaram-se sobre a adesão sendo que 66,6% votaram a favor e 34,4% contra.

Se com relativa facilidade encontramos uma causa básica para explicar o elevado percentual de participação na consulta popular, e que radicou na intensa campanha de esclarecimento e sensibilização da sociedade civil levada a cabo pelos dirigentes governamentais, partidos políticos, grupos de interesse, intelectuais e membros da Igreja, quando buscamos uma explicação para o retumbante 'Sim' à UE deparamo-nos com uma panóplia de factores que poderão ter contribuído para a forte aprovação popular.

Os autores são unânimes em afirmar que o consenso sem fissuras demonstrado pela coligação governamental, reforçado pelo empenho do Chanceler Federal Franz Vranitzky, do Ministro dos Negócios Estrangeiros Alois Mock e do Presidente Federal Thomas Klestil, foram fundamentais para convencer os indecisos sobre as vantagens resultantes da adesão à UE, assim como, para rebater os argumentos anti-europeístas e os rumores difundidos pela oposição.[90] Além disso, certos autores,

---

[89] Cf. FÉLIX KREISSLER, "Euromania, Euroscepticisme, Eurodiscussion, Euroadhésion", pág. 140.

[90] Entre os analistas que mencionam este aspecto podemos destacar, WOLFRAM KAISER, op. cit., pág. 414; ANDREAS UNTERBERGER, op. cit., pág. 21; HANSPETER NEUHOLD, "Perspectives of Austria's Membership in the European Union", pág. 17; e PAUL LUIF, "How The Austrians Swung to Europe", *European Brief*, Vol. 1, Nº 6, Julho/Agosto 1994, pág. 55.

dão particular destaque ao papel desempenhado pela imprensa escrita em demonstrar a importância do voto o que contribuiu para subtrair o número dos indecisos e reforçar as convicções dos mais decididos.[91]

Dentre as causas temporalmente mais distantes que favoreceram o recuo da tendência para o voto negativo (confirmada por numerosas sondagens levadas a cabo nos finais de 1993) e o advento de uma vaga pró-europeia, que não mais iria decrescer até ao referendo, alguns estudiosos mencionaram as soluções encontradas pelos negociadores austríacos para questões espinhosas como a neutralidade, o ambiente, o tráfego rodoviário nos Alpes, a agricultura e a aquisição de segundas residências, cujos conteúdos foram genericamente considerados favoráveis aos interesses nacionais. Num plano temporal mais próximo, outros autores atribuíram uma quota parte da aprovação popular da adesão ao maior êxito que as forças partidárias europeístas alcançaram em agregar os seus apoiantes em torno da linha oficial do partido, confirmado por uma sondagem realizada após o referendo, de acordo com a qual 66% dos apoiantes do OVP, 73% dos apoiantes do SPO e 75% dos apoiantes do Fórum Liberal votaram a favor da adesão, enquanto apenas 62% dos apoiantes dos Verdes e 59% dos do FPO votaram contra.[92]

Em Janeiro de 1994, Waltraud Baryli afirmou que "*o valor da neutralidade, assimilado ao longo dos anos como um quasi-patriotismo permitindo dar uma base intelectual à nova identidade nacional e de demarcar a Áustria da Alemanha, alterou-se. Os austríacos não terão razão se derem livre curso, no momento do referendo, às suas emoções nostálgicas, e de não levar em linha de conta as alterações que sobrevieram ao seu redor, sob pena de mergulharem o país num novo isolamento.*"[93] O resultado da consulta popular revelou que os austríacos deram ouvidos a tal advertência, entre muitas outras de natureza similar. De facto, sondagens realizadas posteriormente à consulta popular comprovaram que as quatro principais razões que moveram os austríacos a votar a favor da adesão foram: em primeiro lugar, a expectativa de crescimento económico (39%); em segundo lugar, o medo do isolamento (19%); em terceiro lugar, uma atitude positiva em rela-

---

[91] Ver PAUL LUIF, "How The Austrians Swung To Europe", pág. 55; e ANDREAS UNTERBERGER, op. cit., pág. 21.
[92] Ver WOLFRAM KAISER, op. cit., pág. 414.
[93] Cf. WALTRAUD BARYLI, "La quadrature du cercle", *Le Monde des Débats*, Janeiro 1994, pág. 14.

ção ao processo de construção europeia (17%); e, em quarto lugar, o reforço da segurança externa (13%). Em contrapartida, aqueles que rejeitaram a adesão foram motivados pela expectativa de dificuldades para a agricultura nacional (23%); pelo receio do aumento do trânsito rodoviário e a deterioração do meio ambiente (20%); pelo protesto contra a actuação do Governo e a falta de credibilidade dos defensores da adesão (15%). Curiosamente, apenas 15% dos austríacos se referiram à neutralidade como justificação para o seu voto negativo.[94]

Este retrato estatístico, favorecido pela consolidação progressiva da ideia perfilhada pelo Governo Federal de que a solidariedade europeia é um elemento mais importante para a política de segurança austríaca do que a neutralidade permanente, mas também pela tomada de consciência por parte da população austríaca da interdependência existente entre os Estados europeus, reflectiu fielmente a convicção dos austríacos de que *"os interesses do país são mais bem defendidos e protegidos dentro da UE do que fora dela"*[95]. Tal como sucedeu na fase culminante do debate precedente ao pedido de adesão, não foi a existência de um *"mega factor"*[96], mas uma sobreposição de expectativas e razões que mais satisfatoriamente explicou o eco maioritário do 'Sim' à UE no referendo austríaco.

Ora, quando cerca de dois terços dos nacionais se declararam a favor da entrada da Áustria para UE, em apoio à política de integração europeia prosseguida pela coligação governamental, o último grande obstáculo do percurso para Bruxelas foi ultrapassado. O Tratado de Adesão foi ratificado pelo *Nationalrat* em 11 de Novembro de 1994 e, pouco depois, pelo *Bundesrat*. Terminados os processos de ratificação, o Tratado de Adesão entrou em vigor e, em 1 de Janeiro de 1995, a Áustria tornou-se o décimo-terceiro Estado-membro da UE.

Conclusão

Tal como este artigo procurou expor, para a Áustria, os anos 80 trouxeram consigo uma nova política de integração europeia que abriria caminho para a adesão do país à UE. Este desfecho representou um

---

[94] Sobre este assunto, ver HANSPETER NEUHOLD, "Perspectives of Austria's Membership to European Union", pág. 18; WOLFRAM KAISER, op. cit., pág. 415; e PAUL LUIF, "How The Austrians Swung to Europe", pág. 55.
[95] Cf. ANDREAS UNTERBERGER, op. cit., pág. 21.
[96] Cf. WOLFRAM KAISER, op. cit., pág. 415.

marco na política externa austríaca, em geral, e na sua estratégia europeia, em particular, que tradicionalmente se tinham mantido subordinadas ao *diktat* da neutralidade permanente. A preocupação com a credibilidade deste estatuto internacionalmente reconhecido, adoptado logo após o restabelecimento da soberania nacional em 1955, a par de um entendimento doutrinal (sustentado politicamente pelas sucessivas gerações de governantes) que postulava a incompatibilidade entre a neutralidade permanente e a participação na *sui generis* dinâmica de integração europeia, determinaram a exclusão da Áustria do projecto europeu.

A crise económica que se abateu sobre o país, a partir de finais da década de 80, aliada aos receios suscitados pela emergência de uma 'Europa Fortaleza' geraram uma 'dinâmica de adesão' junto dos sectores ligados à indústria exportadora que acabaria por conquistar a elite política em face dos sinais de mudança que se faziam sentir nos Estados vizinhos da Europa Central e de Leste. Tais sinais, reveladores de transformações no seio da política e sociedade soviéticas impulsionadas sob o consulado de Mikhail Gorbachev, criaram as condições propícias para os decisores políticos austríacos concretizarem uma inflexão nas prioridades tradicionais da política externa que se substanciou no abandono de uma linha neutrocêntrica de conduta externa a favor de um curso eurocêntrico de acção, mediante aquilo que ficou denominada neste exercício analítico por 'Revolução Copernicana'.

Tendo sido desencadeada *ab initio* por motivações eminentemente económicas e estimulada por razões de segurança, às quais se juntaram igualmente motivos de pendor político, a 'Revolução Copernicana' na política externa austríaca teve expressão primeira na apresentação formal do pedido de adesão e como corolário a conversão da Áustria num Estado comunitário por direito próprio, no âmbito do quarto alargamento da UE. Isto só foi possível ao cabo de uma fase negocial, durante a qual as implicações potencialmente relevantes do vínculo do país ao estatuto de neutralidade permanente foram mitigadas, sob o pano de fundo de uma Europa geopoliticamente transformada pelo fim da Guerra Fria, assim como, à luz dos dividendos políticos e económicos que a adesão do país poderia engendrar. E, não menos importante, na sequência do desfecho positivo de um importante momento referendário que viabilizou a reconciliação da Áustria com a história: o 'Estado fundador ausente' do processo de construção europeia tornou-se finalmente um Estado presente na re-fundação da dinâmica de integração europeia no pós-Guerra Fria.

Bibliografia

PUBLICAÇÕES CIENTÍFICAS

AVERY, Graham, *The Commision's Perspective on the EFTA Accession Negotiations*, Sussex, Sussex European Institute, Working Paper N° 12, 1995, págs. 1-16.

BARYLI, Waltraud, "La quadrature du cercle", *Le Monde des Débats*, Janeiro 1994, pág. 14.

BIELER, Andreas, «Austria's decision to Apply to the European Community: Social Forces in the Turmoil of Globalisation», Comunicação apresentada na Conferência *Integration Within a Wider Europe*, Birmingham, 18-19 de Setembro 1995, págs. 1-21.

BISCHOF, Gunter e PELINKA, Anton, *Austria in the New Europe*, New Brunswick-Londres, Transaction Publishers, Contemporary Austrian Studies, 1992.

CHANCELARIA FEDERAL DA ÁUSTRIA, *Austrian Federal Constitutional Laws (Selection)*, Viena, Serviço Federal de Imprensa, 1995.

CHURCH, Clive, "EFTA and the European Community: Views from the Alps", *Politics and Society in Germany, Austria and Switzerland*, Vol. 1, N° 3, 1989, págs. 36-51.

COMISSÃO DAS COMUNIDADES EUROPEIAS, "Le défi de l'élargissement: Avis de la Comission sur la demande d'adhésion de l'Autriche", *Bulletin des Communautés européennes*, Luxemburgo, Serviço das Publicações Oficiais das Comunidades Europeias, Suplemento 4/92, 1993.

CONSELHO DAS COMUNIDADES EUROPEIAS, *Tratado da União Europeia*, Conselho das Comunidades Europeias, Luxemburgo, Serviço das Publicações Oficiais das Comunidades Europeias, 1992.

JANKOWITSCH, Peter e PORIAS, Hannes, «The process of European Integration and neutral Austria», in Sheila Harden (ed.), *Neutral States and the European Community*, Brassey's, Londres, 1994, págs. 35-62.

KAISER, Wolfram, «Austria in the European Union», *Journal of Common Market Studies*, Vol. 33, N° 3, Setembro 1995, págs. 411-425.

KENNEDY, David e SPECHT, Leo, "Austria and European Communities", *Common Market Law Review*, Kluwer Academic Publishers, Vol. 26, N° 4, 1989, págs. 615-641.

KESSLER, Charles, *The Austrian Federal Constitution*, Viena, Manzsche Verlags, 1993.

KOCH, Karl, "Austria: The Economic Logic of Accession", in Jonh Redmond (ed.), *Prospective Europeans: New Members for the European Union*, Londres, Harvester Wheatsheaf, 1994, págs. 40-58.

KRAMER, Helmut, "Austria in a New Europe", in C. Randall Henning, Eduard Hochreiter, Gary Clyde Hufbauer (eds.), *Reviving the European Union*, Washington, Institute for International Economics, 1994, págs. 113-128.

KRAMER, Helmut e PELINKA, Anton (orgs.), *L'Autriche et l'Integration Européenne*, Rouen, Publications de l'Université de Rouen, Austriaca, N° 38, Junho 1994.

KRAMER, Helmut, KREISSLER, Félix e PELINKA, Anton (orgs.), *L'Autriche et l'Europe*, Rouen, Publications de l'Université de Rouen, Austriaca, N° 32, Junho 1991.

KREISSLER, Félix, *L'Autriche, Treizième des Douze? Entre «nostalgies» et «obsolescences», quelle identité?*, Rouen, Publications de l'Université de Rouen, Colecção France-Autriche, N° 15, 1993.

LUIF, Paul, "How The Austrians Swung to Europe", *European Brief*, Vol. 1, N° 6, Julho/Agosto 1994, págs. 54-5.

LUIF, Paul, "Austria. Reconciling the problem of membership of the EU with its long tradition of neutrality", *European Brief*, Abril/Maio 1994, págs. 36-7.

LUIF, Paul, "Austria", in Helen Wallace (ed.), *The Wider Western Europe: Reshaping the EC-EFTA Relationship*, Londres, Pinter Publishers,1991, págs. 124-145.

LUIF, Paul, "Austria's Application for EC Membership: Historical Background, Reasons and Possible Results", in Finn Laursen (ed.), *EFTA and the EC: Implications of 1992*, Maastricht, European Institute for Public Administration, 1990, págs. 177-206.

LUIF, PAUL, "The Evolution of EC-EFTA Relations and Austria's Integration Policy", in Hanspeter Neuhold (ed.), *The European Neutrals in the 1990's. New Challenges and Opportunities*, Boulder (Colorado), Westview Press, Austrian Institute for International Affairs Series, 1992, págs. 55-88.

LUIF, Paul, "Austria and West European Integration", in Kari Mottola e Heikki Patomaki (eds.), *Facing the Change in Europe: EFTA Countries' Integration Strategies*, Helsínquia, Finnish Institute of International Affairs, 1989, págs. 1-12.

LUIF, Paul, "Austria and West European Integration", in Kari Mottola e Heikki Patomaki (eds.), *Facing the Change in Europe: EFTA Countries' Integration Strategies*, Helsínquia, Finnish Institute of International Affairs, 1989, págs. 1-12.

LUIF, Paul, "The European Neutrals and Economic Integration in Western Europe", *European Yearbook*, Kluwer Academic Publishers, 1987, págs. 1-25.

MOCK, Alois, *Discurso perante o Parlamento Austríaco*, Londres, Embaixada da Áustria, 28 de Maio 1991.

MOCK, Alois, "Austria in a changing Europe", *The World Today*, Vol. 46, N° 3, Março 1990, págs. 37-8.

MOCK, Alois, "L'Autriche. Partenaire Naturel de la Communauté Européenne", *Revue du Marché Commun*, N° 333, Janeiro 1990.

MICHALSKI, Anna e WALLACE, Helen, *The European Community: The Challenge of Enlargement*, Londres, Royal Institute of International Affairs,1992.

NEUHOLD, Hanspeter, "Perspectives of Austria's Membership in the European Union", *German Yearbook of International Law*, Berlin, Duncker & Humblot, Vol. 37, 1994, págs. 9-39.

NEUHOLD, Hanspeter "The European Neutrals Facing the Challenges of the 1990's", in Hanspeter Neuhold (ed.), *The European Neutrals in the 1990's. New Challenges and Opportunities*, Boulder (Colorado), Westview Press, Austrian Institute for International Affairs Series, 1992, págs. 231-258.

PROTZMAN, Ferdinand, "An Icy Reception for Austria's Bid To Join the European Community", *New York Times*, 1 de Maio 1989, pág. D8.

RACK, Reinhard, "Austrian Application", in Clive Church (ed.), *Widening the Community Circle?*, Londres, UACES Occasional Papers N° 6,1991, págs. 31-41.

SCHAMBECK, Herbert, *L'Austria e L'Europa*, Milão, Editore Giuffrè,1992.

SCHULTZ, Mark D., «Austria in the International Arena: Neutrality, European Integration and Consociationalism», *West European Politics*, Londres, Frank Cass, Vol. 15, N° 1, Janeiro 1992, págs.173-200.

SCHULZ, Patrick e HAFNER, Gerhard, "L'Autriche et l'Union Européenne: Technique et Pratique du Référendum", *Revue du Marché commun et de l'Union européenne*, N° 83, Dezembro 1994, págs. 635-641.

SCHNEIDER, Heinrich, *Austria and the EC*, Londres, The Royal Institute of International Affairs, Discussion Papers N° 24, 1989, págs.1-47.

SEIDL-HOHENVELDERN, Ignaz, "L'Union Européenne et le Transit de Merchandises par Rail et par Route à Travers l'Autriche", *Revue du Marché commun et de l'Union européenne*, N° 389, Junho/Julho 1995, págs. 380-387.

SULLY, Melanie A., *A Contemporany History of Austria*, Londres, Routledge,1990.

UNTERBERGER, Andreas, "Austria's referendum surprise", *Europe*, Setembro 1994, págs. 20-1.

WALLACE, Helen, «The external implications of 1992 II: Austria in the wings», *The World Today*, Vol. 45, N° 2, Fevereiro 1989, págs. 31-2.

WILSON, Susan, «Austria's Application for Membership in the European Community and Delor's Call for a New EC-EFTA Relationship», *Georgia Journal of international and Comparative Law*, Vol. 20, 1990, págs. 241-251.

ZEMANEK, Karl, «Demain l'Europe», *Le Monde des Débats*, Janeiro 1994, pág. 15.

ZEMANEK, Karl, «Austria and the European Community», *German Yearbook of International Law*, Berlim, Duncker & Humboldt, Vol. 33, 1991, págs. 130-165.

JORNAIS

Le Monde, 11 de Março de 1994.
Libération, 2 de Março de 1994.
The Economist, 4 de Agosto de 1990.

POLÍTICA EUROPEIA DE SEGURANÇA E DEFESA PÓS-CONSTITUIÇÃO EUROPEIA[1]

por *João Ricardo de Sousa Barbosa e Dias da Costa**

> "...o grande e, talvez, último desafio da construção europeia – a União Europeia de Segurança e Defesa – terá de ser resolvido no quadro do modelo de uma geometria variável e, muito especialmente, através das «cooperações reforçadas»..."[2]
>
> AUGUSTO ROGÉRIO LEITÃO
> *Professor Catedrático da Universidade de Coimbra*

Nota Introdutória

A viva rejeição nas urnas do *Tratado que estabelece uma Constituição para a Europa* pelos eleitores Franceses e Holandeses, não implicando teoricamente o seu abandono, parece ter, segundo a opinião da maioria dos analistas políticos, inviabilizado na prática a adopção da dita *Constituição Europeia*. Afinal como seria uma União Europeia (UE) sem a participação da França, da Alemanha ou do Reino Unido?

---

* Capitão de Artilharia/Exército; Diploma de "Estudos Europeus – Variante de Direito" pela Faculdade de Direito da Universidade de Coimbra; actualmente a preparar uma tese para o Mestrado de "Estudos sobre a Europa – As visões do outro" pela Faculdade de Letras da Universidade de Coimbra.

[1] Este artigo foi feito com base num trabalho apresentado no âmbito do seminário "A arquitectura política da Europa: das Comunidades à União Europeia" integrado no mestrado de "Estudos sobre a Europa: Europa – As visões do outro", orientado pelo Professor Doutor Rogério Leitão.

[2] AUGUSTO ROGÉRIO LEITÃO, "A Política Europeia de Segurança e Defesa: Que Futuro?", *Estratégia – Revista de Estudos Internacionais, nº 18/19*, pág. 341.

A reforçar esta ideia estão as sondagens de opinião que pareciam demonstrar o alastramento do "não" às populações de vários países Europeus, mesmo daqueles que não pretendiam realizar referendos ou mesmo dos que já tinham aprovado o Tratado por via parlamentar, como é o caso da Alemanha.

Em todo o caso considero ainda válido elaborar um trabalho sobre a Política Europeia de Segurança e Defesa (PESD) tendo por base o *projecto de Constituição*. Se é certo que o grande desenvolvimento desta Política se deu após o *Tratado de Amsterdão* e que seria exactamente o *Tratado Constitucional* que iria formalizar esta política, continua também a ser verdade que, tal como disse o nosso Presidente da República, «...a dimensão de segurança e defesa da política externa europeia seja indispensável para a sustentabilidade e para a credibilidade da União Europeia enquanto actor internacional...»[3].

Ora, mesmo se a ideia de uma *Constituição Europeia* for abandonada, a Europa não pode estagnar e qualquer que seja o rumo que ela tome, irá necessariamente continuar a desenvolver uma PESD. Embora certamente com alterações, é minha opinião que o trabalho efectuado até aqui será certamente aproveitado, isto se tivermos em consideração vários factores, como sejam: o que na prática já foi implementado (como por exemplo o Comité Político e de Segurança, o Comité Militar, o Estado Maior Militar, o Instituto de Estudos de Segurança, o Centro de Satélites, os "Battle Groups" ou, mais recentemente, a Agência Europeia de Defesa), as missões que têm vindo a ser conduzidas pela UE (sendo um dos exemplos a missão militar da UE na Bósnia-Herzegovina) e a convergência de ideias existente entre o Grupo VIII (Defesa) da Convenção Europeia e as várias iniciativas paralelas que foram efectuadas (como por exemplo a Cimeira Franco--Británica de Touquet ou o encontro tripartido Schroeder / Chirac / / Blair, em Berlim, entre outras).

Este trabalho será assim repartido em três partes. Numa primeira parte farei uma breve abordagem aos desenvolvimentos da PESC até ao Conselho Europeu de Colónia, numa segunda abordarei os trabalhos desenvolvidos nas Cimeiras e nos encontros paralelos que levaram à definição da PESD que seria apresentado na *Constituição*

---

[3] JORGE SAMPAIO, «Portugal e o Futuro da Europa», O Mundo em Português, nº 43, Abril de 2003, pág. 18.

Europeia e finalmente, na terceira parte, debruçar-me-ei sobre o dito Tratado, bem como os últimos devesenvolvimentos desta política.

Desta forma, espero construir uma linha de raciocínio que me permita vislumbrar o futuro próximo, mais provável, para a Política Europeia de Segurança e Defesa.

1. Do Tratado de Bruxelas ao Conselho Europeu de Colónia

O modelo de Política Europeia de Segurança Comum, tal como aparece no *Tratado Constitucional*, teve verdadeiramente o seu início no Conselho Europeu de Colónia, Junho de 1999 (embora incentivado pela declaração sobre defesa europeia, resultante da cimeira Franco--Britânica de Saint-Malo de Dezembro de 1998).

No entanto, ele não aparece de um momento para o outro no histórico da União Europeia. Bem pelo contrário, é o resultado do desenvolvimento do pensamento europeu sobre Segurança e Defesa, logo com os seus primórdios na assinatura do *Tratado de Bruxelas* em 17 de Março de 1948,[4] que serviu de base para a formação da *União da Europa Ocidental (UEO)* após a adesão da República Federal da Alemanha e da Itália em 1954 (*Tratado de Bruxelas Modificado*), opção determinada pelo fracasso no mesmo ano da Comunidade Europeia de Defesa. Isto se não tivermos em consideração outros projectos político-militares anteriores à II Guerra Mundial, mas cuja ligação à União Europeia já aparece num plano mais difuso da história das alianças político-militares na Europa.[5]

Este retroceder histórico até à UEO interessa-nos principalmente devido ao papel importante que lhe é atribuído no *Tratado de Amsterdão*, 2 de Outubro de 1997, ao escrever-se que «...a União incentivará o estabelecimento de relações institucionais mais estreitas com a UEO, na perspectiva da eventualidade de integração da UEO na União...» apoiando esta na «...definição dos aspectos da Política Externa e de Segurança Comum relativos à Defesa...» e proporcionando «...o acesso

---

[4] Mais propriamente: *Treaty of Economic, Social and Cultural Collaboration and Collective Self-Defense*, cuja génese encontra-se no Tratado de Dunquerque de 4 de Maio de 1947 assinado entre a Grã-Bretanha e a França.

[5] Para uma melhor compreensão destas alianças político-militares ver: ANTÓNIO DE JESUS BISPO, "Política Europeia Comum de Segurança e Defesa – Enquadramento histórico", *Revista Militar, nº 2429/2430*, pág. 611 a 675, Lisboa, Europress, 2004.

a uma capacidade operacional...» para as chamadas missões de Petersberg.⁶ (nº1 do art 17 do Tratado de Amsterdão).

No entanto, a ideia de dotar a UE com "um braço armado" apoiado na UEO iria ser abandonada, sendo que as referências a esta organização praticamente desaparecem do *Tratado de Nice*, assinado em 2001.

Surgem aqui, desde logo, duas questões:

1) Como é que uma organização que, praticamente após a sua criação foi relegada para segundo plano (devido ao aparecimento, em 1949, da Organização o Tratado Atlântico Norte (OTAN), na qual a defesa da Europa esteve assente durante a Guerra Fria), renasce das cinzas, qual Fenix, cerca de 30 anos depois?⁷

2) Porque é que a UE abandona em *Nice* este "braço armado", que em *Amsterdão* parecia ser a organização na qual a PESD teria o seu principal instrumento?

A UEO como "braço armado" da UE

A resposta à primeira pergunta começa com a "crise dos euromísseis", que levantou diversas interrogações sobre a segurança europeia. Assim, o Conselho de Ministros extraordinário da União da Europa Ocidental, reunido em Roma em 27 de Outubro de 1984, decide pela reanimação desta organização de defesa exclusivamente europeia (*Declaração de Roma*), ao defender que «...in continuing necessity to strengthen Western Security, better use should be made of WEU, not only to contribute to the security of Western Europe but also to improve the common defence of all the countries of the Atlantic Alliance...».⁸

Praticamente ao mesmo tempo, o *Acto Único Europeu*, de 1986, dava um tímido mas importante passo na questão da segurança europeia, ao determinar que uma cooperação mais estreita em questões de segurança europeia, era um meio de reforçar a identidade da Europa em matéria de política externa, com os Estados-Membros a concordarem

---

⁶ Introduzidas no nº 2 do art 17 do tratado de Amsterdão.

⁷ O Tratado de Bruxelas Modificado (1954) incluiu no artigo IV, a transferência das responsabilidades militares para a OTAN, garantindo assim uma articulação expressa com essa.

⁸ Art 3º da Declaração de Roma.

em coordenar as suas posições nos aspectos políticos e económicos da segurança (nº 6 do art 30 do AUE), mas deixando as questões militares a cargo da UEO e da OTAN.

Estávamos igualmente na era Gorbatchev e o mundo conhecia, nesse ano de 1986, um grande passo no desanuviamento das relações Washington-Moscovo com a assinatura do Tratado INF, entre os Presidentes Reagan e Gorbatchev, que permitia o desmantelamento dos mísseis com alcances entre os 500 e os 5000 Km.

A UEO sairia reforçada com novas tarefas, nomeadamente na área da limitação do controlo de armamentos, e os avanços políticos na área a segurança e defesa europeia não se fizeram esperar, tal como prova a "Plataforma sobre os interesses europeus em matéria de segurança", saída de Haia em 27 de Outubro 1987 (*Plataforma de Haia*). A "Operação Cleansweep" (1987 / 1988), seria a primeira acção de carácter militar concertado da UEO e consistiu no envio de uma força naval (Bélgica, Holanda, Inglaterra, Itália e França) para o Golfo Pérsico durante o estado de crise internacional provocado pela guerra Irão--Iraque.

Entretanto, a retirada das tropas russas do Afeganistão e a queda do muro de Berlim vieram profetizar o desmoronamento do império soviético e com ele o mundo bipolar, alterando as relações político--estratégicas entre os estados.[9] A guerra do Golfo, iniciada com a invasão do Kuwait pelo Iraque em Agosto de 1991, vem demonstrar a necessidade de uma estreita relação ao nível operacional entre UEO–OTAN, bem como a necessidade que estas duas organizações tinham em se adaptarem aos novos conflitos pós-guerra fria.[10]

Na Europa é então dado um salto verdadeiramente significativo e histórico com a assinatura do *Tratado de Maastricht*, em 1992, criando a União Europeia e o seu "pilar" de Política Externa e de Segurança Comum (PESC). O *Tratado da União Europeia (TUE)* procurava, através da PESC, garantir a coerência do conjunto da acção externa da União em vários domínios; para isso recorria à tomada de

---

[9] FERREIRA ISABEL NUNES, "Os conflitos regionais e a Segurança Internacional", *revista Nação e Defesa nº 80*, pág. 47, Lisboa.

[10] A primeira revisão do Conceito Estratégico da OTAN foi aprovada na Cimeira de Roma em Novembro de 1991, com duas alterações significativas: o alargamento da área de interesse e de intervenção da Aliança para além das suas fronteiras tradicionais e a introdução do conceito de operações militares de "non article 5", ou seja, outras que não de retaliação a ataques a membros da Aliança.

posições comuns e da execução de *acções comuns* (Art J.2 e J.3 do TUE, respectivamente)[11].

Ao nível da segurança o tratado de Maastricht previa a definição *a prazo*[12] de uma política de defesa comum, que se apoiaria na UEO para preparar e executar as decisões e acções da União nesta área; pretendia-se que no futuro esta política conduzisse a uma defesa comum. Também de realçar que esta política era compatível com a política de segurança e defesa adoptada pela OTAN.

Também nesse ano de 1992, a UEO viu a sua capacidade interventiva alargada, quando o seu Conselho previu a possibilidade de intervenção militar, em acções que extrapolavam as missões de defesa colectiva para a qual tinha sido criada. Estas novas missões englobando «....missões humanitárias e de evacuação, missões de manutenção de Paz e missões de forças de combate para gestão de crises, incluindo missões de restabelecimento da Paz», normalmente apelidadas de "missões de Petersberg", seriam efectuadas por unidades militares dos Estados Membros, sob o comando da UEO, mas com recurso a meios colectivos da OTAN.

Mas o conflito da ex-juguslávia viria demonstrar a dificuldade política de pôr em prática a ideia de uma Política Externa e de Segurança Comum, acabada de assinar em *Maastricht*, bem como o *gap* tecnológico e militar existente entre os EUA e a Europa.

É neste contexto que se reafirma a absoluta necessidade de uma maior partilha das responsabilidades militares da Aliança entre europeus e americanos, apoiada na ligação UEO-OTAN e no desenvolvimento da *Identidade Europeia de Segurança e Defesa (IESD)* no seio da OTAN, consagrada na Conferência de Berlim em 1996 (ao qual não será alheia a reintegração da França nas estruturas não integradas da OTAN em 1995).

Todos estes avanços seriam então espelhados no *Tratado de Amsterdão* ao se pretender que a UEO actuasse como "braço armado" da UE, nomeadamente nas "missões de Petersberg", isto em cooperação com a OTAN, até porque dela dependia em termos dos meios de Comando e Controlo que seriam colocados ao seu dispor.

---

[11] No tratado de Nice as "posições comuns" e as "acções comuns" são esplanadas nos art 14º, 15º e 19º.

[12] Com Amsterdão passa a usar-se a palavra *gradual*.

O "abandono" da UEO

Ora é exactamente aqui que tentarei responder à segunda pergunta.

A partir desta altura, intensificam-se as divergências entre os europeus (mais propriamente Franceses e Ingleses), interessadas na "europeização" da Aliança Atlântica, e os norte-americanos, mais interessados na "globalização" da OTAN com o alargamento a Leste.[13]

A França, que tinha sempre tido uma atitude mais "autónoma" em relação aos EUA, já em 1997 tinha tido divergências com os americanos devido ao Comando Sul da Aliança. Por seu lado, o governo Britânico, que até 1998 era quem mais se opunha aos projectos de uma defesa europeia, vai encetar uma mudança de atitude, colocando-se ao lado da França (ao qual não foi alheio facto da política externa americana ter vindo a tomar um cariz cada vez mais unilateralista).

Ao mesmo tempo a União Europeia confrontava-se novamente com a sua incapacidade em resolver alguns problemas especificamente europeus, nomeadamente no Kosovo.

Como resultado deste cenário, Franceses e Ingleses reúnem-se em Saint-Malo em 3 e 4 de Dezembro de 1998 e decidem da necessidade de dotar a UE de uma «...capacidade autónoma de acção, apoiada em forças militares credíveis, de meios para decidir a sua utilização e de vontade política de o fazer, a fim de dar resposta às cries internacionais...», acrescentando ainda que «...a União Europeia deverá poder recorrer a meios militares adaptados: meios europeus pré-identificados do pilar europeu da NATO ou meios nacionais e multinacionais fora do quadro da NATO...», mas salvaguardando o facto de que o objectivo é contribuir para «...a vitalidade de uma Aliança Atlântica renovada que constitui o fundamento da defesa colectiva dos seus membros...»[14] (embora seja de realçar as diferentes perspectivas, Inglesa e Francesa, face à interpretação do que deveria ser esta "capacidade autónoma de acção").

Além disso, a utilização da UEO como organização que fornecia uma capacidade operacional à UE e que estava dependente dos meios da OTAN, levantava outro problema. É que esta trilogia OTAN-UEO-UE

---

[13] AUGUSTO ROGÉRIO LEITÃO, "A Política Europeia de Segurança e Defesa: Que Futuro?", *Estratégia – Revista de Estudos Internacionais, nº 18/19*, pág. 338, Lisboa, 1º/2º Semestres de 2003.

[14] http://www.cdeum.uminho.pt/Definições%20locais/Temporary%20Internet%20Files/Content.IE5/WX2L4N6P/1_multipart_xF8FF_11_Stmalo3XII98[1].doc

exigiria uma complexa coordenação na gestão dos membros não coincidentes entre estas organizações.

Mesmo com as diversas acções coordenativas levadas a cabo, como por exemplo a *Declaração para as relações UEO e outros Estados Europeus*, assinada em *Maastricht* (a qual introduz o conceito de membros observadores e membros associados da UEO), a verdade é que a existência de uma outra organização entre a OTAN e UE, com membros não coincidentes, só vinha complicar mais a questão.

Aliás, sobre o problema (perfeitamente actual) desta rede de membros não coincidentes nas diversas organizações existentes na Europa, nada melhor do que citar o Professor Luís Leitão Tomé, quando em 2002, a respeito dos processos de alargamento da UE e da OTAN, dizia que: «...temos um grupo UE na NATO (11 países em 19, por enquanto) e um grupo NATO na UE (11 em 15, para já); temos um lote de países neutrais na UE (Finlândia, Suécia, Irlanda e Áustria); um grupo de países NATO muito próximo de integrar a UE (Polónia, Hungria, República Checa) e outro mais distante (a Turquia); depois temos países NATO que não mostram interesse em aderir à União Europeia (Islândia e Noruega), e ainda países que são apenas candidatos à UE (Malta e Chipre). Se a esta teia de incluídos-excluídos-candidatos somarmos ainda os diferentes estatutos entre os membros, os parceiros associados e os observadores da quase extinta UEO, e aqueles que integram os programas de Parceria para a Paz (PfP) e o Conselho de Parceria Euro-Atlântico (EAPC), temos uma **rede complexa de organizações que tratam, muitas vezes de uma forma não coincidente e não complementar, de questões relativas à segurança europeia**...».[15]

2. A nova orientação da PESD

Do Conselho Europeu de Colónia à Convocação da Convenção Europeia

O modelo de Segurança e Defesa assente na UEO é então abandonado e uma nova concepção começa a emergir a partir do *Conselho*

---

[15] Luís Leitão Tomé, "Segurança europeia e alargamentos da UE e da NATO", *Estratégia – Instituto Português da Conjuntura Estratégica, Volume XIV*, pág. 344-344, Lisboa, 2003.

Europeu de Colónia,[16] Junho de 1999, com base nas conclusões da já referida Cimeira Franco-Britânica de Saint-Malo de Dezembro de 1998.

Sob a Presidência Alemã, este Conselho emitiu uma declaração relativa ao desenvolvimento de uma Política Europeia de Segurança e de Defesa Comum, constante no Anexo III, onde se realça os princípios orientadores desta política. Define-se como objectivo o de «...assegurar que a União Europeia disponha das capacidades necessárias (incluindo capacidades militares) e das estruturas adequadas que lhe permitam tomar decisões eficazes na gestão das crises no âmbito das missões de Petersberg...», reafirmando, no entanto, o respeito pelo cumprimento das alianças militares dos Estados-Membros, nomeadamente da OTAN, que «continua a ser a trave-mestra da defesa colectiva dos seus membros...».

Ou seja, pretende-se dotar a União Europeia de meios militares e civis, incluindo estruturas de apoio à decisão, capazes de lhe fornecer uma capacidade (se necessário autónoma) de actuar missões de "peace making, peace keeping e peace enforcement", embora sem nunca perder a relação com a OTAN, que como aliás veremos à frente, será fundamental.

Em relação às estruturas de apoio à decisão, aponta como necessidades: «...reuniões periódicas (ou ad hoc) do Conselho dos Assuntos Gerais, em que participarão, se necessário, os Ministros da Defesa[17]...um organismo permanente em Bruxelas (Comité Político e de Segurança)...um Comité Militar da UE...um Quadro de Pessoal Militar da UE, incluindo um Centro de Situação...e outros meios, tais como um Centro de Rastreio de Satélites e um Instituto de Estudos de Segurança...».

Em relação às capacidades militares, estabelece que «...os Estados-Membros terão que desenvolver outras forças (incluindo quartéis--generais) que estejam também preparadas para as operações de gestão de crises, sem sobreposições desnecessárias...» determinando como principais carácterísticas a «...posicionabilidade, sustentabilidade, interoperabilidade, flexibilidade e mobilidade...».[18]

---

[16] http://ue.eu.int/ueDocs/cms_Data/docs/pressData/pt/ec/kolnpt.htm (consultado em 02 de Julho de 2005).

[17] Situação que começou a verificar-se logo na Presidência seguinte.

[18] Este espírito já tinha estado presente na criação, em 15 de Maio de 1995, das Euroforças, reunindo a França, a Espanha e a Itália (e cerca de um ano depois Portugal).

Já sob a Presidência Finlandesa, o *Conselho Europeu de Helsínquia*[19], Dezembro de 1999, dá o necessário e fundamental impulso ao desenvolvimento da PESD, reafirmando que «...a União Europeia deverá ter capacidade autónoma para tomar decisões e, nos casos em que não exista uma participação da NATO no seu conjunto, para lançar e seguidamente conduzir operações militares dirigidas pela UE em resposta a crises internacionais, em apoio da Política Externa e de Segurança Comum...», ou seja a necessidade imprescindível de ter órgãos políticos e militares de apoio à decisão (bem como meios militares e civis), incluindo estruturas de Comando e Controlo,[20] para conduzir operações no âmbito de "Petersberg" sempre que OTAN não se pretenda empenhar como um todo.

Para isso determina a necessidade de instituição de novos órgãos políticos e militares permanentes de apoio à decisão,[21] que são:

- Comité Político e de Segurança permanente (CPS) em Bruxelas, constituído por representantes nacionais ao nível de embaixadores, com a responsabilidade de se ocupar de todos os aspectos da PESC, incluindo a PESD. Tem a função de exercer o controlo político e a orientação estratégica das operações militares de gestão de crises.
- Comité Militar (CM), constituído pelos representantes militares dos Chefes do Estado-Maior dos países membros, de forma a prestar aconselhamento militar e recomendações ao CPS.
- Quadro de Pessoal Militar (QPM), mais tarde com o nome de Estado-Maior da União Europeia, inserido nas estruturas do Conselho e fornecendo apoio no domínio militar à PESD (incluindo a condução de operações militares de gestão de crises lideradas pela UE).

Foi também neste Conselho que se definiu a base política que serviu de planeamento para as forças da União Europeia e que ficou conhecido como "Helsinki Headline Goal" (HHG). Isto é, o objectivo de «...até ao ano 2003...posicionar rapidamente e seguidamente manter

---

[19] http://ue.eu.int/ueDocs/cms_Data/docs/pressData/pt/ec/00300-r1.p9.htm (última consulta em 02 de Julho de 2005).

[20] Não obstante a possibilidade de utilização dos meios da OTAN, como veremos mais à frente.

[21] A composição, competências e o funcionamento destas instâncias só foram estabelecidas no final da Presidência francesa, Conseho Europeu de Nice de Dezembro de 2000, sendo que o que funcionou até essa altura foram órgãos temporários.

forças capazes de desempenhar todos os tipos de missões de Petersberg definidas no Tratado de Amesterdão, incluindo as mais exigentes, em operações até ao nível de corpo [de exército] (até 15 brigadas ou 50000--60000 pessoas)...». Estas forças deveriam ter uma prontidão de 60 dias, sendo militarmente auto-sustentáveis durante pelo menos um ano.

A nível Civil previu-se a criação de «...um mecanismo de coordenação da gestão civil de crises...», de forma a proporcionar «... conselhos especializados...» nesta área, com base nos conhecimentos já adquiridos pela União e pelos Estados Membros em acções de «... polícia civil, a assistência humanitária, a restruturação administrativa e jurídica, a busca e salvamento, a fiscalização eleitoral e dos direitos humanos, etc...».

A Presidência Portuguesa, que termina com o *Conselho Europeu de Sta Maria da Feira* em Junho de 2000, vem definir 6 passos sem os quais não seria possível o Planeamento de Forças na União Europeia, dos quais se destacam a Definição do Contexto Estratégico e a Selecção dos Cenários de Planeamento, onde poderá ser necessário recorrer ao uso de forças militares ou civis.

No domínio da "Gestão Civil de Crises", este Conselho estabelece quatro áreas principais para serem desenvolvidas (que ainda hoje continuam válidas): Polícia, Estado de direito, Administração civil e Protecção civil.

Durante a Presidência Francesa, 2º semestre de 2000, foram definidos os requisitos operacionais necessários à Força para cumprir os HHG, tendo estes sido listados no que passou a chamar-se de "Helsinki Headline Catalogue" (HHC). Foram também identificadas as contribuições voluntárias de forças pelos Estados Membros, no que ficou conhecido como "Helsinki Force Catalogue" (HFC).[22]

Entretanto, em 26 de Fevereiro de 2001, é assinado o *Tratado de Nice*, introduzindo as alterações na Política Externa e de Segurança Comum necessárias à consagração dos desenvolvimentos que se vinham a verificar desde o Conselho Europeu de Colónia, nomeadamente

---

[22] A título de curiosidade mostra-se a contribuição nacional para o HFC (dados de 2003):
Marinha (4 Navios e 1 Companhia de Fuzileiros);
Exército (1 Brigada a dois Batalhões e 2 Equipas de Observadores Militares);
Força Aérea (17 Aviões e 1 Posto de Comando Táctico Aéreo);
Conjunto (1 Quartel General Conjunto e Combinado de Operações Especiais e 1 Grupo de Combate de Operações Especiais).

na PESD, passando a ter a União Europeia uma dimensão militar.[23] As principais alterações prendem-se com:

- A alteração do artigo 17º, nomeadamente o nº1 e o nº3, em que praticamente se elimina a referência a UEO, que como já se referiu antes, era vista em *Amsterdão* como o "braço armado" da União Europeia;
- A transformação do Comité Político em Comité Político e de Segurança, cabendo-lhe a responsabilidade acrescida de exercer «...sob a responsabilidade do Conselho, o controlo político e a direcção estratégica das operações de gestão de crise...» (art 25 do *Tratado de Nice*);
- O aditamento dos artigos 27-A a 27-E, disciplinando as *cooperações reforçadas* no âmbito da PESC, sendo de salientar que estas não poderiam incidir «...em questões que tenham implicações militares o no domínio da defesa...».[24]

Durante esse ano de 2001, e sob o impulso das Presidências Sueca e Belga são igualmente identificadas as lacunas existentes entre os meios disponibilizados pelos Estados-Membros e as capacidades necessárias ao cumprimento do "Objectivo de Helsínquia", que ficariam listados no "Helsinki Progress Catalogue"[25] (HPC), e é aprovado um plano para a resolução dessas lacunas – "European Capabilities Action Plan" (ECAP).

Na sequência destas disposições, da implementação total dos órgãos permanentes da UE responsáveis pela PESD, das alterações efectuadas na Política Externa e de Segurança Comum introduzidas com o *Tratado de Nice*, e do fatídico "11 de Setembro de 2001", o *Conselho Europeu de Laeken*[26], Dezembro de 2001, aprovou (anexo II) «...a declaração sobre a operacionalidade da Política Europeia Comum de Segurança e Defesa...», estando agora «...em condições de conduzir operações de gestão de crises...».

---

[23] AUGUSTO ROGÉRIO LEITÃO, "O Tratado de Nice: Preliminares de uma Europa-Potência?" in *Identidade Europeia e Multiculturalismo*, pág. 353 e ss, Coimbra, Quarteto Editora, 2002.

[24] Situação que se vai alterar com a *Constituição Europeia*.

[25] As principais lacunas existentes nesta altura eram nas seguintes áreas: Tomada de Decisão, Logística, Transporte estratégico, Projecção, Empenhamento da Força e Protecção da Força.

[26] http://ue.eu.int/ueDocs/cms_Data/docs/pressData/pt/ec/68833.pdf (ultima consulta em 05 de Julho de 2005).

É também neste Conselho e neste contexto que é convocada a *Convenção Europeia sobre o Futuro da Europa*, encabeçada pelo Presidente V. Giscard d'Estaing, que irá formalizar pela primeira vez em tratado a Política Comum de Segurança e Defesa.

Com a presidência Espanhola (1º semestre de 2002), e ainda sob o peso do "11 de Setembro", é aprovada uma declaração com o intuito de melhorar as capacidades necessárias para combater o terrorismo, sendo que uma delas é a necessidade de retirar do HHC uma força de reacção rápida, designada por "Rapid Reaction Elements" (RRE), com uma prontidão de 10 dias e com cerca de 20.000 elementos.

Também é com esta Presidência, que se inicia a primeira fase de implementação do ECAP, que durará até à *Conselho Europeu de Salónica*, Junho de 2003, tendo-se resolvido a maioria das principais lacunas existentes, quer através da disponibilização dos meios em falta pelos Estados-Membros, quer através da alteração dos requisitos operacionais que entretanto foi efectuada. Isto possibilitou que neste Conselho fosse reconhecido que «... A UE dispõe agora de uma capacidade operacional para toda a gama das missões de Petersberg...», tal como estava previsto acontecer em 2003 no HHG, embora também se acrescentasse que esta capacidade era «... limitada e restringida pelas lacunas que se reconhecem...».

Os trabalhos envolventes da Projecto de Constituição Europeia

O projecto do *Tratado que estabelece uma Constituição para a Europa* é apresentado oficialmente pela *Convenção* à Presidência Italiana através da Declaração de Roma, de 18 de Julho de 2003.[27]

Ao nível da PESD, este projecto de *Constituição Europeia* foi feito com base nas conclusões apresentadas pelo Grupo de trabalho VIII (Defesa), liderado pelo Comissário Michel Barnier,[28] sendo no entanto influenciado pelas diversas iniciativas que se desenvolveram paralelamente.[29]

---

[27] Embora a primeira parte já tinha sido apresentada no *Conselho Europeu de Salónica*.

[28] Os representantes portugueses neste grupo de trabalho foram a Dra. Eduarda Azevedo (representante da Assembleia da República e o Dr. Manuel Lobo Antunes (representante do governo).

[29] ESPERANÇA DA SILVA, "A evolução da PESD no âmbito da Convenção Europeia e Conferência Intergovernamental" in *Súmula nº 83 do Departamento de Relações Multilaterais*, Lisboa, Ministério da Defesa Nacional, 2004, Lisboa, Ministério da Defesa Nacional, 2004.

De referir que este projecto e toda a discussão que o precedeu foi fortemente influenciado pela crise Iraquiana, em que a atitude mais intervencionista dos EUA, assente numa nova dimensão do conceito de "guerra preventiva" levou à guerra do Iraque e a profundas divergências no seio dos membros da União.

Do relatório final do grupo de trabalho VIII (Dezembro de 2002) apresenta-se algumas das principais recomendações (que posteriormente tiveram, de alguma forma, espelho na *Constituição Europeia*):[30]

– Inclusão nas missões de Petersberg de outras missões, como seja: "prevenção de conflitos", "acções conjuntas em matéria de desarmamento, conselho e assistência em assuntos militares", "operações de estabilização de conflitos" e "apoio na luta contra o terrorismo";
– Possibilidade de se criar formas de cooperação mais estreitas entre os Estados-Membros – cooperações reforçadas/estruturadas;
– Introdução de uma Cláusula de Solidariedade entre os Estados--Membros em caso de uma catástrofe natural ou humanitária;
– Introdução de uma Cláusula de Solidariedade e Segurança de forma lidar com as ameaças com que UE se pode defrontar, como sejam o terrorismo;
– Criação de uma Agência Europeia de Armamentos e Investigação Estratégica.

Em relação às várias iniciativas paralelas temos:

A Declaração Comum Franco-Germânica, de 22 de Janeiro de 2003, em que se reafirma a intenção em desenvolver a PESD em diversas áreas como sejam as capacidades militares, a implementação de uma política europeia de armamentos ou a difusão de uma cultura de Segurança e Defesa, entre outras, propondo mesmo a criação de uma "União Europeia de Segurança e Defesa", que deverá contribuir para reforçar o "pilar europeu da Aliança";

A Carta dos oito, de 29 de Janeiro de 2003, em que oito países europeus[31] expressam o seu apoio à Administração americana na questão da crise Iraquiana, através de um documento intitulado "A Europa e a América devem permanecer unidas";

---

[30] CONV 461/02, 16 de Dezembro 2002.

[31] Dinamarca, Espanha, Hungria, Itália, Polónia, Portugal, República Checa e Reino Unido.

A <u>Cimeira Franco-Britânica de Le Touquet</u>, de 4 de Fevereiro de 2003, em que se destaca o reconhecimento sobre o princípio da solidariedade entre os Estados-Membros, em caso de ataque (nomeadamente terrorista) e sobre a necessidade de criação de uma agência europeia de armamentos (para tratar de questões relacionadas com o reequipamento militar);

Os Acordos permanentes UE-OTAN (também conhecidos por "<u>Berlim Plus</u>")[32], assinados em 17 de Março de 2003, que vêm esclarecer três aspectos fundamentais:
- O acesso da UE às capacidades de planeamento da OTAN;
- As relações de comando UE-OTAN, no caso das operações militares lideradas pela UE (com recurso aos meios da OTAN), quando "NATO as a whole is not engaged";
- As condições de utilização dos meios e capacidades da OTAN (bem como quais os meios a utilizar).

O relatório da Comissão dos Assuntos Externos, dos Direitos do Homem, da Segurança Comum e da Política de Defesa do <u>Parlamento Europeu</u>, apresentado a 27 de Março de 2003,[33] que considera que «... o desenvolvimento de uma verdadeira política europeia de segurança e de defesa (PESD) faz parte integrante da PESC e constitui um contributo eficaz para a credibilidade da União Europeia na cena internacional...» podendo, assim que disponha de vários instrumentos de gestão de crises (incluindo militares), «...tornar-se um actor independente na cena mundial e continuar a ser um parceiro fiável das relações transatlânticas...», de uma forma que foi resumida em três palavras: «... aliada, não alinhada...».

São aqui apresentadas várias propostas, das quais se realçam:
- O alargamento das missões de Petersberg;
- A necessidade de se criar cooperações específicas em matéria de defesa;
- O aditamento ao tratado de uma cláusula de defesa colectiva;
- A introdução de uma cláusula de solidariedade;

A <u>Cimeira dos quatro</u>, de 29 de Abril de 2003, que juntou em Bruxelas os quatro países que mais se opunham à estratégia americana

---

[32] http://ue.eu.int/uedocs/cmsUpload/03-11-11%20Berlin%20Plus%20press%20note%20BL.pdf (última consulta em 11 de Julho de 2005).

[33] A5-0111/2003 (Final), 27 de Março de 2003.

para o Iraque,[34] e propôs a aceitação do conceito de "União Europeia de Segurança e Defesa" e a incorporação no tratado da *Constituição Europeia* do seguinte (referido apenas as partes mais importantes):
- a possibilidade de existência de cooperações mais estreitas no domínio da defesa
- a introdução de uma cláusula de Solidariedade e Segurança comum
- A reformulação das missões de Petersberg
- A criação de uma Agência Europeia para o desenvolvimento e capacidades militares

A Estratégia Europeia em matéria de Defesa e o "Headline Goal 2010"

Como já foi referido anteriormente, o Projecto da *Constituição Europeia* apresentado pela Convenção em 18 de Julho de 2003 iria ser influenciado por todos estes desenvolvimentos. No entanto, a Conferência Intergovernamental (CIG) para a revisão dos Tratados só iria chegar a um acordo em relação ao texto final cerca de um ano depois. Durante este período foram levadas a cabo diversas acções na área da PESD (ou que influenciaram o seu desenvolvimento), das quais damos conta das seguintes:

O encontro tripartido Schroeder-Chirac-Blair (encetando uma aproximação das posições defendidas pela Inglaterra e pela França--Alemanha), que decorreu em Berlim a 20 de Setembro de 2003, e em que se afirmou:
- a vontade de se criar capacidades militares europeias que sejam conjuntas, autónomas e permanentes (Pese embora o facto do Reino Unido, contrariamente ao que acontece com a Alemanha e a França, defender que o "Estado-Maior autónomo" deveria funcionar junto do Quartel General da OTAN);
- a convicção de que é na OTAN que reside a principal estrutura de "defesa colectiva", sendo que os esforços a desenvolver com a PESD só podem ser concebidos como um reforço do "pilar europeu da Aliança";
- a vontade de se avançar nesta matéria, mesmo que só o seja possível através do recurso às "cooperações estruturadas" (Note-se a alteração da posição da Inglaterra).

---

[34] Alemanha, Bélgica, França e Luxemburgo.

A Estratégia Europeia em matéria de Defesa, aprovada no *Conselho Europeu de 12 de Dezembro de 2003* e intitulada de "Uma Europa segura num mundo melhor"[35] e que assenta em três áreas consideradas fundamentais:

– Reconhecer que a segurança global é condição prévia para o desenvolvimento, sendo que as principais ameaças à Europa são: o terrorismo, as armas de destruição maciça, os conflitos regionais, o fracasso dos Estados e a criminalidade organizada;
– Estabelecer como objectivos estratégicos da União Europeia, o enfrentar das principais ameaças (utilizando uma conjugação de meios que vão do político ao militar) e o apostar na paz na vizinhança da Europa (procurando assim evitar a propagação dos conflitos para o seu interior);
– Actuar, em conjunto com os seus parceiros, de forma mais activa, mais capaz e mais coerente no que se refere à PESC/ /PESD.

A aprovação da *Estratégia Europeia em matéria de Defesa* e o reconhecimento das lacunas ainda existentes nas Capacidades da União Europeia (para desenvolver as missões de Petersberg), levaram a que fosse delineado um novo objectivo a atingir em 2010: "Headline Goal 2010",[36] (aprovado no *Conselho Europeu de 18 de Junho de 2004*).

Este novo objectivo, para além de assumir a continuação do objectivo de Helsínquia, pretende dotar a UE de capacidades suplementares que lhe permitam actuar como um "actor global" e fazer face ao terrorismo e a eventuais novos cenários.

No documento, pode verificar-se o empenho em possibilitar que a União Europeia «...be able by 2010 to respond with rapid and decisive action applying a fully coherent approach to the whole spectrum of crisis management operations covered by the Treaty on the European Union...». Para isso, os esforços dos Estados-Membros vão-se concentrar no desenvolvimento das capacidades de Interoperabili-

---

[35] http://ue.eu.int/uedocs/cmsUpload/031208ESSIIP.pdf (última consulta em 9 de Julho de 2005).

[36] http://ue.eu.int/uedocs/cmsUpload/2010%20Headline%20Goal.pdf (última consulta em 11 de Julho de 2005).

dade, bem como de Projecção e Sustentabilidade, sendo os "Battle Groups" o meio por excelência a utilizar na procura desta Capacidade de Reacção Imediata.

3. A *Constituição Europeia* e os últimos desenvolvimentos da PESD

A *Constituição Europeia*

O *Tratado que estabelece uma Constituição para a Europa* é adoptado pelo *Conselho Europeu* de 18 de Junho de 2004 (o texto final é assinado oficialmente pelos Chefes de Estado ou de Governo em Roma, no dia 29 de Outubro desse ano).

A formalização em tratado da Política Comum de Segurança e Defesa (PCSD), é o resultado do intenso processo que se viveu até aqui, salientando-se no Tratado o seguinte:

- A determinação clara de que a PCSD «...faz parte integrante da política externa e de segurança comum...», garantindo à União «...uma capacidade operacional apoiada em meios civis e militares...» (nº 1 do art I-41);
- O objectivo de obter uma *defesa comum* através da «...definição gradual de uma política de defesa comum...» (nº 2 do art I-41);
- A instituição de um "pacto" de auxílio e assistência mútua entre os Estados-Membros (por todos os meios ao seu alcance) em caso de agressão armada a um deles, tendo sempre em consideração as relações com a OTAN[37] (nº 7 do artigo I-41º);
- A introdução da *Cláusula de solidariedade* para prestar auxílio a um Estado-Membro no caso deste ser «...vítima de um ataque terrorista, ou vítima de uma catástrofe natural ou de origem humana...» (art I-43º);
- O alargamento das chamadas missões de Petersberg (nº 1 do art III-309).[38] De forma a cumprir estas missões os Estados-

---

[37] É de considerar este "pacto" um grande avanço na procura de uma *defesa comum*, muito embora a palavra "militar" e do art III-214, que apareciam no projecto da Constituição, terem sido retiradas.

[38] Englobam «...as acções conjuntas em matéria de desarmamento, as missões humanitárias e de evacuação, as missões de aconselhamento e assistência em matéria militar, as missões de prevenção de conflitos e de manutenção de paz, as missões de

-Membros «... colocam à disposição da União capacidades civis ou militares...» (nº 3 do art I-41º). Estas missões podem também ser executadas por grupos de Estados-Membros, desde que autorizado pelo Conselho (nº 5 do art I-41º e art III-310).
- A permissão de se estabelecer "cooperações estruturadas permanentes"[39] entre Estados-Membros «...que preencham critérios e subscrevam os compromissos em matéria de capacidades militares previstos no Protocolo relativo à cooperação estruturada permanente...» (nº 6 do art I-41 e art III-312),
- A criação da Agência Europeia de Defesa para auxiliar a PCSD no garante de uma capacidade operacional *comum* à União Europeia, e que desenvolverá a sua actividade «...no domínio do desenvolvimento das capacidades de defesa, da investigação, da aquisição e dos armamentos...» (nº 3 do art I-41 e art 311);

Declaração das Capacidades Militares Europeias

Mais recentemente (22 de Novembro de 2004) foi apresentada, pelos ministros da Defesa dos Estados-Membros, a "Declaração das Capacidades Militares Europeias",[40] em que se reafirma o objectivo de que a UE tenha a capacidade de tomar a decisão de iniciar uma operação, 5 dias após a aprovação da missão pelo Conselho, e que as forças (assentes nos "Battle Groups") possam ser empenhadas num espaço de 10 dias.

Estes "Battle Groups" (BG) (cerca de 1500 elementos) são forças do tipo Batalhão, reforçadas com meios de Apoio de Combate e de Apoio de Serviços que lhes fornecem uma capacidade limitada de actuar sozinhos em determinados tipos de operações (capacidade de sustentação até 30 dias sem ser reabastecidos e até 120 dias caso o sejam). Podem ser exclusivamente nacionais ou multinacionais, como

---

forças de combate para gestão de crises, incluindo missões de restabelecimento da paz e operações de estabilização no termo dos conflitos.»

[39] Agora estendidas às «...questões que tenham implicações militares ou no domínio da defesa», que com Nice no âmbito das "cooperações reforçadas" estavam vedadas.

[40] http://ue.eu.int/uedocs/cmsUpload/MILITARY%20CAPABILITY%20COMMITMENT%20CONFERENCE%2022.11.04.pdf (última consulta em 11 de Julho de 2005).

é o caso do "Battle Group" anfíbio que Portugal integra (conjuntamente com Espanha, Itália e Grécia).[41]

Pretende-se que a UE tenha, para o período 2005-2007, a capacidade de efectuar e manter pelo menos uma operação de "Battle Group" e que atinja a capacidade operacional total em 2007, ou seja, a capacidade de iniciar e manter duas operações de BG, praticamente ao mesmo tempo. Isto tendo em consideração os "Standards and Criteria" dos BG que exigem, entre outras coisas, um número mínimo de 8 BG para ser possível efectuar a rotação de forças de 6 em 6 meses.

Missões da União Europeia em curso

Em relação às missões da União Europeia em curso no âmbito da PESD, temos:[42]
- As missões de Polícia da União Europeia: na antiga República Jugoslava da Macedónia (EUPOL Proxima), na Bósnia-Herzegovina (MPUE), em Kinshasa (EUPOL Kinshasa),
- Missão da União Europeia: para o Estado de Direito na Geórgia (Eujust Themis), na República Democrática do Congo (EUSEC RD Congo) e para o Estado de Direito no Iraque (Eujust Lex)
- Operação Militar da União Europeia: na Bósnia-Herzegovina (EUFOR Althea)

Conclusão

As divergências entre a França/Inglaterra e os EUA em relação à "europeização" da Aliança Atlântica, estiveram no cerne da questão que levou franceses e ingleses a optarem por, através da Conferência Franco-Britânica de Saint Malo, redireccionar o modelo de Segurança e Defesa na Europa.

Esta alteração do conceito levou a que, no *Conselho de Colónia* e principalmente no *Conselho de Helsínquia*, fosse iniciado um conjunto de medidas que levaram ao "abandono" da UEO como "braço armado" da União Europeia e a uma Política Europeia de Segurança

---

[41] Nesta conferência os Estados-Membros comprometeram-se a formar 13 "Battle Groups".

[42] http://ue.eu.int/cms3_fo/showPág.e.asp?lang=pt&id=268&mode=g&name= (última consulta em 12 de Julho de 2005).

e Defesa que hoje se encontra em franco desenvolvimento (embora ainda muito haja por fazer).

No *Conselho de Helsínquia* delineou-se o "Helsinki Headline Goal", ou seja, o objectivo de dotar a UE com forças de cerca de 60.000 elementos de forma a cumprir as missões de Petersberg. Para isso seria fundamental ter órgãos de apoio à tomada de decisão e a condução política e militar da operação, como por exemplo o Comité Político e de Segurança, o Comité Militar e o Estado-Maior da União Europeia.

Estas capacidades foram cumpridas, dentro do prazo estabelecido, tendo o *Conselho Europeu de Salónica*, declarado que a UE dispunha de uma capacidade operacional para toda a gama das missões de Petersberg, muito embora com limitações.

O reconhecimento dessas limitações e a Estratégia Europeia em matéria de Defesa determinaram a necessidade de um novo objectivo que foi designado de "Headline Goal 2010".

Entretanto todos estes processos foram acompanhados por desenvolvimentos políticos que levaram à assinatura do *Tratado de Nice* e da, ainda não ratificada, *Constituição Europeia*. Estes tratados espelham, naturalmente, a evolução da PESD, sendo influenciados pela situação internacional da altura, da qual se destaca a crise no Iraque e o terrorismo internacional.

Não podemos então pensar no *Tratado que estabelece uma constituição para a Europa*, assinado oficialmente pelos Chefes de Estado ou de Governo em Roma no dia 29 de Outubro de 2004, como que isolado das "conclusões da Presidência" (que desde 1999 traçam a evolução da PESC/PESD), nem que o eventual "abandono" da *Constituição Europeia* implique uma alteração brusca nestas políticas.

Por tudo isto, e tendo em consideração que os principais pontos da PESD que aparecem no texto final da *Constituição Europeia*, foram praticamente uma constante desde o relatório final do VIII grupo de trabalho da Convenção Europeia (Dezembro de 2002), considero que o futuro próximo da PESD, caso a Constituição não entre em vigor (como é provável), passará por uma inclusão no próximo Tratado da maioria do que está estabelecido para este, ou seja: a determinação clara de que a PESD é parte integrante da PESC, garantindo assim à União uma capacidade operacional apoiada em meios civis e militares; o objectivo de obter uma *defesa comum* através da definição gradual de uma política de defesa comum; a instituição de um "pacto" de auxílio e assistência mútua entre os Estados-Membros; a introdução da *Cláusula de solidariedade*; o alargamento das chamadas missões de Petersberg; a criação da Agência Europeia de Defesa (que aliás já está a ser implementada) e a utilização das "cooperações estruturadas permanentes" entre Estados-Membros, como forma de fazer avançar a PESD (até porque se uma decisão tomada por unanimidade, ou mesmo com o recurso às chamadas "abstenções construtivas", já era difícil a 15, agora a 25 será "quase impossível").

A Estratégia Europeia em matéria de Defesa e o "Headline Goal 2010" vem, na minha opinião, reforçar o que foi dito, pois demonstra uma vontade inequívoca em tornar a União Europeia num actor de peso na cena internacional através da sua PESC/PESD.

É claro que não é a capacidade de tomar uma decisão de iniciar uma operação em menos de 5 dias após a aprovação da missão pelo Conselho, nem a existência dos meios para a efectivar em menos de 10 dias (como desejável na "Declaração das Capacidades Militares Europeias") ou mesmo a capacidade de projectar uma força militar ao nível de Corpo de Exército em menos de 60 dias ("Helsinki Headline Goal"), que vão fornecer à União Europeia uma verdadeira Política Europeia de Segurança e Defesa ... para isso é necessário haver uma vontade política em comum, de forma a evitar divergências em situações de grave crise internacional (como a que se viveu recentemente com o Iraque).[43]

Apesar do longo caminho que ainda falta percorrer, considero que estamos a progredir na direcção certa, pois tal como escreveu o Professor Rogério Leitão, «...o desenvolvimento e aperfeiçoamento dos instrumentos estratégicos de acção internacional (PESC/PESD, mas também cooperação para o desenvolvimento, a ajuda humanitária, etc)... têm permitido à União, enquanto "actor global", intervir nas dinâmicas das relações internacionais, articulando e afirmando, por um lado uma concepção de segurança ("colectiva") alargada à segurança humana ("a segurança do mundo ocidental depende do bem estar dos outros") e, por outro, uma concepção de defesa baseada sobretudo na prevenção e no *monitoring*, isto é fundada no diálogo e na consolidação do outro.»[44]

---

[43] Não esquecer que até à presente data, todo o processo de desenvolvimento das Capacidades da União Europeia tem sido feito com base na voluntariedade dos Estados-Membros e assente nas suas capacidades nacionais (e não em capacidades permanentes da União Europeia).

[44] AUGUSTO ROGÉRIO LEITÃO, "A Constituição Europeia expirou! Viva a União Europeia!", *Jornal da Associação Académica de Coimbra: "A Cabra"*, de 14 de Junho de 2005.

OS EFEITOS ECONÓMICOS DA IMIGRAÇÃO NO ESPAÇO EUROPEU

por *Rita Lages**

SUMÁRIO: Capítulo 1 – *As migrações internacionais na Europa: de espaço de emigração a imigração*: 1. Introdução; 2. A evolução dos fluxos migratórios na Europa. Capítulo 2 – *Os efeitos económicos da imigração na Europa*: 1. Imigração na Europa: entre a necessidade e o medo; 2. Considerações teóricas sobre os efeitos da actividade imigrante na economia europeia: 2.1. Efeitos no emprego/desemprego; 2.2. Efeitos nos salários; 2.3 Despesas sociais. Capítulo 3 – *A imigração e política da União Europeia*: 1. Considerações gerais; 2. O reagrupamento familiar. Bibliografia.

> *Os imigrantes não tinham qualquer consciência profunda do papel que desempenhavam. Não sonhavam com a história, nem se viam a si próprios como fazendo parte dela. Partilhavam uma mitologia do lugar para onde iam, mas desse lugar sabiam realmente muito pouco.*
>
> HOWARD FAST, *in Os Imigrantes*

Capítulo 1 – As migrações internacionais na Europa: de espaço de emigração a imigração

1. Introdução

As migrações são um fenómeno antigo e heterogéneo[1], constituindo, porventura, o maior dos desafios que a Europa e o mundo

---

* Mestranda em Ciências Jurídico-Comunitárias da Faculdade de Direito da Universidade de Coimbra.

O presente trabalho foi realizado no âmbito do Mestrado em Ciências Jurídico--Comunitárias na Faculdade de Direito da Universidade de Coimbra, na Disciplina Toeria da Integração, sob a orientação do Professor Doutor Manuel Lopes Porto.

[1] *Vide* JOSÉ LUIS MOURA JACINTO, «As migrações e as relações internacionais», *Revista Portuguesa de Instituições Internacionais e Comunitárias*, ISCSP, n.º 4, 2.º

terão de enfrentar neste novo século[2]. Ao longo da história da Humanidade vários foram os acontecimentos que contribuíram para que um largo número de pessoas, temporária ou definitivamente, se deslocasse de um lugar para outro. A ocupação de espaços territoriais, com base na qual cidades e impérios se construíram, pressupõe, quase sempre, a existência de movimentos de populações. E se os motivos que determinam a decisão de uma pessoa deixar o seu país rumo a um outro – na maioria dos casos desconhecido – são fruto de uma vontade individual, não é menos verdade que, numa análise global, estes movimentos apresentam certas características comuns.

O conceito de migração é amplo e, por essa razão, sentimos a necessidade de delimitar, previamente, o objecto de estudo do presente artigo. Em primeiro lugar, estudaremos apenas as *migrações internacionais* que tenham como destino o espaço europeu, quer sejam movimentos intra-comunitários ou extra-comunitários. Em segundo lugar, debruçar-nos-emos, exclusivamente, sobre a *imigração económica*, também denominada de imigração para o trabalho[3]. Por último, analisaremos apenas a sua dimensão económica, em particular os seus efeitos sobre o mercado de trabalho[4]. Não obstante, faremos uma breve referência ao reagrupamento familiar, por duas razões, a primeira porque desde 2003 constitui uma matéria comunitarizada. A segunda, pela circunstância de ser, actualmente, o principal instrumento, a par com o asilo, de entrada legal de novos imigrantes.

---

semestre, Lisboa, 2002, p.130. Este autor defende que a imigração, mais do que um problema, deve ser encarado como um fenómeno.

[2] Atente-se os recentes e graves episódios de violência ocorridos em França, com origem nos arredores de Paris, onde residem grandes comunidades de imigrantes e que parecem combinar situações de precárias condições de vida, de desemprego, de exclusão social, de uma segunda geração de imigrantes que não se identifica com a cultura do país em que nasceu, e o único que conhece, revelando o fracasso das políticas de integração, combinadas com aquilo que parece ser um fenómeno de guerrilha urbana, instigado, alegadamente, por grupos de radicais islâmicos ali existentes.

[3] Está, por isso, excluída da análise deste trabalho, salvo, naturalmente, pontuais referências históricas e estatísticas, a imigração por motivos político-ideológicos, fenómeno que se prende directamente com a problemática do asilo político.

[4] Como refere Jansen, a imigração é um fenómeno complexo, de natureza pluridimensional. Assim, para além de uma dimensão económica, assume também uma natureza política, jurídica ou mesmo sociológica, *vide* JANSEN *apud* JOÃO PEIXOTO, «As Teorias Explicativas das Migrações: Teorias Micro e Macro-Sociológicas», *SOCIUS Working Papers*, ISEG, Universidade Técnica de Lisboa, n.º 11/2004, p. 4.

2. A evolução dos fluxos migratórios na Europa

A migração transfronteiriça – entendida como a deslocação populacional, mais ou menos, em larga escala e que atravessa diversos territórios – é um fenómeno bastante provecto. Com efeito, na pré--história houve movimentos migratórios, em que os indivíduos, socialmente estruturados em clãs ou tribos, percorriam milhares de quilómetros quer em busca de alimento e abrigo, quer procurando escapar a catástrofes naturais. Porém, estes movimentos só se tornaram verdadeiramente *internacionais* com o aparecimento das primeiras nações, mais precisamente de Estados-nação. Foi com o século XX, e com tudo o que ele significou – o fim dos últimos impérios coloniais e o refazer das fronteiras nacionais, consequência do aparecimento de novos países – que o conceito de migrações internacionais ganhou o seu verdadeiro sentido.

Se é certo que razões político-religiosas e étnicas estiveram na origem de muitos movimentos de migração internacional, pense-se, por exemplo, no êxodo dos Hebreus, nas Cruzadas ou, ainda, mais recentemente, o conflito na ex-Jugoslávia que, estima-se, provocou mais de 5 milhões de deslocados forçados, não é menos verdade que são os motivos económicos os que justificam a esmagadora maioria dos fluxos migratórios verificados, tanto no passado como no presente, e que corresponderam, quer a movimentos voluntários, quer a movimentos forçados de mão-de-obra[5].

De acordo com dados recentes do Fundo das Nações Unidas para a População (FNAP) calcula-se que, no final do século passado, exis-

---

[5] Em relação aos movimentos forçados de mão-de-obra há a realçar, pela dimensão que teve, o tráfico de escravos oriundos de África com destino ao Novo Mundo para as plantações de cana-de-açúcar nas Antilhas ou de tabaco e algodão nos Estados Unidos. De acordo com estudos feitos calcula-se que neste movimento entre as duas margens do Atlântico, a que Gildas Simon chamou de «migração silenciosa», tenham cruzado, entre 1619 e 1776, aproximadamente 3,5 milhões de escravos negros, num total de mais de 20 milhões de deportados africanos para as Américas e o mundo árabe, *vide* RAFAEL PAMPILLÓN OLMEDO, «A transferência internacional de mão--de-obra», in *Imigração e Mercado de Trabalho*, Cadernos de Sociedade e Trabalho, nº 2, MSST/DEPP, Lisboa, 2002, p. 195. Este mesmo autor, enumera como principais razões que estão na origem da decisão de emigrar, a expectativa de melhorar as suas condições de vida no país de acolhimento, a esperança de encontrar, nesse país, mais facilmente, um emprego, a distância entre o país de origem e o país de destino, a afinidade cultural e linguística no local de destino e, por último, as políticas de imigração em vigor no país de acolhimento, *idem*, pp. 196-197.

tiam entre 120 a 130 milhões de migrantes no Mundo (o que correspondia a cerca de 2,5% da população mundial), excluindo os refugiados e as migrações internas, dos quais 18 milhões se encontravam no continente europeu[6].

A verdade, porém, é que nem sempre foi assim. A Europa foi, ao longo da sua história, sobretudo, uma potência exportadora de mão-de-obra, que conheceu o seu apogeu entre 1820 e 1914 (isto é, entre as Guerras Napoleónicas e a Primeira Grande Guerra), naquela que ficou conhecida como a *migração transatlântica*. Do continente europeu partiram para as Américas e a Oceânia, no período compreendido entre 1820 e 1932, cerca de 52 milhões de pessoas, sendo que a maioria destes emigrantes se fixou em apenas 5 destinos: Argentina, Austrália, Canadá, Nova Zelândia e Estados Unidos. Este último, calcula-se que recebeu cerca de 32 milhões desses migrantes e 3,5 milhões migraram para a Austrália e a Nova Zelândia[7].

O impacto demográfico que este intenso fluxo de pessoas provocou foi tão forte, quer nos países de destino, quer nos de origem, que jamais as migrações internacionais voltaram a adquirir semelhante dimensão. Países como a Argentina viram a sua mão-de-obra aumentar 90%, por sua vez, a Irlanda ou a Itália perderam mais de 30% da sua população activa[8].

Esta migração assumiu, igualmente, um papel fundamental no crescimento e desenvolvimento das economias dos dois lados do Atlântico, dando origem a um vasto mercado que se designou de *economia do Grande Atlântico*. Um dos principais efeitos económicos consistiu,

---

[6] Vide JEAN-PIERRE GUENGANT, «Quel lien entre migrations internationales et développement?», CERAS, *Migrations et frontières*, n° 272, hiver 2002, Projet, Publications, in http://www.ceras-projet.com/lodel/document.php?id=956 (acedido em 17 de Maio de 2005). Estes números não diferem muito dos avançados por outros autores, cujos estudos se reportam aos meados dos anos 80, princípio da década de 90, vd DOUGLAS MASSEY et al., *The World in motion*, Oxford University Press, 1998, p. 109.

[7] Vide UNITED NATIONS, *World Economic and Social Survey 2004 – Part II: International Migration*, in www.un.org/esa/policy/wess/index.html, p. 35, acedido em 30 de Maio de 2005. Este relatório qualifica o período de 1820 a 1914 como o "primeiro século global", que se caracterizou por um forte liberalismo, em que mercadorias, capitais e trabalho circulavam sem grandes restrições impostas pelos Estados. Com efeito, as migrações internacionais, desde esta altura, apresentam uma dimensão mais transnacional que internacional, vide Hélène Pellerin, apud JOSÉ LUIS MOURA JACINTO, «As migrações...», ob. cit., p. 131.

[8] UNITED NATIONS, *World Economic...*, ob. cit., p. 10.

justamente, na convergência salarial entre os países de origem, da Europa Ocidental, e os de destino, como os Estado Unidos. Entre 1870 e 1910, à emigração deveu-se um aumento dos salários reais na ordem dos 9%, nos países de acolhimento, e uma descida de 8%, nos países de origem, verificando-se uma relação directa entre a expansão deste efeito de convergência de salários nos diversos países e os respectivos fluxos migratórios[9]. Não obstante a diminuição das disparidades económicas e salariais verificadas nos países de emigração e imigração, o rápido crescimento económico destes últimos, paulatinamente, correspondeu a uma melhoria dos salários reais dos imigrantes de baixo rendimento ou pouco qualificados.

Porém, nos finais do século XIX este movimento ímpar de deslocação massiva de pessoas abrandou, diminuindo significativamente com a eclosão da Guerra de 1914-18 e conduzindo a emigração europeia a um período de estagnação[10]. Simultaneamente, países como os Estados Unidos ou a Austrália, bastante liberais em acolher mão-de-obra estrangeira, numa atitude proteccionista de defesa dos interesses económicos da mão-de-obra autóctone, em especial, a mão-de-obra não qualificada, começaram a adoptar políticas cada vez mais restritivas e hostis à imigração.

Após duas guerras de efeitos avassaladores a Europa aparece, pela primeira vez na sua história, como uma importante região de importação de mão-de-obra. Era necessário agora reconstruir países e economias inteiramente destruídas, pelo que estes fluxos migratórios foram incentivados por programas governamentais de recrutamento de emprego, no quadro de uma política de reconstrução e reestruturação económica, com o claro intuito de fazer face a uma fraca oferta de força de trabalho, numa época de rápido crescimento económico[11].

Na segunda metade do século XX, a Europa encontrava-se, claramente, dividida em duas, o Norte, rico em capital, mas escasso de mão-de-obra, e o Sul, pobre e com abundante força de trabalho. Assim, num primeiro momento, os movimentos migratórios eram intra-europeus ou intra-continentais, de Sul para Norte e Oeste. A emigração oriunda dos países do Sul, fomentada pelos respectivos governos, que

---

[9] *Idem*, p. 12.
[10] *Vide* MANUEL LOPES PORTO, *Economia – Um texto introdutório*, Almedina: 2ª edição, Coimbra, 2004, p. 210, o qual apresenta um gráfico, assaz elucidativo, sobre a evolução da emigração para os Estados Unidos da América, entre 1820 e 1989.
[11] *Vide* DOUGLAS MASSEY, *The World...*, *ob. cit.*, p. 127.

conheciam, então, um período de estagnação económica e apresentavam elevadas taxas de desemprego, foi a resposta encontrada para satisfazer as exigências do mercado de trabalho dos seus vizinhos do Norte que, pelo contrário, viviam um momento de crescimento económico, com o florescimento da indústria pesada e da construção[12]. Paralelamente, os fluxos tradicionais oriundos da Europa meridional em direcção à América ou à Oceânia mantiveram-se[13]. Paulatinamente, a pressão migratória sentida nos países mais a sul da Europa originou uma diminuição da oferta de força de trabalho (a procura de mão-de--obra ultrapassou a sua oferta), passando, também, estes a recrutar trabalhadores, mas agora oriundos do Norte de África e Médio Oriente[14]. Estas transferências de mão-de-obra, ao contrário da migração transatlântica, assumem um carácter temporário.

Porém, a situação altera-se por força de um abrandamento do crescimento económico, agravado com a crise provocada pelo primeiro choque petrolífero de 1973, que conduziu a uma recessão da economia mundial. Rapidamente, os mercados de trabalho comprimiram-se e, em praticamente todos os países europeus, verificou-se um aumento do desemprego. Por força não só de uma diminuição da procura de

---

[12] O aumento dos fluxos intra-comunitários verificados nos finais dos anos 60, ainda que significativo, é relativamente baixo quando comparado com os fluxos provenientes, na mesma altura, de países terceiros.

[13] Os países europeus de acolhimento classificam-se em *países de imigração antiga* e *países de imigração recente*. No primeiro grupo, encontram-se a Alemanha, Áustria, os países do Benelux, Reino Unido e Suiça. No segundo grupo, incluem-se os países do sul da Europa, como sejam, a Espanha, a Grécia, a Itália e Portugal.

[14] Para além das razões já apontadas, como a do fecho das fronteiras dos países tradicionalmente receptores de mão-de-obra, no seguimento de políticas de "imigração-zero", outras razões existem que explicam o facto de os países do Sul se terem tornado países de acolhimento, nomeadamente, a sua organização do mercado de trabalho, cuja mão-de-obra estrangeira visa colmatar deficiências em sectores que assumem, a nível nacional grande importância, como seja, a construção ou o turismo. Nestes sectores, os imigrantes vêm substituir uma mão-de-obra local, cuja contratação já era ilegal (desempregados, mulheres, jovens) e, por isso, remetidos para a economia informal ou subterrânea. A principal vantagem do recurso a esta mão-de-obra é a sua flexibilidade, que permite fazer face a períodos de maior produtividade. Em segundo lugar, estes países, especialmente a partir da sua adesão à Comunidade Europeia, conheceram um relevante desenvolvimento económico, diminuindo, deste modo, as diferenças entre Norte-Sul. Terceiro, o regresso de muitos dos nacionais emigrados no estrangeiro (foi o caso de Portugal, com o regresso dos denominados *retornados* de África, após a independência das antigas colónias).

mão-de-obra estrangeira, face a um mercado que absorvia cada vez menos trabalhadores e cujos custos de recrutamento se tornaram mais caros, mas também de um aumento da oferta mão-de-obra nacional[15]. Em consequência, os principais países europeus de destino adoptaram políticas restritivas de imigração através da fixação de quotas anuais de entrada, como, por exemplo, a Suiça e a Áustria, iniciando-se, então, um período de relativa estabilidade, em matéria de imigração. Ao mesmo tempo, dão início a políticas de incentivo ao regresso dos trabalhadores estrangeiros aos seus países de origem. Mas, tais políticas não surtiram o efeito desejado e de acordo com dados da ONU, nos dois anos subsequentes à crise de 1973 menos de 10% do número desses trabalhadores regressaram aos seus países[16].

A década de 90 revelou um aumento da presença de população estrangeira em praticamente todos os países europeus, com excepção da França[17]. Este aumento deveu-se, em grande medida, ao desmembramento da antiga União Soviética, que, com a consequente reorganização de fronteiras, tornou muitos dos seus migrantes internos em migrantes internacionais[18].

---

[15] Este aumento de mão-de-obra nacional deveu-se, em grande parte, a o acesso ao mercado de trabalho das primeiras gerações do *baby-boom* e ao aumento do trabalho feminino.

[16] JEAN-PIERRE GARSON, «L'Europe et les migrations de 1950 à nos jours: mutations et enjeux», *The economics and social aspects of immigration*, Conferência organizada pela Comissão Europeia e a OCDE, Bruxelas, 21-22 de Janeiro de 2003, p. 5.

[17] O que se explica, essencialmente, por dois motivos, por um lado, o relativo abrandamento dos fluxos de entrada, por outro, a possibilidade que a lei francesa da nacionalidade confere aos filhos de imigrantes aí residentes de adquirirem automaticamente a naturalidade francesa.

[18] Ver com mais detalhe sobre o impacto, no mercado de trabalho comunitário, da imigração oriunda dos países da Europa Central e Oriental (PECO) que, aliás, constitui, na actualidade, o maior fluxo migratório, a maioria tem como destino a Alemanha, a Áustria, onde se concentram cerca de 80% desses imigrantes que chegam à União Europeia, vide MARÍA DEL MAR HERRADOR MORALES, «A imigração dos países da Europa Central e de Leste para a EU», in *Imigração...*, ob. cit., p. 163 ss., e, ainda, AA.VV., *Eastern European Migrations*, EUI Working Paper ECS, n.º 92/7, European University Institute: Florence, 1992. Alguns autores, face ao desabamento do mundo soviético, à opção pela economia de mercado em muitos destes países e a rapidez com que todas estas mudanças ocorreram previam já, no início dos anos 90, o aparecimento de grandes vagas migratórias provenientes do Leste Europeu, não obstante a dificuldade de prever com exactidão as suas proporções, vide GEORGE TAPINOS, «L'immigration en Europe et l'avenir des populations étrangères», *Revue Problèmes Economiques*, n.º 2.329, de 9.06.1993, p. 16.

Dados da OCDE mostram que no início deste século o número de estrangeiros residentes na Europa não excedia os 10% da população total, salvo os casos do Luxemburgo e da Suíça, cuja comunidade estrangeira representa, respectivamente, 37,5% e 19,7% do total da população (tabela 1)[19].

A evolução recente dos fluxos migratórios indicia uma relativa estabilidade em quase todos os países da Europa, com oscilações pouco significativas da entrada de imigrantes. Sem embargo, há a destacar o caso do Reino Unido cujos números indicam um aumento contínuo e progressivo da presença de estrangeiros, no período de 1992 a 2001, e, do lado contrário, países como a Alemanha ou a Suíça em que essa presença diminuiu (tabela 2). Entre 1997 e 1999 verificou-se um aumento significativo e continuado do número de pedidos de asilo, pondo fim a uma tendência decrescente que se vinha notando desde 1990. A razão deste aumento está directamente relacionada com a guerra na ex-Jusgolávia, a qual foi responsável por 5 milhões de refugiados. Com o início do século XXI o número de pedidos de asilo voltou a diminuir, sendo, actualmente a França o país com maior número de pedidos apresentados (59.285 em 2003 e 61.600 em 2004 – gráfico 1 e tabela 3).

Os últimos trinta anos são marcados por uma profunda alteração do fenómeno das migrações internacionais, caracterizado, sobretudo, por um *alargamento do espaço migratório*[20], para o qual contribuiu, em primeiro lugar, a diversificação dos países de acolhimento. Numa primeira fase, o que existia era uma migração intra-europeia, em que os países do norte e centro da Europa, ricos em capital, recrutavam trabalhadores oriundos da Europa meridional, por sua vez, rica em mão-de-obra. Porém, rapidamente estes últimos começaram a recorrer à imigração oriunda, na sua maioria, de África e da Europa de Leste, como forma de obter mão-de-obra suficiente para responder às exi-

---

[19] Estes são dados reportam-se ao ano de 2001 e foram recolhidos do site oficial da OCDE: http://www.oecd.org/home (acedido em 7 de Junho de 2005); ANNE DE RUGBY, *Dimensão Económica e Demográfica das Migrações na Europa Multicultural*, Celta Editora: Oeiras, 2000, que igualmente menciona estes dois países, referindo dados do Eurostat de 1996.

[20] Sobre o conceito de espaço migratório *vide* GILDAS SIMON, «Penser globalement les migrations», CERAS, *Migrations et frontières*, n° 272, hiver 2002, 2002, Projet, Publications, *in* http://www.ceras-projet.com/lodel/document.php?id=940 (acedido em 17 de Maio de 2005).

gências do mercado[21]. A imigração é hoje, mais do que nunca, um fenómeno global, transformando todos os países europeus em países de imigração[22].

Uma segunda manifestação desse alargamento reside na multiplicação e diversificação dos países de origem, resultado da mundialização crescente das economias, da multiplicação das trocas comerciais de bens e serviços e, na última década, da chegada de nacionais de antigos países do Pacto de Varsóvia e de outros países terceiros. Tal estado de coisas originou um interessante fenómeno, na União Europeia, de sobrevalorização de certas nacionalidades face a outras há mais tempo aí representadas. É o caso dos nacionais dos Estados-membros da União que passam a constituir um número cada vez mais pequeno em comparação com as novas comunidades de imigrantes, provenientes de lugares tão distantes como a Nigéria ou a Colômbia. Para esta mundialização dos movimentos migratórios contribuiu a diversificação dos canais de acolhimento ou de chegada de estrangeiros, verifi-

---

[21] Massey apresenta uma série de características comuns aos actuais movimentos transnacionais de pessoas, a saber, a maioria dos novos países de emigração (ou de origem) apresenta uma limitada oferta de capital, baixos níveis de criação de emprego, a que se junta uma abundante mão-de-obra. Por sua vez, os países de imigração (ou de acolhimento) são hoje mais intensos em capital do que em terra/ indústria. Se, no passado, os países de acolhimento encaravam a imigração como condição necessária para o desenvolvimento económico (na verdade, raros foram os países – se os houve – cujo progresso não tenha sido alcançado à custa da imigração), hoje, ela é vista como um problema com sérias implicações políticas e sociais que cumpre resolver. Por fim, as disparidades económicas, sociais, culturais, entre outras, entre países de emigração e imigração acentuaram-se abruptamente, *vide* DOUGLAS MASSEY *et al.*, *The World...*, *ob. cit.*, pp. 6-7.

[22] As novas formas de migração ligadas directamente ao fenómeno da globalização (*global migrations*) assumem contornos diferentes, que as distinguem das tradicionais, cuja dinâmica não se prende já directamente com a existência de fronteiras político-geográficas, mas sim com interesses privados supranacionais, geralmente de natureza económica e, que, por isso, dificultam o controlo por parte dos Estados. Entre esses importantes movimentos há a destacar o dos trabalhadores altamente qualificados, os fluxos turísticos, as migrações derivadas de processos de integração regional fortemente incentivadores da liberdade interna de pessoas ou trabalhadores, *vide* SARA COLLINSON, *Globalisation and the dynamics of international migration: implications for the refugee regime*, in New Issues in Refugee Research, United Nations High Commissioner for Refugees, Working Paper n.º 1, em http://www.unhcr.ch/cgi-bin/texis/vtx/home/+twwBmetmJ69wwwwhFqo20I0E2gltFqo Gn5nwGqrAFqo20I0E2glcFqd5wGwaqdccoD5dDDzmxwww/opendoc.pdf, pp. 9 ss., (acedido em 9 de Junho de 2005).

cando-se um aumento dos pedidos de asilo e da imigração familiar, sobretudo para os países cujas políticas em matéria de estrangeiros são mais tolerantes. Face à adopção de políticas restritivas à imigração um pouco por toda a Europa, nos últimos anos apareceu uma nova categoria de deslocados, os chamados «refugiados económicos», isto é, cidadãos de estados terceiros que, procurando fugir da pobreza e da miséria, encontram no mecanismo do asilo a única via legal de entrarem na Europa, invocando as leis humanitárias, desvirtuando muitas vezes o seu sentido, para obterem vistos de entrada.

Por último, temos a dispersão dos imigrantes da mesma origem num espaço cada vez maior. Tradicionalmente, tendiam a escolher como país de destino aquele cujos laços históricos e culturais eram mais estreitos. Assim, a França recebia sobretudo cidadãos do Magreb [23], a Espanha da América Latina, Portugal da CPLP e a Alemanha da Turquia ou da ex-Jugoslávia. Hoje, ao invés, eles procuram outros países de destino, é o caso dos marroquinos, cuja comunidade mais representativa se encontra em França, mas nos últimos anos a Espanha e a Itália, países, como sabemos, de imigração recente, têm acolhido um número bastante significativo, a rondar os 100 mil por ano, cada um[24].

As vagas migratórias ainda são predominantemente masculinas, no entanto, nos últimos anos tem-se constatado uma certa *feminização da migração*, por força do reagrupamento familiar, mas também pela chegada de cada vez mais mulheres sozinhas.

A obra de Massey, através de um gráfico bastante elucidativo, revela-nos, primeiro, que são os países da bacia do Mediterrâneo aqueles que recebem o maior número de imigrantes, provenientes, sobretudo, do norte de África, médio Oriente, América Central e do Sul. Segundo, o Reino Unido e a Escandinávia, justamente de onde provêm hoje as maiores resistências à imigração, desempenham um papel menor e periférico no sistema europeu de migração internacional[25].

---

[23] A França, no entanto apresenta uma situação particular, pois os últimos estudos continuam a mostrar que, se considerarmos os países magrebinos individualmente, a maior comunidade estrangeira é a portuguesa que, em 1999, representava 15,32% da população estrangeira, fruto da grande emigração portuguesa das décadas 50-60, vide HUBERT JAYET et al., «L'immigration: quels effets économiques?» *Révue de Économie Politique*, Paris: Sirey, n.º 4, 2001, pp. 569-570.

[24] ANNE DE RUGBY, *Dimensão Económica e Demográfica das Migrações na Europa Multicultural*, Celta Editora: Oeiras, 2000, p. 4.

[25] DOUGLAS MASSEY, *The world in....*, ob. cit., p. 119.

Capítulo 2 – Os efeitos económicos da imigração na Europa

1. Imigração na Europa: entre a necessidade e o medo

Vivemos num mundo de bem-estar, onde o progresso alcançou parâmetros impossíveis sequer de imaginar nos anos sessenta, e, no entanto, o século XX teve uma marca de pobreza e exclusão. De acordo com a visão de Hannah Arendt as *displaced persons* foram a marca do último século[26].

A rica e pacífica Europa é cada vez mais atraente para muitíssimos povos do mundo que, movidos pela esperança de partilhar um pouco do sonho europeu, percorrem milhares de quilómetros, tentando entrar, por todas as vias, no território dos Estados-membros. Conjugando a economia de mercado, assente na regra da livre concorrência, com um património garantístico em matéria de direitos sociais, a União Europeia é a hodierna *terra prometida*. Porém, e contra a percepção da maioria, a grande parte dos fluxos migratórios de hoje não são Norte-Sul (centro-periferia), mas sim entre países do Sul (periferia--periferia), isto é, de países subdesenvolvidos para países em vias de desenvolvimento[27].

Em súmula, a Europa, e o mundo ocidental, em geral, assume face à imigração uma posição antagónica: se, por um lado, perante o rápido envelhecimento da população e a consequente escassez de mão--de-obra, os agentes económicos pressionam os governos nacionais para que sejam mais tolerantes para com a entrada de estrangeiros, por outro, os receios da população movida pelo medo, que acontecimentos como o 11 de Setembro só vieram aumentar, e por aquilo que Habermas designou de *chauvinismo do bem-estar*[28], pressionam esses mesmos governos em sentido contrário.

---

[26] Hannah Arendt *apud* JÜRGEN HABERMAS, *Facticidad y validez – Sobre el derecho y el estado democrático de derecho en términos de teoría del discurso* (tradução ao espanhol Manuel Jiménez Redondo), 3ª edición, Editorial Trotta, Madrid, 2001, p. 636.

[27] *Vide* JEAN-PIERRE GUENGANT *et al.* «Quel lien entre migrations...», *ob. cit.*, onde se menciona que, nos anos sessenta, 80% dos fluxos eram Norte-Norte ou Sul--Norte, artigo retirado do sítio http://www.oecd.org/dataoecd/2/19/15923784.pdf.

[28] J. HABERMAS, *Facticidad...*, *ob. cit.*, p. 637.

2. Considerações teóricas sobre os efeitos da actividade imigrante na economia europeia

A migração, do ponto de vista económico, constitui um *efeito colateral* da internacionalização do capital, a que não são alheias as fortes pressões colocadas por uma constante procura de mão-de-obra por parte dos países de destino e motivada por uma forte decisão individual do emigrante (e do ser humano em geral) em alcançar um maior bem-estar ou, por outras palavras, a procura da felicidade[29].

É inquestionável que os actuais movimentos migratórios não têm a importância e o impacto daqueles que se verificaram durante os séculos XVIII e XIX até ao primeiro quartel do século seguinte, pelo que o seu impacto demográfico e económico, tanto nos países de destino, como nos de origem, é menor. Na realidade, o século XIX pautou-se por uma grande liberdade de circulação dos diversos factores de produção.

A assimetria da mobilidade dos diferentes factores de produção – a circulação de mão-de-obra está sujeita a maiores limitações (em parte devido à existência de políticas restritivas de imigração)[30], ao

---

[29] MENCÍA GONZÁLEZ RUIZ, «Migraciones y teoría social – algunas consideraciones», artigo retirado do sítio http: //laberinto.uma.es/Lab7/mencia.pdf, p. 3, acedido em 27 de Junho de 2005.

[30] O que constitui, aliás, uma das críticas às tradicionais teorias económicas explicativas da imigração. Em primeiro lugar, à teoria neo-clássica que sobrevalorizava as diferenças salariais entre as sociedades de origem e as sociedades de acolhimento, apontando-as como a principal, senão mesmo a única, razão fundamentadora das migrações. As migrações internacionais encontrariam, assim, a sua explicação nas diferenças geográficas entre a oferta e a procura de trabalho. A consequência do movimento de migrantes de países ricos em mão-de-obra e de níveis salariais baixos para países pobres em mão-de-obra, mas com níveis salariais elevados seria, por um lado, a diminuição progressiva de oferta de mão-de-obra e a eventual subida dos salários nos países pobres em capital e, por outro, o aumento da oferta de mão-de-obra e a diminuição dos salários nos países ricos em capital, até um ponto de equilíbrio em que as diferenças internacionais de salários reflectiriam apenas os custos pecuniários, físicos e psicológicos inerentes à própria migração internacional. Em segundo lugar, os modelos de *push-pull* (cujo aparecimento se deveu ao pensamento precursor de Ravenstein, com as suas "Leis da Migração", de 1885), que defendiam que os factores de atracção ou repulsão das migrações seriam de natureza exclusivamente económica, os quais proporcionariam o equilíbrio entre as forças de crescimento económico em certas regiões e de contracção económicas noutras. Estes modelos têm na sua base a concepção do emigrante como um agente racional que, na posse de informações sobre as características dos países de destinos (salários, taxa de desemprego,

contrário dos fluxos internacionais de investimento directo estrangeiro e dos capitais financeiros que circulam com uma grande liberdade – acarreta inevitavelmente um efeito negativo na distribuição do factor menos móvel, neste caso, a mão-de-obra. A este acresce um outro, o do impacto relativamente minguante que os fluxos migratórios actuais têm no crescimento demográfico e da mão-de-obra nos países em desenvolvimento, no seu conjunto, comparativamente com as migrações verificadas no século XIX. A tudo isto não é alheio o facto de, hoje, os países desenvolvidos privilegiarem, por um lado, a migração qualificada (*skilled migration*), por outro, a migração temporária, o que vem contribuindo para o reforço da segmentação do mercado de trabalho e está a gerar um efeito distributivo, a nível mundial, a favor da mão-de-obra com maior mobilidade (a mão-de-obra qualificada), mas em detrimento da que apresenta menor mobilidade (a mão-de--obra não qualificada)[31].

Para a teoria neo-clássica existia uma estreita ligação entre os fluxos migratórios e os salários, sendo, justamente, o facto de a Europa Ocidental apresentar um dos mais elevados índices salariais o principal factor impulsionador da imigração proveniente de países onde os salários são substancialmente mais baixos. Porém, estudos posteriormente realizados, como os de Peach (1968) ou de Straubhaar (1986), por exemplo, mostraram que os salários não são a única nem a principal razão a fundamentar a decisão de migrar. As taxas de emprego no país de destino (em geral, mais elevadas que no pais de origem) são um importante factor para explicar os fluxos migratórios[32]. A teoria da

---

taxas relativas de crescimento económico, etc.) e sobre a sua situação individual – fundamentais para que possa ajuizar sobre se os custos de movimento são inferiores ou superiores aos benefícios esperados – optou por emigrar ou permanecer (racionalidade individual e instrumental), vide DOUGLAS MASSEY, *The world...*, ob. cit., pp. 9-14; JOÃO PEIXOTO, *As teorias explicativas...*, ob. cit., p. 5.

[31] Para um maior desenvolvimento sobre a migração qualificada na União Europeia, em particular a oriunda dos novos estados-membros, vide HELENA MARQUES e HUGH METCALF, «Immigration of skilled workers from de the new EU members: who stands to lose?», documento de trabalho n.º 24, Centro de estudos da União Europeia (CEUNEUROP), Abril, 2004.

[32] Straubhaar, ao adicionar uma outra variável – as flutuações das taxas de emprego na Europa Ocidental – ao modelo neo-clássico desmistificou a importância dada aos salários, e, consequentemente, na expectativa de ganho através dos salários, na formação da decisão de migrar. Este autor descobriu, relativamente ao ano de 1985, que quanto maior era o crescimento relativo de emprego, mais significativa era a presença de imigrantes oriundos da Espanha, Grécia, Portugal e Turquia na Europa

nova economia da migração (*new economics of migration*), pelo contrário, entendia que a decisão de migrar era, essencialmente, uma decisão colectiva, tomada no seio da família, cuja principal motivação, não era a expectativa de conseguir maiores poupanças de uma vida, mas sim o domínio do mercado nos seus países, através do manuseamento ou controlo das falhas que aquele apresenta. Com a emigração, as famílias procuravam a acumulação de capital para, posteriormente, investir nos seus países de origem, através da criação de pequenas empresas, mais do que poupar dinheiro e canalizá-lo para o consumo[33].

Uma outra variável importante, com um peso significativo na determinação dos fluxos migratórios, é a procura de mão-de-obra. Como já foi referido, a imigração europeia foi incentivada através de programas governamentais de recrutamento de trabalhadores numa época de elevado e rápido crescimento económico. Essa mão-de-obra estrangeira foi, desde o princípio, canalizada para específicos sectores do mercado, nomeadamente, a construção civil ou a restauração, originando-se, assim, uma segmentação do mercado de trabalho[34]. A teoria do mercado segmentado ou dual demonstrou que a existência, nos países de destino, de mercados secundários (zonas de economia informal) atrai imigrantes que ocupam, assim, o espaço deixado vago pelos cidadãos nacionais[35]. Ainda que essas actividades sejam mal

---

Ocidental. O que, aliás, só, assim, explica o movimento de regresso aos países de origem por parte de imigrantes oriundos daqueles países, na década de 80, apesar da persistência de diferenças salariais, por certo menores, entre a Europa Ocidental e a Europa do Sul, *vide* Douglas Massey, *The world...*, *ob. cit.*, pp. 124-125.

[33] A esta conclusão chegou, por exemplo, Kumcu (1989), através de estudos que tiveram por base trabalhadores turcos residentes na Alemanha. Este concluiu que os imigrantes turcos que adquiriram propriedades na Turquia, isto é, que investiram no país de origem e aí regressaram definitivamente antes de se reformarem, ganharam consideravelmente mais dinheiro que outros imigrantes, *vide* Douglas Massey, *The world...*, *ob. cit.*, p. 126.

[34] Em Portugal os trabalhadores migrantes têm uma forte presença nos sectores da construção civil (14,8%), hotelaria/restauração (11,7%) e serviços a empresas (9,6%), *vide* Eduardo de Sousa Ferreira *et al.*, *Viagens de Ulisses: efeitos da imigração na economia portuguesa*, Observatório da imigração, ACIME, Lisboa, 2004, p. 72. Em França o panorama é sensivelmente idêntico, com os imigrantes a concentrarem-se em três grandes sectores, a construção civil (que emprega 26,9% dos emigrantes portugueses), a indústria e os serviços, *vide* Hubert Jayet, «L´immigration...», *ob. cit.*, p. 573.

[35] A existência de economias informais é uma característica endémica dos actuais sistemas económicos. Estas zonas de economia informal ou subterrânea atraem, naturalmente, aqueles para quem o trabalho ilegal é a única fonte de rendimento, como acontece com muitos imigrantes que vêm responder, assim, a uma procura de mão-de-obra

remuneradas e de grande precariedade, os trabalhadores migrantes, oriundos de regiões pobres, poderão melhorar o seu padrão anterior de vida[36].

Por fim, a teoria do capital social (*social capital theory*) vem introduzir um novo dado ao modelo tradicional, asseverando que a existência de redes de migração é determinante para a perpetuação dos respectivos fluxos, permitindo a redução de riscos e custos e o aumento de ganhos.

Se partirmos de um modelo mecânico e de curto prazo, a existência de uma imigração sem restrições tem como consequências imediatas a diminuição do número de postos de trabalho à disposição dos trabalhadores autóctones, que vêem, assim, esses lugares ocupados pelos imigrantes, e simultaneamente, a subida do emprego e da população total. Nestas circunstâncias, só quando o preço da mão-de--obra, no país de destino, desce significativamente, atingindo um limite mínimo considerado pouco atractivo, é que a imigração cessa. Por sua vez, neste mesmo modelo mecânico, uma imigração limitada, isto é, com a existência de mecanismos restritivos à entrada de imigrantes, produziria os mesmos efeitos, porém estes seriam mais atenuados. Mas, o que estas últimas teorias vieram afirmar foi que outros factores *push-pull*, que não apenas os de natureza económica – salários e emprego –, ligados a questões de natureza institucional, nomeadamente os que dizem respeito às possibilidades de acesso ao mercado de trabalho, também influenciam fortemente a decisão de migrar.

A presença de estrangeiros num determinado território levanta inúmeras questões (algumas de difícil resposta), e num tempo em que a economia assume um papel de supremacia, as de natureza económica revestem uma particular atenção, designadamente, a de saber se a imigração contribui de forma positiva para a economia do país de destino. No âmbito do presente trabalho atenderemos aos seus efeitos ao nível do emprego/desemprego, salários e custos sociais.

2.1. Efeitos no emprego/desemprego

A existência de estudos econométricos sobre o impacto da imigração na economia europeia é bastante mais recente que na biblio-

---

pouco qualificada e mal remunerada, *vide* BRUNO CARUSO, «Immigration policies in southern Europe: more state less market?» in VV. *The labour law in a era of globalization*, Oxford: Oxford University Press, 2002, pp. 309 ss.

[36] JOÃO PEIXOTO, *As teorias explicativas...*, ob. cit., p. 23.

grafia norte-americana, neles se assumindo, inclusivamente, alguns dos entendimentos vindos do outro lado do Atlântico[37].

É, hoje, comummente, aceite pela doutrina que a chegada de um grande número de imigrantes produz alterações, de relevo, no funcionamento do mercado de trabalho, em particular na oferta de mão-de--obra no país de acolhimento. Essas alterações ocorrem quanto ao volume – quanto mais liberais forem as leis de entrada e permanência no território, tanto maior será a oferta de força de trabalho, pelo contrário, quanto maiores forem as restrições menor será a oferta – e quanto à estrutura – a maioria dos imigrantes possui uma formação académica e profissional inferior à dos cidadãos nacionais, pelo que quanto maior for a imigração, maior será a oferta de mão-de-obra pouco ou nada qualificada[38].

A ideia generalizada de que a imigração contribuirá para uma diminuição do emprego ao dispor dos cidadãos nacionais, uma vez que esses lugares serão ocupados por trabalhadores imigrantes, dispostos a trabalhar por salários mais baixos, não tem tradução nos estudos realizados. Esta ideia parte da concepção de um modelo de economia fechada, na qual o número de empregos à disposição no mercado é invariável e, como tal, a vinda, sem quaisquer restrições de cidadãos estrangeiros implicaria, forçosamente, a redução dos lugares disponíveis para serem ocupados pelos autóctones.

Um maior acesso de pessoas, por força de uma imigração em massa, a um dado mercado de trabalho tem como consequência imediata o aumento da oferta de mão-de-obra. Ora, os efeitos da modificação da oferta, quanto ao seu volume, dependem, essencialmente, da natureza dos rendimentos ao nível da economia. Se estivermos perante rendimentos constantes, a economia muda de escala e a produtividade dos factores, e naturalmente o preço dos salários, permanece inalterável com esse aumento de mão-de-obra. Se em causa estiverem rendimentos decrescentes e, portanto, na presença de factores não reprodutíveis, a produtividade diminui com o nível de emprego e os salários baixam. Por fim, se se tratarem de rendimentos crescentes, e, por conseguinte, estarmos na presença de indivisibilidades, a produtividade aumenta com o nível de emprego e os salários também[39].

---

[37] ANDRÉ CORRÊA DE ALMEIDA, *Impacto da imigração em Portugal nas contas do Estado*, Observatório da imigração, ACIME, Lisboa, 2003, p. 88.

[38] H. JAYET, «*L'immigration...*», ob. cit., p. 580.

[39] *Ibidem*.

Por sua vez, quanto aos efeitos da modificação da oferta, ao nível da sua estrutura, os efeitos de um aumento de mão-de-obra, em particular de mão-de-obra pouco qualificada, dependem do grau de substitucionalidade ou de complementaridade entre a mão-de-obra estrangeira e a nacional[40].

Nesta matéria – a posição que a mão-de-obra nacional e estrangeira ocupa no mercado de trabalho – existem diversos ângulos de análise. O primeiro deles é a *tese da substitucionalidade*, que preconiza a exequibilidade da troca entre a mão-de-obra nacional e migrante. As premissas deste raciocínio são as seguintes: uma, a homogeneidade daquelas duas categorias de mão-de-obra, outra, que ambas se destinam a realizar o mesmo tipo de trabalho. Assim, quando a procura de mão-de-obra excedesse a oferta, esta seria equilibrada através do recurso à imigração. Pelo contrário, quando a oferta ultrapassasse a procura substituir-se-ia a mão-de-obra estrangeira pela nacional. Por outras palavras, o recurso à imigração, como mão-de-obra suplementar, assumiria uma função amortecedora, a qual seria utilizada de acordo com as necessidades do mercado em cada momento: em fase de crescimento incentiva-se o recrutamento de trabalhadores migrantes, em fase de recessão diminui-se, adoptando-se políticas restritivas[41].

Apesar desta função amortecedora da imigração conferir às economias elasticidade suficiente para proporcionar o equilíbrio do mercado de trabalho, ajustando a proporção dos factores de produção, de acordo com a conjuntura económica, esta tese encerra em si uma falácia, não só porque parece esquecer que numa economia aberta, como são as actuais, o trabalho não é um factor de produção homogéneo e que o mercado de trabalho se encontra bastante fragmentado, especialmente o europeu, o que faz com que trabalhadores migrantes e nacionais não estejam numa relação de concorrência directa.

---

[40] Nesta medida, e tendo como base um modelo de economia fechada e de curto prazo, o aumento da oferta de trabalho, por força da imigração, num determinado sector da economia provocaria uma diminuição do preço do factor trabalho (salários) considerado perfeitamente substituível por força de trabalho migrante, e a um aumento do preço do mesmo, quando os factores de produção em causa são complementares, ou seja, os salários do trabalhadores nacionais aumentaria por força da entrada no mercado de mão-de-obra estrangeira complementar, que ocupando os empregos mais mal remunerados permitiriam aos nacionais, em regra com uma maior formação e qualificação candidatar-se a empregos hierarquicamente superiores.

[41] EDUARDO DE SOUSA FERREIRA *et al.*, *Viagens de Ulisses..., ob. cit.*, p. 44; dos mesmos autores ver também *Economia e imigrantes – contribuição dos imigrantes para a economia portuguesa*, Editora Celta, Oeiras, 2000, p. 8.

Uma segunda perspectiva é dada pela *tese da complementariedade* da mão-de-obra nacional e estrangeira, pelo que o posicionamento dos imigrantes no mercado de trabalho do país de destino não é aleatório, se não que ocupam, tendencialmente, as categorias mais baixas da hierarquia profissional, naturalmente, pior remuneradas e socialmente menos prestigiadas, e, por isso, consideradas pouco atractivas pelos nacionais[42]. Esta abordagem, se é certo ser mais realista que a anterior, não é menos verdade que revela alguma debilidade ao não aquilatar, na exacta medida, as características estruturais do mercado.

Por fim, temos a *teoria da segmentação do mercado de trabalho*, oriunda dos Estado Unidos, a qual preconiza o carácter dual das economias pós-industriais, as quais gerariam uma procura de trabalho migrante, de tal modo que a migração internacional procura responder às variações da procura de mão-de-obra do que às alterações dos níveis salariais, como defendia o pensamento neo-clássico. Este modelo tem como pressuposto a divisão do mercado de trabalho global em mercado primário e mercado secundário[43]. No primeiro, encontram-se os denominados *good jobs*, que têm como denominador comum a estabilidade: das carreiras profissionais (com possibilidades de promoção), dos rendimentos (em geral elevados e sujeitos a pequenas flutuações cíclicas) e boas condições de trabalho. Pelo contrário, os *bad jobs* (segmento secundário do mercado de trabalho) pautam-se por uma grande precariedade quanto ao vínculo laboral (predominância de contratos a termo), o que dificulta as possibilidades de promoção e aumenta as hipóteses de desemprego, e são, em geral mal remunerados. Ora, é precisamente para este último segmento de mercado que é canalizada a grande parte da mão-de-obra imigrante, a qual entra em concorrência directa com alguma mão-de-obra nacional que, por não ter também suficiente formação profissional, não tem lugar no segmento primário.

---

[42] Alguns estudos empíricos realizados em Portugal revelam-nos que os grupos profissionais que absorvem uma maior quantidade de imigrantes são precisamente aqueles que não necessitam de uma grande formação técnica e profissional, a saber, trabalhadores não qualificados e operários, artífices e trabalhadores similares, com 37% e 31%, respectivamente, *vide* E. SOUSA FERREIRA *et al.*, *Viagens de Ulisses...*, *ob. cit.*, p. 74.

[43] Como bem refere E. Sousa Ferreira o mercado de trabalho, na realidade, é composto por mais do que dois segmentos, porém para efeitos de explanação de argumentos teóricos uma explicitação dualista mostra-se suficiente, v. E. SOUSA FERREIRA *et al.*, *Viagens de Ulisses...*, *ob. cit.*, p. 45.

Porém, as recentes vagas de imigração provenientes do Leste europeu, compostas por mão-de-obra mais qualificada revelam-nos que, apesar da sua maior formação académica e profissional, inclusive quando colocados numa relação de comparação directa com os nacionais, os imigrantes continuam a ser inseridos, maioritariamente, no segmento secundário do mercado de trabalho.

Estas considerações teóricas são confirmadas por alguns dados estatísticos do Eurostat, os quais nos revelam, por um lado, a existência de uma baixa taxa de empregabilidade de estrangeiros no sector primário (agricultura), não ultrapassando os 3% na Alemanha, Bélgica, França, Holanda, Luxemburgo e Reino Unido e, por outro, a elevada presença de trabalhadores migrantes no sector terciário (serviços), em particular, na construção civil, hotelaria e restauração, tornando-se no principal sector de emprego de estrangeiros em praticamente todos os países comunitários[44]. Este fenómeno da *terciarização do emprego* assume uma tal importância nas economias dos países europeus de destino que, mesmo em ciclos de crise e de um aumento do desemprego total, a presença de trabalhadores migrantes nestes sectores de actividade mantém-se elevada, revelando, assim, uma dependência estrutural do sistema produtivo em relação a esta mão-de-obra.

Os estudos empíricos realizados, a maioria deles tendo como universo de amostra o mercado de trabalho norte-americano, não provam a relação causa-efeito entre a imigração e o aumento do desemprego[45]. Na Europa, os resultados não são categóricos, pois, e tomando em conta dados relativos à Alemanha e à Áustria – enquanto países comunitários que mais imigrantes do leste europeu recebem – concluem certos autores que o aumento destes imigrantes no mercado austríaco acarretará um impacto negativo no crescimento do emprego dos nacionais e dos salários, por sua vez, na Alemanha, esse impacto negativo não se sentirá[46].

O fenómeno migratório, a avaliar pelos estudos existentes, parece não agravar o desemprego na União Europeia. O que constitui, sim, um dado concludente é a maior vulnerabilidade dos cidadãos estran-

---

[44] Estes dados foram retirados de ANNE DE RUGBY, *Dimensão económica...*, *ob. cit.*, pp. 16 e 60.

[45] R. PAMPILLÓN OLMEDO «A transferência..., *ob. cit.*, p. 202.

[46] M. HERRADOR MORALES, «A imigração dos países....», *ob. cit.*, p. 169, citando um estudo de Winter-Ebmer e Zimmermann (1998). Sobre este assunto vide *infra* pp. 19 ss.

geiros, em particulares as mulheres, ao desemprego que os nacionais, apresentando aqueles taxas de desemprego mais elevadas em praticamente todos os países europeus de destino[47].

Poder-se-ia tentar estabelecer, através de juízos comparativos, uma relação entre o aumento do desemprego e a imigração. O primeiro desses juízos seria através da análise comparativa da percentagem de trabalhadores estrangeiros na população activa total com a taxa de desemprego nos diversos países europeus. Porém, este método não é idóneo, porquanto países como o Luxemburgo ou a Suiça, com elevada percentagem de estrangeiros na população activa são, igualmente, aqueles que apresentam taxas de desemprego mais baixas. Por sua vez, países com significativas taxas de desemprego, como Portugal, têm uma menor percentagem de imigrantes na sua população activa[48].

Outra forma possível seria através da comparação entre os fluxos de entrada de estrangeiros e a evolução do desemprego. Sem embargo, também este meio se revela inconclusivo, uma vez que em períodos em que se verificaram significativos fluxos migratórios (designadamente, de 1984 a 1989 e de 1990 a 1995) em países como a Alemanha, com uma média de entradas anuais na ordem dos 9,2%, simultaneamente, verificou-se uma variação mínima, para cima, na taxa de desemprego (0,5 pontos, de 7,6%, em 1984-89 para 8,1% em 1990--95)[49]. No lado contrário, temos a Noruega, cujos fluxos de entrada diminuíram 0,8% e a taxa de desemprego entre os dois períodos subiu dos 3% para os 5,5%.

---

[47] Excepção feita ao Luxemburgo e à França, esta última com uma taxa de desemprego dos imigrantes portugueses aí residentes (9,8%) inferior à dos nacionais (10,3%), vide H. JAYET, «L' immigration...», ob. cit., p. 571. Ver também, JOSÉ PALMA RITA, «Imigração económica e competitividade», Imigração e Mercado de Trabalho, Cadernos de Sociedade e Trabalho, n.º 2, MSST/DEPP, Lisboa, 2002, pp. 46-47. O desemprego é mais acentuado na população feminina do que na masculina, quer quanto aos trabalhadores nacionais, quer quanto aos estrangeiros. Sendo certo que entre estes últimos essa diferença é muito maior.

[48] ANNE DE RUGBY, Dimensão económica..., ob. cit., pp. 22 e 62.

[49] Nos EUA, que nesse período conheceu um aumento de 3,2% de entradas de anuais de estrangeiros, não houve qualquer variação, mantendo-se a taxa de desemprego nos 6,4%. Se compararmos os EUA com a Suiça, países que verificaram um aumento dos fluxos de entrada na ordem dos 3%, constata-se que no primeiro o desemprego estagna, mantendo a taxa de 6,4%, e no segundo aumenta, passando dos 0,7% para os 2,9%, o que continua a constituir um baixa taxa de desemprego. Estes dados foram retirados de ANNE DE RUGBY, Idem, pp. 22 e 63.

Em súmula, apesar de os imigrantes serem mais vulneráveis às crises económicas e ao eventual desemprego delas decorrente, comparativamente com os cidadãos nacionais, não é possível, cabalmente, estabelecer uma conexão simples entre a imigração e o desemprego.

Paralelamente, o fenómeno migratório é ele próprio uma fonte de criação de emprego, ao originar uma procura de bens e serviços produzidos no país de destino. O imigrante, para além de produtor, é também um consumidor contribuindo, assim, para o aumento do PIB do país que o acolhe, dando trabalho (e rendimentos) aos que produzem e distribuem bens de consumo, bens duradoiros ou serviços. À volta deste fenómeno criam-se novos serviços, *maxime* aqueles que são prestados por bancos, contabilistas, juristas, intérpretes, etc. Esta procura gera, por isso, novos empregos que por serem, na generalidade, de difícil acesso aos estrangeiros, são exercidos por nacionais.

Por último, há a realçar a elevada propensão dos imigrantes para a poupança que, mesmo nas situações em que o imigrante decide fixar-se definitivamente no país de destino, continua a ser superior à dos nacionais. Exemplo disso é a regularidade da remessa de divisas que este fazem para os seus países de origem, não só por terem imigrado sozinho deixando aí as suas famílias, como também ressalvam sempre a possibilidade de retorno, pretendo realizar investimentos nos seus países[50].

---

[50] A imigração também produz consequências ao nível dos países de origem, sendo duas as principais, a saber: a remessa de divisas e a "fuga de cérebros". Quanto à primeira, se por um lado, as remessas de divisas ou pequenos investimentos, como a compra de propriedades pelos emigrantes, correspondem a uma decisão pessoal, a verdade, porém, é que tal não deixa de ter repercussões macro-económicas, sobretudo, se multiplicarmos estas decisões individuais por milhares de decisões idênticas. Tanto assim é que, a remessa de divisas pode tornar-se numa das principais fontes de receita do país exportador e na principal fonte de entrada de moeda estrangeira (investimento estrangeiro), ajudando, deste modo, a equilibrar a balança de pagamentos. Muitos destes estados utilizam as remessas de dinheiro dos emigrantes como garantia para contrair empréstimos internacionais. Como salienta Alejandro Portes, esta constitui a razão fundamental para uma nova visão do emigrante por parte dos seus países de destino, procurando adoptar legislações que favoreçam a aquisição da dupla nacionalidade, de modo a perdurar e fortalecer os laços e, assim, incentivar as remessas e os investimentos estrangeiros. Em termos micro-económicos, a remessa de divisas tem igualmente efeitos, permitindo uma melhoria das condições das famílias, *vide* ALEJANDRO PORTES, «Convergências teóricas e dados empíricos no estudo do transnacionalismo imigrante», *Revista Crítica de Ciências Sociais*, n.º 69, Outubro 2004, pp. 77-78. A fuga dos cérebros é o outro lado das migrações internacionais, cujas consequências podem revelar-se bastante prejudiciais para os países de origem, não só porque estes

2.2. Efeitos nos salários

Outro dos efeitos das migrações no mercado de trabalho do país de destino faz-se sentir ao nível dos salários. O custo da mão-de-obra estrangeira é, na sua generalidade, mais baixo que o da nacional, pelo que os salários pagos aos imigrantes são, em regra, mais baixos. São duas as razões apontadas, a saber: por um lado, este tipo de mão-de--obra implica, para o país de acolhimento custos sociais de reprodução relativamente baixos, não só porque as despesas com a formação e desenvolvimento do imigrante ficaram a cargo do país da nacionalidade até ao momento da partida, como também outros eventuais custos sociais resultantes de situações de incapacidade do imigrantes ou seus familiares, ou outro tipo de prestações familiares, ficaram a cargo do Estado de origem. Por outras palavras, o custo social de um trabalhador é, em média, tanto mais alto quanto mais elevada for a taxa de dependência dos respectivos familiares ou pessoas que tenha a seu cargo, isto é, quanto menor for a taxa de activos. Ora os imigrantes, globalmente, apresentam taxas de actividade muito elevadas. O retrato imigrante corresponde, ainda, de uma maneira geral, a um homem, entre os vinte e os quarenta anos, que quase sempre imigra sozinho. Mas, mesmo quando vem com a mulher esta também já trabalha ou rapidamente encontra trabalho. Daí que entre aqueles que chegam apenas uma minoria são idosos. Por outras palavras, os imigrantes apresentam uma taxa elevada de activos, pelo que, os custos sociais de reprodução são mais baixos do que nos trabalhadores nacionais.

Por outro lado, verifica-se, por parte dos empregadores, uma preferência pela contratação de trabalhadores estrangeiros não especiali-

---

estados não vêem retorno do investimento feito na educação e formação dos seus emigrantes qualificados, bem como através da perda (ou do não ganho) de receitas fiscais futuras provenientes de impostos, sobre o rendimento ou sobre o consumo, que estes pagariam se permanecessem no país. Contudo, nos últimos tempos tem-se assistido a uma atenuação deste fenómeno, com o regresso de muitos dos emigrantes qualificados, seja por que se assistiu a um progresso técnico e científico nos países exportadores, seja pelo facto de a nova organização internacional do trabalho permitir que muitas empresas se instalem em países em desenvolvimento ou prever novas formas de trabalho, como o teletrabalho, possibilitando que se trabalhe para uma multinacional sedeada em Londres a partir de um computador instalado em Nova Deli. A Índia, país tradicionalmente exportador de mão-de-obra altamente qualificada, absorvida sobretudo pelos Estados Unidos, tem, nos últimos anos conseguido, por força de investimentos estrangeiros, fixar alguma dessa mão-de-obra no seu território, vide R. PAMPILLÓN OLMEDO, "A transferência...", ob. cit., pp. 199-200; UNITED NATIONS, *World Economic and Social Survey...*, ob. cit., pp. 97ss.

zados que aceitam trabalhar por baixo salários. A emigração está intimamente ligada a um fenómeno de *exportação de pobreza*, é dela que muitos procuram fugir, pelo que apesar de o trabalhador imigrante ser, quase sempre, mais mal pago que os trabalhadores nacionais, também, quase sempre, esses rendimentos são superiores quando comparados com os padrões salariais do seu país de origem. Tendo, ainda, em conta que a categoria de trabalhador não especializado é difícil de especificar, os empregadores optam por criar categorias profissionais especiais, como a figura do ajudante, as quais são pagas abaixo do salário legalmente estabelecido para a categoria profissional correspondente à actividade exercida. Esta prática é justificada pela falta de qualificação profissional do imigrante, a qual se mantém, efectivamente, durante todo o tempo de actividade no país de acolhimento, justificando (e prolongando) a prática de uma diferenciação salarial em desfavor do imigrante[51].

Da observação desta realidade divulgou-se a ideia de que a presença de trabalhadores migrantes trava a subida dos salários reais no país de acolhimento. Porém esta *tese do efeito travão da imigração nos salários* parte do conceptualismo neo-clássico de mercado, isto é, da ideia de um mercado fechado, de concorrência perfeita e que todo o trabalho prestado, tanto por migrantes como por nacionais, é homogéneo. Ora, e como já se disse oportunamente, nas actuais economias o mercado está segmentado em pequenos mercados ou sectores que não estão em concorrência entre si. Acresce ainda que os estudos realizados, tanto nos Estados Unidos como na Europa não confirmam de forma cabal esta teoria, revelando que o impacto da imigração no decréscimo dos salários é moderado. Há a salientar o relatório Boeri e Brücker (2000), o qual procurou estudar o efeito da imigração de leste nos salários alemães e austríacos. Concluiu-se, através da interpretação das estimativas como variáveis que, na Alemanha, um aumento de 1% de trabalhadores migrantes numa dada indústria provoca uma redução salarial de 0,6%, nessa indústria e de 1,6%, tratando-se de trabalhadores não qualificados; na Áustria semelhante aumento de imigrantes origina diminuições salariais de 0,3% e 0,4%, respectivamente (tabela 4)[52]. Outros autores defendem que a entrada de imigrantes no mercado de trabalho terá sempre uma relevância diminuta na

---

[51] E. SOUSA FERREIRA, *et. al.*, *Viagens de Ulisses...*, ob.cit., p. 49 ss.
[52] Estes dados foram retirados de M. HERRADOR MORALES, «A imigração dos países da Europa Central e de Leste para a EU», *in Imigração...*, *ob. cit.*, pp. 169-170.

variação dos salários dos trabalhadores nacionais, estimando que um aumento de 10% de imigrantes poderá ter um impacto, positivo ou negativo, nos salários sempre inferior a 0,5%, avançando com a fragmentação do mercado de trabalho e a especificidade das tarefas realizadas pelos imigrantes no sistema produtivo para explicar este papel diminuto da imigração na variação dos níveis salariais[53].

Deve, ainda, ter-se em conta que, por força daquilo a que já se chamou a *balcanização dos mercados de trabalho* – que mais não significa do que a sua fragmentação ou segmentação – os trabalhadores migrantes vêm responder a uma procura sentida no mercado de mão-de-obra para trabalhos pouco especializados e remunerados, permitindo aos trabalhadores nacionais, com maiores qualificações, ascender a outros lugares na hierarquia profissional e melhor remunerados. A este propósito Borjas introduziu o conceito de *immigration surplus* para significar, justamente, a ascensão profissional e salarial dos nacionais por força da imigração, ou se se preferir, para dizer que os imigrantes apenas receberão uma pequena parte, daquilo que os nacionais recebem, da riqueza que ajudaram a criar[54].

2.3. Despesas sociais

Uma outra dimensão do impacto económico da imigração nos países de destino é o dos seus efeitos nas finanças públicas, isto é, quais os custos líquidos dos imigrantes nas contas do estado, nomeadamente qual o seu peso nos sistemas de segurança social, educação, saúde e se este é compensado pelas receitas fiscais que eles geram.

A maioria dos imigrantes viajam sozinhos, estão em plena idade adulta e tiveram toda a sua formação escolar no país de origem, pelo que as despesas a cargo dos estados que os recebem com a sua educação e saúde serão sempre menores do que aquelas que têm com os nacionais.

Apesar da difícil avaliação do efeito líquido da imigração, os estudos existentes sobre esta matéria apontam no sentido de o valor dos impostos pagos pelos imigrantes serem superiores ao das prestações sociais de que são beneficiários. Um estudo relativamente recente sobre o impacto da imigração, em Portugal e em Espanha, nas respectivas contas públicas permite-nos retirar duas conclusões: primeira, o

---

[53] ANNE DE RUGBY, *Dimensão...*, ob. cit., p. 18.
[54] *Vide* H. JAYET, «L'immigration...», ob. cit., p. 581.

valor médio das receitas/despesas que cada imigrante representou para o estado português e espanhol foi positivo, de 323.605,900 Euros (respeitante ao ano de 2001), para Portugal, e de 1.124.268,039 Euros, para Espanha (relativamente ao ano de 1998)[55]. Segunda, uma elevada percentagem de transferências de divisas para os países de origem, explicada por uma frágil integração do imigrante no país de destino e pelo facto de a família do imigrante continuar a residir no país de origem.

Capítulo 3 – A imigração e política da União Europeia

1. Considerações gerais

A imigração não é, por tradição, uma matéria comunitarizada, continuando, portanto, a ser um privilégio dos Estados-membros edificar as suas próprias políticas nacionais de imigração. É posição da União Europeia não legislar demasiado em matéria de integração de imigrantes, uma vez que esta, em seu entender, deve ser da iniciativa dos Estados-membros.

O Tratado de Maastrich (1992) constituiu o primeiro passo, embora tímido, no tratamento comunitário da imigração e asilo, estabelecendo que tais matérias serão tratadas no âmbito da União Europeia e incluindo-as no terceiro pilar da União – os assuntos internos e justiça. Porém, foi apenas com o Tratado de Amesterdão (1999) que esta matéria passou a ser da competência comunitária, com a sua inclusão no pilar comunitário[56].

Em Outubro de 1999 teve lugar o Conselho europeu extraordinário ou a Cimeira de Tampere (Finlândia), o qual impulsionou fortemente a política comunitária nesta matéria no sentido de estabelecer uma gestão mais eficaz dos fluxos migratórios, no sentido de um

---

[55] Vide A. CORRÊA D'ALMEIDA, *Impacto da imigração...*, ob. cit., pp. 28-29.

[56] O Tratado de Amesterdão introduz no Tratado de Roma o Título IV sobre vistos, imigração, asilo e outras políticas relativas à liberdade de circulação de pessoas. Durante os primeiros cinco anos de vigência do Tratado, isto é, até Maio de 2004, as decisões eram tomadas pelo Conselho por unanimidade, sem a participação do Parlamento Europeu. Vide ARTURO JOHN, *Family Reunification for migrantes and refugees: a forgotten human right?*, in http://www.fd.uc.pt/hrc/working_papers/arturojohn.pdf, acedido em 28 de Março de 2005.

combate global e eficaz à imigração ilegal, através de um controlo comum das fronteiras exteriores e de uma política comum de vistos. No âmbito desta Cimeira, a Comissão Europeia definiu as suas linhas de actuação, desenvolvendo um vasto trabalho de apresentação de propostas. Ora, a primeira dessas proposta, de Dezembro de 1999, debruçou-se, precisamente, sobre o reagrupamento familiar, cujo processo negocial demorou quatro anos, culminando na adopção da Directiva 2003/86/CE, de 22.09.2003, do Conselho, e sobre a qual explanaremos algumas considerações, ainda que lacónicas[57].

2. O reagrupamento familiar

O reagrupamento familiar e o asilo são, porventura, as únicas vias legais de entrada de estrangeiros na União Europeia, não sendo, por isso, de estranhar, constituírem, em matéria de migração, os únicos assuntos comunitarizados. Cerca de três quartos dos fluxos de entrada em território europeu são constituídos por familiares, donde se inclui, cônjuges, filhos e ascendentes.

Enquanto mecanismo regulador das migrações, o reagrupamento familiar é, no seio da União Europeia, um mecanismo relativamente recente. Em 22 de Setembro de 2003 é adoptada pelo Conselho a Directiva 2003/86/CE[58], a qual estabelece uma política comum em matéria de reagrupamento familiar, através do estabelecimento das condições em que os nacionais de países terceiros, que residem legalmente no território de algum Estado-membro, podem exercer o direito ao reagrupamento familiar (art. 1º da Directiva). Deve ressalta-se desde já que a Dinamarca, a Irlanda e o Reino Unido, no seguimento da sua política de *opting-out*, não adoptaram esta directiva, pelo que ela, naturalmente não se aplica a estes estados.

Os Estados-membros, por força do artigo 4º, são obrigados a permitir a entrada do cônjuge e filhos menores de 18 anos, e desde

---

[57] Acontecimentos como o 11 de Setembro vieram reforçar estes objectivos saídos da Cimeira de Tempere, direccionando agora a estratégia comunitária no combate à imigração ilegal, quer impedido a sua entrada no espaço europeu, quer através da expulsão de todos aqueles que se encontrem em situação irregular. Para mais pormenores sobre a linha de acção da União Europeia, em matéria de imigração ilegal, *vide* http://europa.eu.int/comm/justice_home/fsj/immigration/illegal/fsj_immigration_illegal_en.htm.

[58] JO L 251/12, de 3.10.2003.

que não sejam casados, por outras palavras, o reagrupamento familiar deve aplicar-se aos membros da família nuclear. Parece-nos que, para efeitos de reagrupamento ou reunião, o conceito de família utilizado por esta directiva é bastante restrito, quando comparado, inclusivamente, com a maioria das legislações nacionais dos Estados-membros.

Está, por sua vez, na disponibilidade dos Estados-membros decidir sobre a extensão do reagrupamento familiar aos ascendentes em linha directa, aos filhos maiores solteiros, ao companheiro unido de facto, desde que faça prova dessa união. Para tal, é necessário que o reagrupante tenha na sua posse uma autorização de residência num qualquer Estado-membro por um período não inferior a um ano e tenha uma expectativa fundada de obter o direito à residência permanente nesse mesmo Estado-membro (art.3º, n.º1).

Quando o imigrante extra-comunitário requer o reagrupamento deverá fazer prova da posse de um alojamento considerado normal para uma família comparável na mesma região; de um seguro de doença contra todos os riscos para si e a sua família; um atestado de boa saúde e, ainda, recursos fixos e regulares suficientes para o seu sustento e da sua família, sem que tenha necessidade de recorrer ao sistema de segurança social (art. 7º, n.º1). Para além destes requisitos gerais, os Estados-membros podem exigir ao reagrupante o cumprimento de outras "medidas de integração, nos termos da lei nacional" (art. 7º, n.º2).

Existe a possibilidade de os Estados-membros, invocando razões de ordem pública, segurança pública ou saúde pública, recusarem a entrada e, consequentemente, a residência de alguns membros da família daquele que solicita o reagrupamento (art.6º), ou a de limitarem o direito ao reagrupamento familiar dos filhos com idade superior a 12 anos, quando a sua residência principal é diferente da do reagrupante (art.4º).

Por último, importa que referir que relativamente aos refugiados a directiva prevê condições mais favoráveis para o exercício do direito ao reagrupamento familiar, previsto no capítulo V da directiva (art. 9º e ss.).

Bibliografia

AA.VV., *Imigração e Mercado de Trabalho*, Cadernos de Sociedade e Trabalho, n.º 2, MSST/DEPP, Lisboa, 2002.
AA.VV, *Eastern European Migrations*, EUI Working Paper ECS, n.º 92/7, European University Institute: Florence, 1992.

ALMEIDA, André Corrêa de, *Impacto da imigração em Portugal nas contas do Estado*, Observatório da imigração, ACIME, Lisboa, 2003.

BRUNO CARUSO, «Immigration policies in southern Europe: more state less market?» in VV. *The labour law in a era of globalization*, Oxford: Oxford University Press, 2002, pp. 299-319.

COLLINSON, Sara, *Globalisation and the dynamics of international migration: implications for the refugee regime*, in New Issues in Refugee Research, United Nations High Commissioner for Refugees, Working Paper n.º 1, *in* http://www.unhcr.ch/cgibin/texis/vtx/home/twwBmetmJ69wwwwhFqo20I0E2gl tFqoGn5nwGqrAFqo20I0E2glcFqd5wGwaqdccoD5dDDzmxwww/opendoc.pdf.

FERREIRA, Eduardo de Sousa, *et al.*, *Viagens de Ulisses: efeitos da imigração na economia portuguesa*, Observatório da imigração, ACIME, Lisboa, 2004.

____, *Economia e imigrantes – contribuição dos imigrantes para a economia portuguesa*, Editora Celta, Oeiras, 2000.

GARSON, Jean-Pierre, «L'Europe et les migrations de 1950 à nos jours: mutations et enjeux», *The economics and social aspects of immigration*, Conferência organizada pela Comissão Europeia e a OCDE, Bruxelas, 21-22 de Janeiro de 2003, *in* http://www.oecd.org/dataoecd/2/19/15923784.pdf.

GUENGANT, Jean-Pierre «Quel lien entre migrations internationales et développement?», CERAS, *Migrations et frontières*, n.º 272, hiver 2002, Projet, Publications, *in* http://www.ceras-projet.com/lodel/document.php?id=956.

HABERMAS, Jürgen, *Facticidad y validez, Sobre el derecho y el estado democrático de derecho en términos de teoría del discurso* (tradução ao espanhol Manuel Jiménez Redondo), 3.ª edición, Ed. Trotta, Madrid, 2001.

HERRADOR MORALES, María del Mar, «A imigração dos países da Europa Central e de Leste para a EU», *in Imigração e Mercado de Trabalho*, Cadernos de Sociedade e Trabalho, n.º 2, MSST/DEPP, Lisboa, 2002, pp. 161-175.

JACINTO, José Luís Moura, «As migrações e as relações internacionais», *Revista Portuguesa de Instituições Internacionais e Comunitárias*, ISCSP, n.º 4, 2º semestre, Lisboa, 2002, pp. 127-165.

JAYET, Hubert, *et al.*, «L'immigration: quels effets économiques?» *Revue de Économie Politique*, Paris: Sirey, n.º 4, 2001, pp. 565-596.

JOHN, Arturo, *Family Reunification for migrantes and refugees: a forgotten human right?*, *in* http://www.fd.uc.pt/hrc/working_papers/arturojohn.pdf.

MASSEY, Douglas, *et al.*, *The World in motion*, Oxford University Press, 1998.

PAMPILLÓN OLMEDO, Rafael «A transferência internacional de mão-de-obra», *in Imigração e Mercado de Trabalho*, Cadernos de Sociedade e Trabalho, n.º 2, MSST/DEPP, Lisboa, 2002, pp. 191-203.

PEIXOTO, João «As Teorias Explicativas das Migrações: Teorias Micro e Macro-Sociológicas», SOCIUS Working Papers, ISEG, Universidade Técnica de Lisboa, n.º 11/2004.

PORTES, Alejandro, «Convergências teóricas e dados empíricos no estudo do transnacionalismo imigrante», *Revista Crítica de Ciências Sociais*, n.º69, Outubro 2004.

PORTO, Manuel Lopes, *Economia – Um texto introdutório*, Almedina, 2ª edição, Coimbra, 2004.

RITA, José Palma, «Imigração económica e competitividade», *Imigração e Mercado de Trabalho*, Cadernos de Sociedade e Trabalho, n.º 2, MSST/DEPP, Lisboa, 2002.

Rugby, Anne de, *Dimensão Económica e Demográfica das Migrações na Europa Multicultural*, Celta Editora: Oeiras, 2000.

Simon, Gildas, «Penser globalement les migrations», CERAS, *Migrations et frontières*, n.º 272, hiver 2002, 2002, Projet, Publications, in http://www.ceras-projet.com/lodel/document.php?id=940.

Tapinos, George, «L'immigration en Europe et l'avenir des populations étrangères», *Revue Problèmes Economiques*, n.º 2.329, de 9.06.1993, pp. 14-21

United Nations, *World Economic and Social Survey 2004 – Part II: International Migration*, in www.un.org/esa/policy/wess/index.html

ANEXO

Tabela 1 – Total de imigrantes em alguns países da OCDE
Milhares e percentagem

Países da OCDE	1998	1993	1994	1995	1996	1997	1998	1999	2001	2002
Áustria	623,0	689,6	713,5	723,5	728,2	732,7	737,3	748,2	757,9	764,3
% total população	7,9	8,6	8,9	9,0	9,0	9,1	9,1	9,2	9,3	9,4
Bélgica	909,3	920,6	922,3	909,8	911,9	903,2	892,0	897,1	861,7	846,7
% total população	9,0	9,1	9,1	9,0	9,0	8,9	8,7	8,8	8,4	8,2
República Checa	41,2	77,7	103,7	158,6	198,6	209,8	219,8	228,9	201,0	210,8
% total população	0,4	0,8	1,0	1,5	1,9	2,0	2,1	2,2	1,9	2,0
Dinamarca	180,1	189,0	196,7	222,7	237,7	249,6	256,3	259,4	258,6	266,7
% total população	3,5	3,6	3,8	4,2	4,7	4,7	4,8	4,9	4,8	5,0
Finlândia	46,3	55,6	62,0	68,6	73,8	80,6	85,1	87,7	91,1	98,6
% total população	0,9	1,1	1,2	1,3	1,4	1,6	1,6	1,7	1,8	1,9
França	..	..	..	..	..	..	..	3 263,2	..	..
% total população	..	..	..	..	..	..	..	5,6	..	..
Alemanha	6 495,8	6 878,1	6 990,5	7 173,9	7 314,0	7 365,8	7 319,5	7 343,6	7 296,8	7 318,6
% total população	8,0	8,5	8,6	8,8	8,9	9,0	8,9	8,9	8,9	8,9
Grécia	..	..	..	..	..	..	..	..	..	762,2
% total população	..	..	..	..	..	..	..	..	..	7,0
Hungria	..	..	137,9	139,9	142,5	143,8	..	127,0	110,0	116,4
% total população	..	..	1,3	1,4	1,4	1,4	..	1,2	1,1	1,1
Irlanda	94,9	89,9	91,1	96,1	118,0	114,4	111,0	117,8	126,5	151,4
% total população	2,7	2,7	2,7	2,7	3,2	3,1	3,0	3,2	3,3	3,9
Itália	925,2	987,4	922,7	991,4	1 095,6	1 240,7	1 250,2	1 252,0	1 388,2	1 362,6
% total população	1,6	1,7	1,6	1,7	2,0	2,1	2,1	2,2	2,4	2,4
Japão	1 281,6	1 320,7	1 354,0	1 362,4	1 415,1	1 482,7	1 512,1	1 556,1	1 686,4	1 778,5
% total população	1,0	1,1	1,1	1,1	1,1	1,2	1,2	1,2	1,3	1,4
Coreia	55,8	66,7	84,9	110,0	148,7	176,9	147,9	169,0	210,2	229,6
% total população	0,1	0,2	0,2	0,2	0,3	0,3	0,3	0,4	0,4	0,5
Luxemburgo	122,7	127,6	132,5	138,1	142,8	147,7	152,9	159,4	164,7	166,7
% total população	31,0	31,8	32,6	33,4	34,1	34,9	35,6	36,0	37,3	37,5
Holanda	757,4	779,8	757,1	725,4	679,9	678,1	662,4	651,5	667,8	690,4
% total população	5,0	5,1	5,0	4,7	4,4	4,3	4,2	4,1	4,2	4,3
Noruega	154,0	162,3	164,0	160,8	157,5	158,0	165,0	178,7	184,3	185,9
% total população	3,6	3,8	3,8	3,7	3,6	3,6	3,7	4,0	4,1	4,1
Polónia	..	..	..	..	..	..	..	42,8	..	..
% total população	..	..	..	..	..	..	..	0,1	..	..
Portugal	123,6	131,6	157,1	168,3	172,9	175,3	177,8	190,9	208,0	223,6
% total população	1,3	1,3	1,6	1,7	1,7	1,8	1,8	1,9	2,1	2,2
Eslováquia	..	11,0	16,9	21,9	24,1	24,8	27,4	29,5	28,3	29,4
% total população	..	0,2	0,3	0,4	0,5	0,5	0,5	0,5	0,5	0,5
Espanha	393,1	430,4	461,4	499,8	539,0	609,8	719,6	801,3	895,7	1 109,1
% total população	1,0	1,1	1,2	1,3	1,4	1,6	1,8	2,0	2,2	2,7
Suécia	499,1	507,5	537,4	531,8	526,6	522,0	499,9	487,2	477,3	476,0
% total população	5,7	5,8	6,1	6,0	6,0	6,0	5,6	5,5	5,4	5,3
Suíça	1 213,5	1 260,3	1 300,1	1 330,6	1 337,6	1 340,8	1 347,9	1 368,7	1 384,4	1 419,1
% total população	17,6	18,1	18,6	18,9	18,9	19,0	19,0	19,2	19,3	19,7
Reino Unido	1 985,0	2 001,0	2 032,0	1 948,0	1 934,0	2 066,0	2 207,0	2 208,0	2 342,0	2 587,0
% total população	3,5	3,5	3,6	3,4	3,4	3,6	3,8	3,8	4,0	4,4

Fonte: OCDE

Tabela 2 – Evolução dos fluxos migratórios em alguns países da OCDE
(milhares)

	1992	1993	1994	1995	1996	1997	1998	1999	2000	2001
Com base nos censos da população:										
Áustria	..	..	..	..	..	..	59,2	72,4	66,0	74,8
Bélgica	55,1	53,0	56,0	53,1	51,9	49,2	50,7	68,5	68,6	66,0
República Checa	..	..	..	5,9	7,4	9,9	7,9	6,8	4,2	11,3
Dinamarca	16,9	15,4	15,6	33,0	24,7	20,4	21,3	20,3	22,9	25,2
Finlândia	10,4	10,9	7,6	7,3	7,5	8,1	8,3	7,9	9,1	11,0
Alemanha	1 207,6	986,9	774,0	788,3	708,0	615,3	605,5	673,9	648,8	685,3
Hungria	15,1	16,4	12,8	14,0	13,7	13,3	16,1	20,2	20,2	19,5
Japão	267,0	234,5	237,5	209,9	225,4	274,8	265,5	281,9	345,8	351,2
Luxemburgo	9,8	9,2	9,2	9,6	9,2	9,4	10,6	11,8	10,8	11,1
Holanda	83,0	87,6	68,4	67,0	77,2	76,7	81,7	78,4	91,4	94,5
Noruega	17,2	22,3	17,9	16,5	17,2	22,0	26,7	32,2	27,8	25,4
Suécia	39,5	54,8	74,7	36,1	29,3	33,4	35,7	34,6	42,6	44,1
Suiça	112,1	104,0	91,7	87,9	74,3	70,1	72,4	83,9	85,6	99,5
Com base nas autorizações de residência e outras fontes:										
Austrália [1]										
Fluxos permanentes	107,4	76,3	69,8	87,4	99,1	85,8	77,3	84,1	92,3	88,9
Fluxos temporários	..	93,2	115,2	124,4	130,2	147,1	173,2	194,1	224,0	340,2
Canadá										
Fluxos permanentes	252,8	255,8	223,9	212,9	226,1	216,0	174,1	189,9	227,3	250,3
Fluxos temporários	60,5	57,0	58,9	60,4	60,9	63,7	68,1	75,5	86,2	..
França	116,6	99,2	91,5	77,0	75,5	102,4	139,5	114,9	126,8	141,0
Grécia	..	..	..	..	..	..	38,2	..	..	..
Irlanda	..	..	13,3	13,6	21,5	23,5	20,8	21,6	24,1	28,0
Itália	..	..	..	..	..	..	111,0	268,0	271,5	232,8
Nova Zelândia	25,5	28,9	36,5	46,7	58,6	52,0	38,7	36,2	38,8	62,1
Portugal	13,7	9,9	5,7	5,0	3,6	3,3	6,5	10,5	15,9	14,2
Reino Unido	175,0	179,2	206,2	228,0	224,2	237,2	287,3	337,4	379,3	373,3
Estados Unidos										
Fluxos permanentes	974,0	904,3	804,4	720,5	915,9	798,4	654,5	646,6	849,8	1 064,3
Fluxos tempor	..	..	1 468,8	1 433,3	1 636,7	..	2 141,4	2 363,4	2 741,3	2 948,3
UE[2]	1 727,6	1 506,0	1 308,8	1 304,5	1 211,2	1 155,6	1 247,1	1 358,1	1 416,3	1 465,7
EEE[2]	1 856,9	1 632,2	1 418,4	1 408,8	1 302,7	1 247,7	1 346,2	1 474,2	1 529,7	1 590,7
América do Norte (permanente)	1 226,8	1 160,1	1 028,3	933,3	1 142,0	1 014,4	828,6	836,5	1 077,1	1 314,7

1. Os dados de 2001 reportam-se ao período de Julho de 2001 a Junho de 2002.
2. Todos os Estados-membros, excepto Áustria, Grécia, Irlanda e Itália.

Fonte: OCDE

**Gráfico 1 – Pedidos de asilo registados em alguns países da OCDE
(1990-2004)**

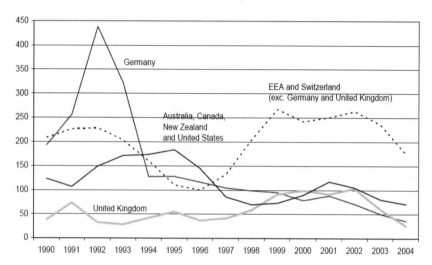

Fonte: ACNUR/OCDE

Tabela 3 – Entradas de pedidos de asilo em países da OCDE em 2001

Países	Milhares	para 100 estrangeiros[1] no início do ano	Para 1000 habitantes no início do ano	% de decisões favoráveis entre as decisões tomadas em 2001[2]
Reino Unido	92.0	3.9	1.5	26
Alemanha	88.4	1.2	1.1	25
Estados Unidos	86.4	0.3	0.3	30
França	47.3	1.4	0.8	12
Canadá	42.7	0.9	1.4	47
Holanda	32.6	4.9	2.1	15
Áustria	30.1	4.0	3.7	4
Bélgica	24.5	2.8	2.4	27
Suécia	23.5	4.9	2.7	27
Suíça	20.8	1.5	2.9	36
República Checa	18.0	9.0	1.8	1
Noruega	14.8	8.0	3.3	33
Dinamarca	12.4	4.8	2.3	52
Austrália	12.4	0.3	0.6	29
Irlanda	10.3	8.2	2.7	4
Itália	9.8	0.7	0.2	20
Hungria	9.6	7.5	1.0	5
Espanha	9.2	1.0	0.2	6
Eslováquia	8.2	28.8	1.5	-
Grécia	5.5	..	0.5	18
Turquia	5.0	..	0.1	47
Polónia	4.5	10.6	0.1	5
Bulgária	2.4	..	0.3	70
Roménia	2.4	3.4	0.1	5
Nova Zelândia	1.7	0.2	0.5	19
Finlândia	1.7	1.8	0.3	38
Luxemburgo	0.7	0.4	1.6	22
México	0.4	0.1	-	34
Japão	0.4	-	-	23
Portugal	0.2	0.1	-	23
UE	388.1			
Europa Central e Oriental	45.1			
Estados Unidos	129.1			
OCDE	612.3			

1. Percentagem das pessoas que efectivamente nasceram no estrangeiro, no caso da Austrália e do Canadá (1996), Nova Zelândia e Estados Unidos.
2. Percentagem de pessoas que obtiveram o estatuto de refugiado político, mais aquelas a quem lhes foi conferido um estatuto "humanitário" no conjunto das decisões tomadas em 2001 e decididas as decisões provisórias.

Fonte : Garson e Loizillon

**Tabela 4 – Impacto da imigração sobre o crescimento salarial
(Áustria/Alemanha)**

	Todos VI	Blue Collar VI	White Collar VI	
% de Imigrantes	-0.256	-0.348	0.118	Áustria 1991-94
t-valor	(2.370)	(2.880)	(0.530)	
% de Imigrantes	-0.6221	-1.6098	-0.1034	Alemanha 1990--95
t-valor	(-5.2550)	(-2.7390)	(-2.401)	

Fonte: Relatório Hofer e Huber (1999)

O ESTADO REGULADOR, AS AUTORIDADES REGULADORAS INDEPENDENTES E OS SERVIÇOS DE INTERESSE ECONÓMICO GERAL

por *João Nuno Calvão da Silva**

SUMÁRIO: *Nota prévia. I – Estado-Regulador:* a) O Estado Liberal, o Estado-Providência e o Estado-Regulador; b) Estado-Regulador: sua caracterização geral; b1) Estado-Regulador: fins da regulação; b2) Estado – Regulador: as "obrigações de serviço público"; b2.1) As "obrigações de serviço público" e o seu financiamento. *II – Autoridades Reguladoras Independentes:* c) Autoridades Reguladoras Independentes; c1) Autoridades reguladoras independentes: a sua razão de ser; c2) ARI: Os seus poderes; c3) ARI: Administração indirecta, autónoma ou independente?; c3.1) A Administração independente; c3.2) A independência e o problema da captura do regulador pelos regulados; c3.3) A independência e a responsabilidade: o problema da legitimação democrática; c3.3.1) O problema da legitimação democrática das ARI; c3.3.2) Uma nova legitimação das ARI. *III – Os Serviços de Interesse Económico Geral:* d) Os Serviços de Interesse Económico Geral; d1) SIEG: uma responsabilidade dos Estados-Membros e da União Europeia (princípio da subsidiariedade); d2) SIEG e a selecção dos prestadores; d3) SIEG e o Problema do financiamento; d4) SIEG, Serviço Universal e Serviços de Interesse Geral. *IV – Reflexões Finais:* e1) O Neo-liberalismo emergente; e2) As ARI; e3) O novo Estado e a dicotomia Direito Público – Direito Privado. *Bibliografia.*

Nota prévia

Os últimos anos do século XX obrigaram a Europa a profunda reflexão sobre o papel do Estado e à definição de um processo de reforma da Administração Pública.

Ao elaborarmos o presente trabalho, procurámos fazer uma síntese dos aspectos mais importantes do Estado-Regulador dos nossos

---

* Faculdade de Direito da Universidade de Coimbra.

dias, para podermos reflectir sobre os caminhos que a sociedade actualmente trilha.

Deste modo, no Capítulo I são traçadas as principais características da nova feição assumida pelo Estado, distinguindo-a do Estado dos tempos liberais e do Estado- Providência: o primado do mercado temperado, porém, pela nova regulação pública.

No Capítulo II, procede-se à análise de quem, hodiernamente, exerce os poderes regulatórios, isto é, as Autoridades Reguladoras independentes: qual a sua razão de ser? Quais os seus poderes? Serão verdadeiramente Administração independente?

Neste âmbito, é crucial pensarmos no problema da sua legitimação democrática: como poder público que são, a quem prestam contas as autoridades reguladoras independentes? Estaremos diante de um 4.º poder, sem controlo democrático?

Por sua vez, no Capítulo III, debruçamo-nos sobre os Serviços de Interesse Económico Geral, conceito comunitário que veio substituir a tradicional noção de serviço público. Delimitam-se os contornos daquele conceito e alerta-se para o facto de a sua definição caber aos Estados e não à União Europeia; conforme resulta, aliás, do princípio da subsidiariedade.

Por outro lado, abordam-se os problemas da contratação dos prestadores dos Serviços de Interesse Económico Geral e do seu financiamento, matéria complexa em termos de direito da concorrência e alvo de relevante jurisprudência comunitária.

Por fim, deixamos algumas questões/reflexões surgidas com a elaboração do trabalho: o coevo neo-liberalismo será a via mais adequada para o progresso social? As Autoridades Reguladoras Independentes serão compatíveis com o princípio democrático? A actividade regulatória daquelas entidades estará, de facto, a concretizar o pretendido "emagrecimento" do Estado? E, perante todo este novo quadro de privatizações e liberalizações, a tradicional distinção entre Direito Público e Direito Privado fará ainda sentido?

I – Estado-Regulador

a) O Estado Liberal, o Estado-Providência e o Estado--Regulador

Ao longo da história da Humanidade a estrutura da Administração Pública foi evoluindo[1], falando-se desde os anos 80/90 do séc. XX na existência de um Estado-Regulador.

Sob forte impulso da Comunidade Europeia, assistimos a um amplo movimento de privatizações dos antigos serviços públicos e de liberalização de sectores anteriormente sujeitos a monopólios estatais.

Entende-se que o mercado e as regras da concorrência asseguram o direito de iniciativa económica, a liberdade de empresa e a liberdade de circulação de serviços, constituindo as melhores vias de promoção do desenvolvimento económico, do bem-estar e justiça social.

Consequentemente, o Estado deixa de ser o agente produtor e prestador de serviços económicos – o Estado Administrador ou Estado de Serviço Público –, para passar a deter uma responsabilidade de controlo de funcionamento do mercado.

Na verdade, a administração prestadora de bens e serviços e conformadora da vida social, isto é, o Estado Social ou Estado-Providência, emergente das Guerras Mundiais e da Grande Depressão de 1929, mostrou ineficiência na gestão da *res publica*, ao ser responsável por grandes défices e subsequente oneração fiscal dos contribuintes.

Deste modo, a passagem dos serviços públicos[2] para as mãos de privados, a redução do peso do Estado e o primado da liberdade de empresa e do mercado voltam a oferecer-se como as melhores soluções de prover à satisfação das necessidades colectivas.

---

[1] Sobre as principais fases da evolução da Administração Pública e os diferentes tipos históricos de Estado, *vide*, entre nós, FREITAS DO AMARAL, *Curso de Direito Administrativo*, Vol. I, 2.ª edição, Almedina, Coimbra, 2000, pág. 51 e ss.; MARCELO REBELO DE SOUSA, *Lições de Direito Administrativo*, Vol. I, Lex, Lisboa, 1999, pág. 19 e ss.; ROGÉRIO SOARES, *Direito Administrativo I* (lições sem data, dactilografadas para apoio dos alunos do 2.º Ano Jurídico da Universidade Católica – Centro Regional do Porto), pág. 33 e ss.

[2] No âmbito do Estado Providência, os serviços públicos eram sinónimo de titularidade pública, o que não significa que a sua gestão não fosse deferida a entidades privadas, através de contratos de concessão. Sobre a figura jurídica da concessão, *vide*, por todos, PEDRO GONÇALVES, *A Concessão de Serviços Públicos (uma aplicação da técnica concessória)*, Almedina, Coimbra, 1999.

No entanto, o Estado-Regulador dos nossos dias, cuja pedra angular é o funcionamento da economia de mercado, não se confunde com o Estado Liberal do séc. XIX, assente nas ideias do *laissez-faire, laisser-passer* e do abstencionismo público.

Com efeito, o séc. XIX corresponde ao triunfo dos ideais da livre iniciativa económica e da autonomia de gestão dos privados, devendo o Estado limitar o seu papel ao mínimo (Estado guarda-nocturno)[3]. A força reguladora espontânea da "mão invisível" do mercado encontraria naturalmente as melhores condições de prossecução do bem comum, constituindo, por isso, a regulação estadual uma intromissão perniciosa para os consumidores e sociedade em geral.

Ora, nos tempos hodiernos, entende-se que "a 'mão invísivel' do mercado carece da 'mão visível' da Regulação Pública"[4], isto é, a lógica da concorrência deve ser temperada pelo Estado, no âmbito de uma responsabilidade de controlo e garantia da própria iniciativa privada.

b) Estado-Regulador: sua caracterização geral

O movimento de (re)privatizações e (re)liberalizações[5] assume actualmente dimensão global, coincidindo com a diminuição do peso do Estado na actividade económica e a tendência de desregulação pública, num fenómeno a que já se dá o nome de "contra-revolução neo-liberal"[6] dos anos 80 do séc. XX.

---

[3] A intervenção do Estado era meramente subsidiária, cingindo-se a sectores não atractivos ou vedados à iniciativa particular(v.g., Defesa e Justiça) e ao lançamento de grandes obras públicas, tarefa que implicava meios e um planeamento à escala nacional a que a sociedade não conseguia responder.

[4] *Vide* VITAL MOREIRA, "Um marco regulatório: a Lei Sarbanes-Oxley", *in A Mão Visível – Mercado e Regulação (Maria Manuel Leitão Marques / Vital Moreira)*, Almedina, Coimbra, 2003, pág. 274.

[5] Embora os fenómenos de privatização e de liberalização surjam normalmente associados, não há coincidência entre os dois conceitos: privatização significa a passagem para a esfera privada dos serviços de titularidade estadual (os serviços públicos tradicionais, ainda que concessionados a empresas públicas ou privadas), enquanto liberalização implica o fim dos exclusivos ou monopólios estatais na prestação de serviços públicos. *Vide,* neste sentido, VITAL MOREIRA, "Regulação Económica, Concorrência e Serviços de Interesse Geral", *in Estudos de Regulação Pública – I (organização de Vital Moreira)*, Coimbra Editora, Coimbra, 2004, pág. 551.

[6] *Vide* VITAL MOREIRA, *Auto-Regulação profissional e Administração Pública*, Almedina, Coimbra, 1997, pág. 19.

Todavia, o fenómeno da desregulação, traduzindo-se na inversão da tendência de regulação pública da actividade económica característica do Estado-Providência, implicará uma nova filosofia reguladora e não um retorno ao capitalismo liberal do séc. XIX.

Com efeito, o livre jogo das forças de mercado apresenta falhas, cumprindo ao Estado regular o modo como os agentes privados prestam os serviços anteriormente por si assegurados, só assim se defendendo o funcionamento da concorrência e os interesses dos consumidores.

Destarte, incumbe ao Estado regulamentar as actividades económicas, fiscalizar o cumprimento das regras e sancionar eventuais infracções. São estas as tarefas do Estado-Regulador: disciplinar, supervisionar e, se necessário, sancionar[7].

Dito de outro modo: "a desregulação não significou o fim de toda a regulação"[8], porquanto se defende a necessidade da regulação estadual para corrigir as crises de funcionamento do mercado (regulação económica) e garantir outros interesses sociais (regulação social da economia)[9].

A falência do Estado intervencionista e regulador da vida económica não determina o regresso do Estado abstencionista liberal e da auto-regulação do mercado. Considera-se fundamental a intervenção exterior, a hetero-regulação pública, para garantir o funcionamento da concorrência e as necessidades básicas de todos os cidadãos.

De um dirigismo estadual da economia passámos a um Estado-Regulador, isto é, a um poder público que, respeitando a economia de mercado, não pode, porém, deixar de a regular e organizar em nome do bem comum.

---

[7] Ao longo do presente texto, entendemos regulação como a intervenção estadual na economia. De acordo com este sentido genérico ou amplo, o conceito de Regulação abrange o estabelecimento de regras para as actividades económicas (regulamentação), a tutela ou controle dessas actividades (supervisão) e a aplicação de sanções (*maxime*, coimas e sanções acessórias) às infracções, eminentemente administrativas, cometidas pelos agentes económicos.

Contudo, sabemos que as expressões supervisão, regulação e regulamentação são muitas vezes usadas (confundidas?) como sinónimos pela lei e doutrina. Sobre a diversidade de sentidos atribuídos àqueles conceitos na literatura jurídica e diplomas legais, *vide* BARBOSA DE MELO, *Direito Constitucional e Administrativo da Banca, da Bolsa e dos Seguros*, apontamentos policopiados, Coimbra, 2004/2005, pág. 33 e ss.

[8] *Vide* GIANDOMENICO MAJONE, *La Communauté européenne: Un Etat régulateur* (tradução de Jean-François Baillon), Montchrestien, Paris, 1996, pág. 21).

[9] *Vide* VITAL MOREIRA, *Auto-Regulação ..., cit.*, págs. 22 e 23.

Consequentemente, o fenómeno da desregulação estadual, traço essencial do hodierno movimento de privatização e liberalização, conduz, paradoxalmente, a uma densificação da regulação pública da economia.

No entanto, a re-regulação ou neo-regulação a que temos vindo a assistir desde os anos 80 do séc. XX assenta numa concepção diversa da regulação económica do Estado-Providência: ali, a separação Estado-Economia é pressuposto indiscutível, embora o mercado tenha de ser regulado de forma a funcionar com equilíbrio e de acordo com os objectivos de interesse público; aqui, a Economia era parte do Estado, cabendo ao aparelho da Administração Pública, e não aos operadores privados, a regulação de todos os aspectos relativos ao mercado.

b1) *Estado-Regulador: fins da regulação*[10]

Conforme já dissemos, a passagem para a órbita privada de serviços públicos[11-12] implica uma reordenação jurídica da economia e do modelo de sociedade. *"Privatization brings regulation"*, ou seja, a transformação da Administração prestadora numa Administração-árbitro dos interesses privados envolvidos no mercado obriga a uma nova planificação jurídica, a uma nova regulação.

A regulação pública actual visa, antes de mais, garantir os mecanismos de funcionamento da concorrência, evitando, designadamente, certas concentrações de empresas e abusos de posições dominantes[13].

---

[10] Sobre os fins da regulação, *vide*, por todos, STEPHEN BREYER, *Regulation and its reform*, Harvard University Press, Cambridge, Massachussets e Londres, Inglaterra, 1982, pág. 15 e ss.

[11] Referimo-nos à transferência da titularidade dos serviços públicos, isto é, ao fenómeno da sua passagem das mãos do Estado para a propriedade de operadores privados, e não à mera gestão privada dos serviços públicos. Sobre os diferentes modos pelos quais se pode contratualizar com privados a gestão de serviços públicos, *vide* GILES GUGLIELMI, *Gestión Privada de los Servicios Públicos,* Editorial Ciudad Argentina, Buenos Aires-Madrid, 2004, pág. 92 e ss.

[12] A privatização de serviços públicos, associada normalmente ao desmantelamento de monopólios (liberalização) e desregulação da economia, justifica-se, sobretudo, pela crença nas virtudes do mercado, pela ideia de o Estado ser um mau gestor e pelos avultados encaixes financeiros que em muito aliviam as depauperadas finanças públicas dos mais diversos países.

[13] Sobre as políticas de defesa da concorrência a nível europeu e nacional, *vide* MANUEL LOPES PORTO, *Teoria da Integração e Políticas Comunitárias,* 3.ª edição, Almedina, Coimbra, 2001, pág. 272 e ss.; e, do mesmo autor, *Economia, um texto introdutório,* 2.ª edição, Almedina, Coimbra, 2004, pág. 179 e ss.

Como ensina Vital Moreira, "deixado a si mesmo o mercado pode ser suicidário (...). Importa, portanto, regular o mercado para garantir a concorrência"[14].

Por outro lado, a regulação tem como objectivo a tutela dos consumidores, a protecção do ambiente e outros interesses públicos que o livre funcionamento do mercado pode pôr em causa.

Compete ainda ao Poder Público assegurar o cumprimento das obrigações de serviço público, isto é, dos encargos correspondentes às necessidades essenciais de todos os cidadãos (obrigações de serviço universal).

Por outras palavras: os cidadãos têm direito à satisfação de necessidades como o fornecimento de água, luz, gás, telefone, serviços postais, entre outros, tendo o Estado a responsabilidade de garantir o adimplemento dessas prestações.

Ora, ou o Estado assume a responsabilidade da prestação dos serviços considerados essenciais para a comunidade[15], ou incumbe privados da sua satisfação, fiscalizando posteriormente a sua actuação, e sancionando-os, no caso de incumprimento das ditas obrigações de serviço público[16].

b2) *Estado – Regulador: as "obrigações de serviço público"*

Independentemente de os tradicionais "serviços públicos" continuarem a ser prestados pelo Estado, directamente ou por sua incumbência (concessão a empresas públicas ou privadas) e em regime de exclusivo

---

[14] Vide VITAL MOREIRA, "Serviço Público e Concorrência. A regulação do sector eléctrico", in *Os Caminhos da Privatização da Administração Pública, Boletim da Faculdade de Direito da Universidade de Coimbra,* Coimbra Editora, Coimbra, 2001, pág. 227.

[15] Apesar do desmantelamento do Estado de Serviço Público, o Direito Nacional e o Direito Comunitário não impedem o Estado de assumir a responsabilidade pela prestação de serviços económicos, ainda que entregando a sua gestão a privados. Sobre o serviço público enquanto incumbência estatal e os respectivos modos de gestão, *vide* PEDRO GONÇALVES / LICÍNIO LOPES MARTINS (com a colaboração de DULCE LOPES), "Os Serviços Públicos Económicos e a Concessão no Estado Regulador", in *Estudos de Regulação ..., cit.,* pág. 224 e ss.

[16] O fenómeno descrito não é propriamente uma novidade do Estado-Regulador, porquanto já se falava anteriormente em serviço público impróprio ou virtual, isto é, uma actividade de interesse geral não exercida pelo sector público, mas sujeita a autorização administrativa, na qual constavam encargos para os privados e poderes de ordenação para a Administração. Neste sentido, *vide* PEDRO GONÇALVES, *A Concessão..., cit.,* pág. 32 e ss.

ou monopólio, ou por operadores privados em regime de concorrência, há necessidades dos cidadãos que têm sempre de ser satisfeitas.

Na verdade, o primado do mercado sobre o Estado não elimina as necessidades básicas dos membros da comunidade. Todavia, actualmente, a satisfação desses interesses essenciais não compete obrigatoriamente ao sector público, sendo sobretudo uma tarefa privada.

No entanto, a lógica dos privados orienta-se, primordial ou exclusivamente, por um escopo lucrativo, o que será frequentemente incompatível com a satisfação de interesses a que todos têm direito.

Dito de outro modo: nem sempre a racionalidade económica do mercado conduz à satisfação das necessidades sociais fundamentais da comunidade, embora estas tenham de ser garantidas a todos, dada a sua essencialidade[17].

Cabe, por isso, ao Estado programar, orientar e disciplinar a liberdade do mercado, de modo a garantir o cumprimento das "obrigações de serviço universal" ou "obrigações de serviço público", sancionando os operadores inadimplentes.

Podemos falar na existência de um direito dos cidadãos a um mínimo de prestações económicas e sociais, a definir por cada Estado e a satisfazer de acordo com certos princípios.

Deste modo, todos os cidadãos (princípio da universalidade)[18], sem discriminações injustificadas (princípio da igualdade), devem ver satisfeitas aquelas necessidades fundamentais.

Por outro lado, os serviços de interesse geral têm de ser prestados de forma contínua (princípio da continuidade),[19] com níveis ade-

---

[17] *V.g.*, o fornecimento de água ou luz a uma aldeia remota e com escassa população é irrazoável de um ponto de vista de rentabilidade económica, mas tais serviços não podem deixar de ser prestados às pessoas, mesmo que os preços fiquem abaixo do custo.

[18] Tendo em conta que a gratuitidade do fornecimento de bens e serviços essenciais à comunidade é incompatível com o movimento de privatizações e liberalizações, o princípio da universalidade concretizar-se-á na disponibilização daqueles bens e serviços a toda a comunidade, a preços acessíveis.

[19] O princípio da continuidade implica permanência na prestação de certos serviços (água e luz, por exemplo) e regularidade quanto à satisfação de outras necessidades (v.g., serviços postais).

Intimamente associada a esta ideia de permanência na prestação dos serviços de interesse geral está o princípio da adaptação, o qual traduz a mutabilidade ou o carácter evolutivo do interesse público subjacente às obrigações em análise. Sobre o princípio da adaptação, *vide*, entre outros, PEDRO GONÇALVES / LICÍNIO LOPES MARTINS (com a colaboração de DULCE LOPES), "Os serviços públicos ...", *cit.*, pág. 213.

quados de qualidade e segurança (princípio da qualidade do serviço), garantindo-se, o mais possível, a participação e informação dos utentes (princípio da participação e da transparência).

b2.1) As "obrigações de serviço público" e o seu financiamento

Em face do anteriormente exposto, podemos afirmar o primado das "obrigações de serviço universal", concretizações do interesse público, sobre o livre jogo das forças de mercado.

Contudo, o princípio da proporcionalidade preside à imposição de "obrigações de serviço público", ou seja, devem ser fixadas apenas aquelas obrigações estritamente necessárias à garantia do bem comum, sob pena de se impedir o livre funcionamento do mercado, pedra angular do Estado-Regulador.

Por outro lado, conforme referimos anteriormente, a prossecução dos interesses gerais fixados pelo Estado implica, com alguma regularidade, o fornecimento de bens ou serviços abaixo do custo, impondo-se, por isso, uma compensação dos operadores.

Tradicionalmente, o financiamento dos custos adicionais das obrigações em análise traduz-se em subvenções dos Orçamentos de Estado (as "indemnizações compensatórias"), solução que muitas vezes dissimula a concessão de auxílios públicos distorsores da concorrência[20], como veremos melhor adiante.

Actualmente, recorre-se cada vez mais a fundos especiais de financiamento, sendo os operadores e/ou utentes os maiores contribuintes, ou mesmo ao " 'financiamento cruzado' pelos utentes do mesmo ou de outro serviço do mesmo operador"[21].

II – Autoridades Reguladoras Independentes

c) Autoridades Reguladoras Independentes

Ao longo do presente trabalho, salientámos a tendência hodierna de desintervenção estadual, no âmbito de um novo modelo europeu de sociedade a germinar desde os anos 80/90 do Séc. XX.

---

[20] Sobre os auxílios públicos, *vide*, por todos, MANUEL LOPES PORTO, *Economia...*, cit., pág. 189 e ss.
[21] *Vide* VITAL MOREIRA, ""Serviços de interesse económico geral" e Mercado", in *A mão invisível* ..., cit., pág. 66.

Paralelamente à diminuição do papel do Estado na economia, temos assistido a uma desgovernamentalização da regulação, na linha da tradição norte-americana[22].

Na verdade, com o novo Estado-Regulador, as tarefas de regulação do mercado são cada vez mais atribuídas a autoridades mais ou menos independentes do poder político, sobre as quais nos debruçaremos.

c1) *Autoridades reguladoras independentes*[23]: *a sua razão de ser*

No âmbito do novo paradigma regulatório, os fundamentos da desgovernamentalização da actividade reguladora são de vária índole.

Por um lado, considera-se crucial a separação entre política e economia, pois só com ARI constituídas por especialistas técnicos e politicamente neutros se protege o quadro regulatório da instabilidade dos ciclos eleitorais e se garante a previsibilidade de que os operadores necessitam.

Por outro lado, a igualdade no tratamento de operadores públicos e privados exige a distinção entre tarefas do Estado-empresário e do Estado-Regulador, isto é, as funções de prestação ainda a cargo do Estado devem ser distinguidas da actividade de regulação.

Na mesma linha da imparcialidade, no caso das indústrias de rede é necessária a existência de ARI para garantir aos operadores igualdade no acesso àquela[24].

---

[22] Podemos considerar os E.U.A. como o "berço" do movimento de privatizações e liberalizações, o qual emergiu na Europa por volta dos anos 80 do século passado.

Consequentemente, foi também nos E.U.A. que surgiram as primeiras entidades independentes de regulação ("independent agencies" ou "independent regulatory comissions"). Criadas pelo Congresso e dotadas de grandes poderes, aquelas agências reguladoras gozam de considerável independência face ao Presidente, embora os titulares dos seus órgãos sejam por si nomeados.

Remontando a 1887 a origem da primeira comissão independente – a "Interstate Commerce Comission", com competências no domínio do transporte ferroviário – as entidades em análise surgem hoje nos mais diversos domínios da vida económica e social norte-americana e mundial.

Sobre a história das autoridades reguladoras independentes, *vide*, por todos, VITAL MOREIRA / FERNANDA MAÇÃS, *Autoridades Reguladoras Independentes – Estudos e Projecto da Lei-Quadro*, Coimbra Editora, Coimbra, 2003, pág. 17 e ss. Quanto às comissões de regulação independentes americanas, *vide* GIANDOMENICO MAJONE, *La Communauté européenne..., cit.*, pág. 42 e ss.

[23] De ora em diante, abreviadamente designadas por ARI.

[24] Em alguns sectores, há obstáculos técnicos à liberalização da prestação de serviços, resultantes da existência de uma única infra-estrutura de suporte (*v.g.*, tele-

Por último, às ARI compete garantir o cumprimento das obrigações de serviço público no âmbito dos serviços de interesse geral[25], assim acautelando a posição dos consumidores e do ambiente[26].

c2) *ARI: Os seus poderes*

Como já dissemos, as ARI dispõem de poderes regulamentares, poderes de supervisão e poderes sancionatórios. O termo regulação, em nosso entendimento, assume o sentido amplo de intervenção esta-

---

comunicações, distribuição de energia eléctrica, ...): são indústrias de rede(pública), constituindo-se aí situações de "monopólio natural".

Com a evolução tecnológica, porém, o Estado deixa de ter de prestar o serviço por ser proprietário da rede, tornando-se possível a concorrência na rede, embora esta continue, normalmente (e não necessariamente), a ser pública.

Em consequência da abertura das redes públicas a todos os prestadores de serviços, impõe-se garantir o acesso equitativo dos operadores àquelas.

Sobre a transição do monopólio estadual para a concorrência regulada no domínio das telecomunicações, *vide*, por todos, PEDRO GONÇALVES, *Direito das Telecomunicações*, Almedina, Coimbra, 1999, pág. 32 e ss; em relação ao sector da distribuição de electricidade, *vide* PEDRO GONÇALVES /RODRIGO ESTEVES DE OLIVEIRA, *As concessões municipais de distribuição de electricidade*, Coimbra Editora, Coimbra, 2001, pág. 13 e ss., e VITAL MOREIRA, "As concessões municipais de distribuição de electricidade", *in A mão visível..., cit.,* pág. 37 e ss.

[25] O controlo do acesso dos operadores às actividades económicas reguladas é outra das funções das ARI, podendo considerar-se como uma faculdade de, *a priori*, avaliar as possibilidades de cada operador vir a cumprir as obrigações de serviço público a que ficará adstrito.

[26] Sobre as razões justificativas das ARI, no fundo coincidentes com as suas funções típicas, *vide* o disposto no art. 4.º do Projecto de Lei-Quadro das entidades reguladoras independentes, elaborado por Vital Moreira e Fernanda Maçãs. Dispõe o preceito:

"As principais atribuições da Autoridade Reguladora Independente são as seguintes:
  a) Regular o acesso à actividade regulada, nos casos e nos termos previstos na lei;
  b) Velar pelo estabelecimento e observância da concorrência no respectivo sector de actividade;
  c) Assegurar, nas actividades baseadas em redes, o acesso equitativo e não discriminatório dos vários operadores às mesmas;
  d) Defender os interesses dos utentes ou consumidores;
  e) Garantir, nas actividades que prestam "serviços de interesse geral", as competentes "obrigações de serviço público" ou "obrigações de serviço universal";
  f) Quando for caso disso, cooperar na defesa do ambiente".

dual nas regras do mercado e compreende todos aqueles, e outros, poderes.

Assim, as ARI dispõem de poderes normativos sobre os respectivos sectores, mediante os quais estabelecem regras de conduta para os regulados.

Para além da criação de normas gerais e abstractas (regulamentos) que se impõem aos destinatários[27], as ARI também tomam decisões individuais e concretas[28] no âmbito do seu poder de supervisão, isto é, da tutela que exercem sobre os mecanismos dos respectivos mercados.

Por outro lado, em caso de incumprimento do quadro regulatório cabe às ARI aplicarem as contra-ordenações[29] respectivas, designadamente coimas ou sanções acessórias[30].

Por fim, há a destacar as suas competências consultivas (produção de pareceres ou recomendações) e os amplos poderes de investigação e inspecção em diversas áreas.

c3) *ARI: Administração indirecta, autónoma ou independente?*

No âmbito da teoria geral da "organização administrativa"[31], compete ao Governo "dirigir os serviços e a actividade da administração directa e exercer a tutela sobre esta e sobre a administração autónoma" (art. 199.º, al. d), da Constituição da República Portuguesa).

---

[27] Os regulamentos emitidos pelas ARI têm de obedecer naturalmente à lei e à Constituição da República Portuguesa. Contudo, diferentemente do exemplo italiano, o exercício do poder normativo das ARI deve também respeito aos regulamentos governamentais, o que, segundo alguns autores, pode pôr em causa a independência daquelas entidades. *Vide,* neste sentido, VITAL MOREIRA / FERNANDA MAÇÃS, *Autoridades Reguladoras Independentes ..., cit.,* pág. 35.

[28] *V.g.,* autorizações, aprovações e registos.

[29] Estamos no domínio do ilícito de mera ordenação social, das infracções meramente administrativas, pelo que, em caso de concurso de crime, não incumbe à ARI o processamento das contra-ordenações, mas sim à autoridade competente em termos de processo penal.

[30] *V.g.,* encerramento de estabelecimentos, suspensão de autorizações, licenças e alvarás.

[31] Sobre a organização administrativa, *vide* FREITAS DO AMARAL, *Curso de ..., cit.,* pág. 211 e ss.; JOÃO CAUPERS, *Introdução ao Direito Administrativo,* 7.ª edição, Âncora Editora, Lisboa, 2001, pág. 86 e ss.; BARBOSA DE MELO, *Direito Constitucional e Administrativo..., cit.,* pág. 15 e ss.

A administração directa do Estado abrange o conjunto das unidades administrativas desprovidas de personalidade jurídica, sobre as quais o governo exerce o poder de direcção e outros poderes hierárquicos[32].

Por seu turno, a administração indirecta compreende o conjunto de serviços e estabelecimentos públicos do Estado dotados de personalidade jurídica[33], relativamente aos quais o governo dispõe de poderes de superintendência[34] e de tutela[35].

Em relação à administração autónoma, esta é constituída por entidades administrativas dotadas de personalidade jurídica e cuja autonomia provém directamente da Constituição da República Portuguesa (arts. 6.º, n.º 1, 46.º, 51.º, 235.º e 242.º)[36], gozando o governo dos poderes de tutela especificados na lei.

Por último, "entende-se por administração independente a administração infra-estrutural prosseguida por instâncias administrativas

---

[32] Além do poder de dar ordens/instruções (poder de direcção), o Governo tem também o poder de substituição/avocação, o poder de resolução de conflitos de competência entre as entidades subordinadas, o poder de delegação, o poder de inspecção e o poder de revogação. Sobre os poderes da relação hierárquica, cfr. arts. 2.º, n.º 1, e 3.º da Lei n.º 4/2004, de 15 de Janeiro, diploma regulador da organização da administração directa do Estado.

[33] Pensamos sobretudo nos institutos públicos e nas fundações criadas por acto do poder público.

[34] Nos termos do art. 42.º da Lei-Quadro dos Institutos Públicos (Lei n.º 3/2004, de 15 de Janeiro), superintendência significa "poder de dirigir orientações, emitir directivas ou solicitar informações aos órgãos dirigentes dos institutos públicos sobre os objectivos a atingir na gestão do instituto e sobre as prioridades a adoptar na respectiva prossecução".

Tradicionalmente, porém, o poder de superintendência era entendido como um poder de controlo enxertado da relação hierárquica, algo que, na prática, anularia a personalidade jurídica das entidades integrantes da administração indirecta. Sobre o conceito de poder de superintendência e a sua evolução, *vide* BARBOSA DE MELO, *Direito Constitucional e Administrativo...*, *cit.*, págs. 16 e 17.

[35] O poder de tutela concretiza-se, designadamente, na sujeição à aprovação do ministro da tutela do plano de actividades, do orçamento, do relatório de actividades e das contas e na necessidade de autorização prévia do ministro da tutela para a aceitação de doações, heranças ou legados; de aprovação dos Ministros das Finanças e da tutela dos regulamentos internos e dos mapas de pessoal, bem como de autorização daqueles membros do Executivo para a negociação de acordos e convenções colectivas de trabalho, para a criação, a participação na criação ou a aquisição de participações relativamente a entes de direito privado se se mostrar imprescindível para a prossecução das respectivas atribuições (art. 41.º da Lei-Quadro dos Institutos Públicos).

[36] *V.g.*, as autarquias locais e as associações públicas.

não integradas na administração directa do Estado e livres da orientação e da tutela estrutural mas sem se reconduzirem aos esquemas da administração autónoma[37]" [38].

c3.1) A Administração independente

A administração independente compreende as entidades administrativas isentas de subordinação governamental[39], podendo apontar-se como sua característica fundamental a independência face ao Poder executivo e aos interesses regulados[40].

Desta sorte, os titulares daquelas autoridades gozam de um estatuto próprio de designação[41], mandato[42], incompatibilidade[43] e

---

[37] Apesar de em ambos não haver hierarquia ou orientação ministerial, na administração independente prosseguem-se interesses estaduais, com autonomia face aos interesses regulados, enquanto na Administração autónoma os interesses prosseguidos são os das colectividades sob auto-administração (corporações profissionais ou de base territorial: Madeira e Açores), existindo o controle dos interessados.

Outrora, a distinção exposta assumia relevância em termos de contencioso na medida em que os actos das ARI eram recorríveis para o Tribunal Central Administrativo, e os da Administração autónoma (bem como os da Administração indirecta e os actos de algumas autoridades da Administração directa) eram impugnáveis nos tribunais administrativos de círculo.

Com a entrada em vigor do novo ETAF, porém, todos os actos praticados pelas ARI são também da competência dos tribunais administrativos de círculo (cfr. arts. 44.º, n.º1, 37.º e 24.º, n.º 1, do ETAF).

Sobre a repartição de competências entre os tribunais administrativos após a reforma de 2002, vide VIEIRA DE ANDRADE, A Justiça Administrativa (lições), 6.ª edição, Almedina, Coimbra, 2004, pág. 144 e ss.

[38] GOMES CANOTILHO, Direito Constitucional e Teoria da Constituição, 4.ª edição, Almedina, Coimbra, pág. 552.

[39] Integram-se neste conceito de autoridades administrativas independentes entidades como a Comissão Nacional de Eleições ou o Provedor de Justiça, e não apenas as autoridades reguladoras dos mais diversos domínios económicos e sociais objecto do nosso estudo.

[40] "Há uma tendência perversa para a captura dos reguladores pelos regulados", cfr. SALDANHA SANCHES, "A Regulação: História Breve de um conceito", in Revista da Ordem dos Advogados, Ano 60, Lisboa, 2000, pág. 7.

[41] Apesar de a nomeação caber, via de regra, ao Executivo, é frequente a exigência de um escrutínio parlamentar prévio dos dirigentes designados: é o que sucede, por exemplo, nos E.U.A. – com a confirmação pelo Senado das nomeações do Presidente –, em Espanha e Itália. Igual solução se propugnava no art. 16.º, n.º 3, do Projecto de Lei-Quadro das ARI, elaborado, como já dissemos, por Vital Moreira e Fernanda Maçãs.

[42] Os mandatos longos, de duração superior à legislatura parlamentar e ao mandato governamental, garantem a estabilidade da actividade regulatória face às

inamovibilidade[44] (independência orgânica), para além de, no exercício da sua actividade, apenas se encontrarem subordinados à lei e não a quaisquer ordens ou directivas governamentais (independência funcional)[45-46].

Não obstante o elevado grau de independência apresentado, as ARI desenvolvem funções eminentemente administrativas, não podendo ser configurados como órgãos de natureza jurisdicional ou quase-jurisdicional.

Do exposto não podemos concluir, sem mais, pela qualificação das ARI como administração independente[47].

Com efeito, a heterogeneidade das ARI existentes obriga-nos a uma análise sectorial e impede uma conclusão uniforme acerca do modelo de administração em que aquelas entidades se integram.

Deste modo, o Instituto Regulador das Águas e Resíduos (IRAR), o Instituto Nacional do Transporte Ferroviário (INTF), o Instituto Nacional de Aviação Civil (INAC), o Instituto da Farmácia e do Medicamento (INFARMED), o Instituto da Vinha e do Vinho (IVV), entre

---

maiorias partidárias e alternâncias de poder. O Projecto de Lei-Quadro das ARI propunha mandatos de 6 anos, não renováveis, para os membros dos conselhos directivos daquelas entidades.

[43] Um regime adequado de incompatibilidades é uma garantia fundamental de independência face ao Governo e aos regulados. Por isso, as regras sobre incompatibilidades devem ser especialmente rigorosas, devendo aplicar-se, inclusivamente, após a cessação dos mandatos, isto é, parece-nos relevante a existência de um razoável período de nojo para os membros das ARI.

[44] A destituição dos membros das ARI só deve ser possível em casos excepcionais e configuradores de faltas graves.

[45] A actuação das ARI não está sujeita a controlo hierárquico ou tutelar do Executivo, nem tem de haver prestação de contas sobre a orientação seguida ao poder público.

[46] Segundo diversos autores, existem outras notas caracterizadoras das ARI, como a imparcialidade e a neutralidade política, isto é, os membros daquelas entidades, escolhidos através de critérios estritamente técnicos, assegurariam a tomada de decisões imparciais relativamente aos interesses envolvidos. *Vide*, por exemplo, VITAL MOREIRA / FERNANDA MAÇÃS, *Autoridades Reguladoras Independentes...*, cit., págs. 29 e 30.

Em nossa opinião, aquelas notas são meros corolários ou concretizações da ideia de independência.

[47] Aliás, Vital Moreira considera as entidades reguladoras "entre nós, por via de regra, verdadeiros e próprios institutos públicos, ou seja, pessoas colectivas de direito público de base institucional (serviços, fundos ou estabelecimentos públicos personalizados), dotados de capacidade jurídica própria, de autonomia administrativa e financeira e de património próprio". *Vide*, VITAL MOREIRA, "Entidades Reguladoras e Institutos Públicos", *in A mão visível..., cit.*, pág. 29.

outros, são considerados como institutos públicos (administração indirecta do Estado), porquanto estão submetidos a superintendência e tutela ministeriais e os seus membros não gozam da independência orgânica exposta anteriormente[48].

Por sua vez, o Banco de Portugal (BP), a Comissão do Mercado de Valores Mobiliários (CMVM), o Instituto de Seguros de Portugal (ISP), a Entidade Reguladora do Sector Energético (ERSE) e a Autoridade Nacional para as Comunicações (ANACOM) podem ser consideradas como entidades reguladoras independentes nos termos expostos anteriormente[49].

No respeitante à Autoridade da Concorrência, apesar de os seus Estatutos, aprovados pelo Decreto-Lei n.º 10/2003, declararem ser esta pessoa colectiva pública independente no desempenho das suas atribuições, não é, em rigor, uma ARI, pois parece estar sujeita à superintendência e tutela do Governo[50].

Em conclusão, as ARI são uma realidade multiforme, a exigir uma detalhada análise das especificidades de cada entidade sectorial[51],

---

[48] Neste sentido, cfr. VITAL MOREIRA, "Uma Lei-Quadro da Regulação Independente?", in A Mão Visível..., cit., págs. 120 e 121.

[49] Cfr. VITAL MOREIRA, idem. Contudo, a qualificação de várias destas entidades como independentes está longe de ser pacífica.

Assim, Blanco de Morais não considera o Banco de Portugal e a Comissão do Mercado de Valores Mobiliários como entidades independentes. Cfr. BLANCO DE MORAIS, "As autoridades administrativas independentes na ordem jurídica Portuguesa", in Revista da Ordem dos Advogados, ano 61, Lisboa, 2001, pág. 125 e ss.

Barbosa de Melo, por seu lado, considera a Comissão do Mercado de Valores Mobiliários (CMVM) e o Instituto de Seguros de Portugal (ISP) como pessoas colectivas públicas integradas na administração indirecta do Estado, sob a tutela do Ministério das Finanças. Cfr. BARBOSA DE MELO, Direito Constitucional e Administrativo..., cit., pág. 28 e ss.

[50] Acompanhamos o entendimento de Barbosa de Melo nesta questão, o qual considera decorrer a superintendência do Governo sobre a Autoridade do disposto no art. 4.º dos Estatutos desta: "sem prejuízo dos princípios orientadores da política da concorrência fixados pelo Governo, nos termos constitucionais e legais, e dos actos sujeitos a tutela ministerial, nos termos da lei e dos Estatutos". Cfr. BARBOSA DE MELO, Direito Constitucional e Administrativo..., cit., pág. 19.

Em sentido divergente, qualificando a Autoridade da Concorrência como entidade administrativa independente, apesar de fazer algumas críticas quanto a algumas soluções dos Estatutos, vide VITAL MOREIRA, "A independência da Autoridade da Concorrência", in A Mão Visível..., cit., pág. 219 e ss.

[51] Nos tempos actuais, a regulação é sectorial e desenvolve-se por intermédio de autoridades reguladoras específicas. Não vislumbramos, pelo menos a curto prazo,

dado não existir lei-quadro que forneça uma certa uniformidade institucional e promova uma homogeneização dos requisitos da independência daquelas entidades[52].

c3.2) A independência e o problema da captura do regulador pelos regulados

Conforme referimos anteriormente, a independência das autoridades reguladoras tem uma dimensão dupla: deve ser garantida em relação não só ao Poder Executivo como também quanto aos interesses regulados.

Na verdade, "um dos maiores perigos da regulação consiste na possibilidade de o regulador ser "capturado" pelos regulados, de modo a transformar-se numa forma de auto-regulação por meio de entreposto regulador"[53]. Urge, por isso, proteger as ARI do risco de ficarem reféns dos regulados.

Deste modo, os membros das ARI deverão ser pessoas idóneas e de capacidade técnica reconhecida, sem interesses pessoais nas actividades reguladas que possam comprometer a sua imparcialidade.

Assim se compreende a necessidade de apertados regimes de incompatibilidades: proíbem-se situações configuradoras de conflitos

---

a substituição do papel destas autoridades sectoriais, de competência vertical, por uma jurisdição geral das entidades encarregadas da defesa da concorrência, de competência transversal.

Como refere Vital Moreira, "Na Europa tanto quanto é possível prever, as comissões reguladoras sectoriais não constituem um fenómeno transitório, antes vão continuar a ser parte integrante do "Estado regulatório" pós-intervencionista". VITAL MOREIRA, "As entidades de Regulação Sectorial", in A Mão Visível..., cit., pág. 182.

Na verdade, a liberalização e implementação da concorrência nos sectores regulados pode ir determinando uma progressiva diminuição do papel dos reguladores sectoriais em favor da Autoridade da Concorrência, embora, em nossa opinião, a edificação dos diversos mercados seja tarefa lenta...

[52] Com efeito, a proposta da lei-quadro das ARI, da autoria de Vital Moreira e Fernanda Maçãs, a que temos feito diversas referências, nunca chegou a ser aprovada, fruto de contingências de ordem política.

[53] Vide, "Economia de Mercado e Interesse Público – 'Declaração de Condeixa'", in Estudos de Regulação ..., cit., pág. 715.

A "Declaração de Condeixa"(2002), texto jurídico de considerável importância na realidade nacional, resulta de um conjunto de discussões sobre a regulação entre diversos académicos e membros de autoridades reguladoras, sendo Vital Moreira o seu redactor.

de interesse dos membros das ARI com os interesses regulados; impede-se a designação de pessoas com ligações próximas (que possam gerar suspeição) aos sectores em causa; obriga-se ao cumprimento de um período de nojo após a cessação do mandato (*v.g.*, interdição do exercício de profissão em empresas reguladas).

Por outro lado, a transparência nos procedimentos adoptados (*v.g.*, a fundamentação das decisões), a obrigatoriedade de prestação de contas e de apresentação de relatórios de actividade ao Parlamento, e a participação dos utentes no processo decisório contribuem também para a desejável independência das ARI face aos interesses regulados.

Finalmente, somos da opinião de que um financiamento das ARI sustentado somente em taxas cobradas pelos serviços prestados, coimas e contribuições dos consumidores potencia uma maior independência face aos regulados[54].

c3.3) *A independência e a responsabilidade: o problema da legitimação democrática*

Se ninguém contesta a independência como marca característica desta "desgovernamentalização" da actividade reguladora, tal não obsta à existência de limites àquela.

Mutatis mutandis, a independência das autoridades administrativas independentes não é absoluta, conhece limites: a responsabilidade, a prestação de contas da actividade realizada (*"accountability"*), é uma exigência inerente a todo o poder público.

Naturalmente, dos actos praticados pelas entidades administrativas independentes cabe recurso para os tribunais, nos termos gerais[55], pois só assim não se viola o princípio do Estado de Direito.

---

[54] Resta saber se, feitas as contas, aquelas receitas são suficientes ... Talvez seja devido à sua insuficiência que muitas vezes se tem de recorrer a subvenções estatais e/ou a contribuições dos regulados, com a consequente possível diminuição de independência face ao Governo e/ou aos operadores.

[55] Assim, os tribunais não podem, designadamente, entrar no domínio da discricionariedade administrativa. Sobre este limite do contencioso administrativo, *vide,* por todos, BARBOSA DE MELO, *Direito Administrativo II (A protecção jurisdicional dos cidadãos perante a administração pública),* sumários das lições proferidas na Faculdade de Direito de Coimbra no ano lectivo de 1986/87 (policopiado), Coimbra, 1987, pág. 72 e ss.

Por outro lado, na medida em que estão envolvidos dinheiros públicos, a actuação das ARI está sujeita ao controlo orçamental e financeiro do Tribunal de Contas, instituição responsável pela apreciação da regularidade da gestão financeira pública[56].

Para além do Tribunal de Contas, as ARI também não estão isentas de outros controlos gerais da actividade pública(v.g., o Provedor de Justiça[57]).

Contudo, os limites mais relevantes à (excessiva?) independência das autoridades reguladoras derivam das necessidades de transparência e publicidade do poder ("democracia procedimental"), bem como de acompanhamento parlamentar, na linha, como já vimos, da tradição do Congresso Norte-Americano.

É aqui, em nosso modo de ver, que reside um dos pontos mais polémicos do funcionamento do coevo Estado-Regulador: o problema da legitimação democrática das ARI.

c3.3.1) O problema da legitimação democrática das ARI

Antes da Revisão Constitucional de 1997, era questionada a constitucionalidade das entidades administrativas, pois não existia na Constituição da República Portuguesa uma cláusula geral que facultasse a criação, por lei, daquelas[58].

Hoje, o problema da admissibilidade constitucional de autoridades administrativas independentes parece estar superado, pois o art. 267.º, n.º 3[59], da Constituição dispõe:

"A lei pode criar entidades administrativas independentes"[60].

---

[56] Sobre o Tribunal de Contas, *vide* PAZ FERREIRA, *Ensinar Finanças Públicas numa Faculdade de Direito – Relatório sobre o Programa, conteúdo e Métodos de ensino da disciplina,* Almedina, 2005, pág. 161 e ss.

[57] Ao Provedor de Justiça, designado pela Assembleia da República, compete apreciar, sem poder decisório, petições, reclamações e queixas apresentadas pelos cidadãos, e dirigir aos órgãos competentes as recomendações necessárias para prevenir e reparar injustiças (art. 23.º da Constituição da República Portuguesa).

[58] Sobre a inexistência de fundamento constitucional das autoridades administrativas independentes antes de 97, *vide* FREITAS DO AMARAL, "Apresentação da dissertação de doutoramento do Mestre Vital Moreira", in *Estudos de Direito Público e matérias afins,* volume II, Almedina, Coimbra, 2004, pág. 404.

[59] Disposição introduzida pelo legislador constitucional em 1997.

[60] O preceito transcrito foi criticado pela sua excessiva abstracção, por constituir uma verdadeira "habilitação em branco" ao legislador. *Vide* BLANCO DE MORAIS, *Ob. cit.,* pág. 109.

No entanto, permanece a questão da legitimação democrática: as ARI, não estando vinculadas a quaisquer ordens ou directivas, subtraem-se, por isso, ao controlo político parlamentar; estaremos perante um 4.º poder ou poder neutro?

Na verdade, nos sistemas de administração executiva, a responsabilidade política do Governo perante a Assembleia da República (art. 162.º da Constituição da República Portuguesa) resulta de aquele dispor de poderes de condução da Administração Pública[61].

Ora, as ARI não estão subordinadas a qualquer poder hierárquico, tutelar ou de superintendência do Governo, pelo que a responsabilização deste perante o Parlamento pela actuação daquelas não fará sentido.

Deste modo, as ARI apresentam um défice democrático: como não há subordinação da Administração independente ao Executivo e subsequente responsabilização deste perante o Parlamento, não se assegura o controlo democrático (indirecto) daquelas autoridades.

Consequentemente, as ARI configurariam uma 4.ª função estadual, um poder de vigilância e garantia, verdadeiros "conselhos de sábios, carentes de legitimidade democrática, impermeabilizados ao poder de "indirizzo do Governo", erigidos a inúteis duplicadores da função administrativa, e possuidores, segundo algumas opiniões, de porções de poder executivo que exercem à margem de critérios mínimos de unidade de acção administrativa"[62-63].

---

[61] Como referimos *supra*, de acordo com o art. 199.º, al. d), da Lei Fundamental, o Governo dispõe de poder de direcção sobre a Administração directa, dos poderes de superintendência e tutela sobre a Administração indirecta e do poder de tutela sobre a Administração autónoma.

[62] *Vide* BLANCO DE MORAIS, *Ob. cit.*, pág. 111.

[63] Também Eduardo Vera-Cruz Pinto transmite uma visão pessimista das ARI: "Mas o que se passa de facto é a transferência de poderes públicos do Estado para outras entidades que, no seu exercício, dão menos garantias, são menos independentes e conhecem limites mais ténues que o próprio Estado. São uma imitação do Estado, sujeita a um conjunto de normas de criação autista e com margens de discricionariedade e opacidade eventualmente superiores às instituições e organismos especializados, integrados na Administração Pública. As imitações são sempre piores que os modelos imitados". *Vide* EDUARDO VERA-CRUZ PINTO, "A regulação pública como instituto jurídico de criação prudencial na resolução de litígios entre operadores económicos no início do séc. XXI", *in Regulação e Concorrência – Perspectivas e Limites da defesa da concorrência* (Coordenação de Ruy de Albuquerque e António Menezes Cordeiro), Almedina, Coimbra, 2005, pág. 188.

c.3.3.2) Uma nova legitimação das ARI

Em nossa opinião, a actividade exercida pelas autoridades independentes não consubstancia uma quarta função do Estado, antes se insere no âmbito da função administrativa[64].

Com efeito, as tarefas desenvolvidas pelas ARI são materialmente administrativas: a aprovação de regulamentos, actos administrativos, pareceres obrigatórios (vinculativos ou não) e facultativos, entre outros.

Por outro lado, o carácter dependente da função administrativa refere-se à vinculação à lei – e as ARI pautam-se pela dependência em relação a esta – e não à existência de subordinação política.

No entanto, somos da opinião de que as ARI padecem de legitimação democrática, nos termos anteriormente expostos, podendo, por isso, a sua existência configurar um esvaziar do modelo constitucional de competências, responsabilidade e controlo dos órgãos de soberania[65].

Como alerta Blanco de Morais: "a livre criação legal de instâncias de poder integradas na administração activa do Estado-Pessoa, não legitimadas democraticamente, não vinculadas ao Governo como órgão superior da Administração e não submetidas a formas constitutivas de responsabilidade político-institucional perante o Parlamento, constitui no mínimo, um limite ao princípio da reserva constitucional, acolhido no n.º 2 do art. 110.º da CRP e ao princípio da separação com interdependência de poderes, previsto no n.º 1 do art. 111.º "[66].

É, portanto, necessário encontrar novos modos legitimadores das ARI, mecanismos de promoção da sua ligação à vontade popular, sob pena de pormos em causa o princípio do Estado de Direito democrático.

Desta sorte, considera-se elemento crucial da nova legitimação da Administração independente a adopção de procedimentos transparentes e participados: " a sua legitimação não deriva da democracia política, mas da "democracia procedimental" "[67].

---

[64] Cfr., no mesmo sentido, ALEXANDRE DE ALBUQUERQUE /PEDRO DE ALBUQUERQUE, "O controlo contencioso da actividade das entidades de regulação económica", *in Regulação e Concorrência ..., cit.,* pág. 270 e ss.

[65] Assim, o problema da falta de legitimação democrática das ARI confunde-se com o da sua conformidade aos dados da Lei Fundamental, não tendo, portanto, o problema da admissibilidade constitucional daquelas entidades sido completamente ultrapassado com a consagração expressa do art. 267.º, n.º 3, na Constituição.

[66] Cfr. BLANCO DE MORAIS, *Ob. cit.,* págs. 148 e 149.

[67] Cfr. VITAL MOREIRA / FERNANDA MAÇÃS, *Ob. cit.,* pág. 47.

Embora concordando com a necessidade de procedimentalização do *iter* decisório das ARI como forma de credibilização da sua actividade, não nos parece que assim se eliminem as questões relativas ao princípio democrático.

Consideramos essencial uma ligação próxima das ARI à Assembleia da República, única via de conferir alguma legitimidade democrática àquelas entidades. Só um escrutínio parlamentar adequado assegura a responsabilização a que todo o poder público deve estar sujeito, e a Administração independente não pode ser excepção, até porque independência implica responsabilidade.

Destarte, pensamos que só uma lei parlamentar pode criar entidades administrativas independentes[68], delimitando o mais rigorosamente possível o seu mandato.

Por outro lado, os nomeados pelo Poder Executivo[69] para as ARI devem ser confirmados pela comissão parlamentar competente, à semelhança do que ocorre com o Senado norte-americano.

No intuito de reforçar a "accountability" pública das ARI, parece-nos igualmente importante a necessidade de elaboração e envio ao Parlamento de relatórios periódicos (anuais?) com a descrição das actividades desenvolvidas e dos progressos feitos em termos de regulação no sector respectivo.

Outra adequada forma de controlo parlamentar é a exigência de apresentação regular dos membros das ARI às comissões respectivas sempre que seja relevante a prestação de esclarecimentos ou a prestação de contas da actividade do organismo[70].

---

[68] O sentido da expressão "Lei" do art. 267.º, n.º 3, da Constituição, transcrito anteriormente, só pode ser o de lei da A.R. e não o de acto legislativo na acepção lata (lei, decreto-lei e decreto legislativo regional). Neste sentido, *vide*, BARBOSA DE MELO, *Direito Constitucional e Administrativo...*, *cit.*, pág. 20.

Vital Moreira, por sua vez, considera não existir uma exigência constitucional de reserva absoluta de lei parlamentar, embora admita ser essa a via preferencial de criação das ARI. Também o art. 7.º do Projecto de Lei-Quadro das ARI apenas exigia a sua criação por "diploma legislativo". Cfr. VITAL MOREIRA / FERNANDA MAÇÃS, *Ob. cit.*, pág. 275.

[69] Pensamos ser excessiva a opção de alguns ordenamentos pela nomeação parlamentar dos membros das ARI (v.g., a entidade reguladora de comunicações italiana), pois é ao Governo que cabe a definição das melhores formas de prossecução do interesse público e a escolha dos melhores elementos da sociedade para atingir tal desiderato, mesmo ao nível da Adminsitração independente.

[70] As medidas acabadas de expor, existentes há muito nos E.U.A. e com consagração em diversos ordenamentos jurídicos europeus, foram também propostas no

Em conclusão, a independência não pode significar ausência de controlo da assembleia representativa dos cidadãos, sob pena de as ARI constituírem verdadeiros "governos de sábios" ou "enclaves não democráticos da Administração". A independência face ao Executivo exige a compensação da fiscalização parlamentar[71].

III – Os Serviços de Interesse Económico Geral

d) Os Serviços de Interesse Económico Geral

No domínio comunitário, a expressão "serviço público" tem vindo a ser substituída pela noção de "serviços de interesse económico geral", utilizada nos arts. 16.º [72] e 86.º, n.º 2[73], do Tratado da Comunidade Europeia.

Embora não definida naquele tratado nem no direito derivado comunitário, a expressão "serviços de interesse económico geral"[74] refere-se aos serviços de natureza económica sujeitos a obrigações de serviço público em virtude de critérios de interesse geral.

---

projecto de Lei-Quadro das ARI (cfr. art. 51.º) e vêm sendo defendidas pela melhor doutrina. *Vide,*, por todos, VITAL MOREIRA, "As autoridades reguladoras e o Parlamento", in *A Mão Visível..., cit.,* pág. 195 e ss.

[71] Sobre os problemas da constitucionalidade da Administração independente e da respectiva "accountability" em Espanha, *vide* DANIEL TERRÓN SANTOS, *Autoridades Nacionales de reglamentacion. El caso de la Comisión del Mercado de las Telecomunicaciones,* Editorial Comares, Granada, 2004, págs. 93 e ss.

[72] O art. 16.º do Tratado da Comunidade Europeia prevê o seguinte:
"Sem prejuízo do disposto nos arts. 73.º, 86.º e 87.º, e atendendo à posição que os serviços de interesse económico geral ocupam no conjunto dos valores comuns da União e ao papel que desempenham na promoção da coesão social e territorial, a Comunidade e os seus Estados-Membros, dentro do limite das respectivas competências e no âmbito de aplicação do presente Tratado, , zelarão para que esses serviços funcionem com base em princípios e em condições que lhes permitam cumprir as suas missões".

[73] Dispõe o art. 86.º, n.º 2, do Tratado da Comunidade Europeia:
"As empresas encarregadas da gestão de serviços de interesse económico geral ou que tenham a natureza do monopólio fiscal ficam submetidas ao disposto no presente Tratado, designadamente às regras de concorrência, na medida em que a aplicação destas regras não constitua obstáculo ao cumprimento, de direito ou de facto, da missão particular que lhes foi confiada. O desenvolvimento das trocas comerciais não deve ser afectado de maneira que contrarie os interesses da Comunidade".

[74] Doravante SIEG.

A noção de SIEG não deve ser confundida com a de Serviço Público, pois a realização de objectivos de interesse público deixou de ser exclusivamente assegurada por entes públicos.

Na verdade, como vimos anteriormente, as actividades económicas são cada vez mais cometidas a privados, embora estes sejam onerados com o cumprimento das "obrigações de serviço público"[75]. Entende-se que o mercado e a liberdade de concorrência contribuem melhor para o progresso social, cabendo ao Estado um papel mínimo.

Ao Estado-Regulador dos nossos dias compete a regulação do Mercado, elaborando regras para o seu funcionamento (*"Freer markets, more rules"*) e fiscalizando o seu cumprimento e a satisfação das "obrigações de serviço público".

Em suma, a noção comunitária de SIEG veio substituir a tradicional expressão de Serviço Público[76], não importando a titularidade pública ou privada dos serviços, mas apenas a realização das tarefas de interesse geral e das obrigações específicas de serviço público.

---

[75] O fenómeno das iniciativas privadas ao serviço do interesse geral não emergiu somente com o Estado-Regulador: desde o Antigo Regime que se conhecem contratos de partenariado entre o Estado e operadores privados, tendo em vista, fundamentalmente, o financiamento de grandes infra-estruturas públicas. Sobre a história das parcerias público-privadas, *vide* XAVIER BEZANÇON, *2000 ans d'histoire du partenariat public-privé – pous la réalisation des équipements et services collectifs*, Presses de l'École Nationale des Ponts et Chaussées, 2004.

Por razões ligadas às dificuldades orçamentais dos Estados e à crença no engenho dos privados, hodiernamente tem-se assistido a um ressurgimento das "Public Private Partnerships"(PPP's) ou da "Private Finance Initiative"(PFI) avultando com particular importância a figura do Project Finance. Sobre a complexidade e diversidade dos contratos em que assenta hoje a participação dos privados no financiamento e gestão das infraestruturas e serviços públicos, *vide* PAUL LIGNIÉRES, *Partenariats Publics Privés*, Litec, Paris, 2000.

[76] Como ensina Fausto de Quadros, "O instituto do serviço público constitui um bom exemplo da interacção sistemática e dogmática que se vem estabelecendo desde sempre entre o Direito Administrativo e o Direito Comunitário e que ao longo dos últimos cinquenta anos tem presidido à evolução de ambos esses ramos do Direito". FAUSTO DE QUADROS, "Serviço Público e Direito Comunitário", *in Os Caminhos da Privatização..., cit.,* pág. 280.

Sobre a relação entre o Direito Administrativo e o Direito Comunitário e o novo conceito de Direito Administrativo Europeu, *vide* FAUSTO DE QUADROS, *A Nova Dimensão do Direito Administrativo – O Direito Administrativo Português na Perspectiva Comunitária*, (reimpressão), Almedina, Coimbra, 2001.

d1) *SIEG: uma responsabilidade dos Estados-Membros e da União Europeia (princípio da subsidiariedade)*

Os SIEG constituem "um pilar de um modelo europeu de sociedade", e são "essenciais para a coesão social e territorial e para a competitividade da economia europeia"[77].

No entanto, compete aos Estados a responsabilidade pela definição dos serviços a prestar e sua execução, pois as autoridades nacionais conhecem melhor as realidades do seu país e as necessidades dos seus cidadãos do que as instituições europeias.

Por seu turno, a Comissão deve acompanhar a criação e o desenvolvimento dos SIEG, velando pelo seu eficaz funcionamento e garantindo a sua integração harmoniosa nos mercados abertos à concorrência[78].

Resumindo: em conformidade com o estipulado no art. 16.º do Tratado[79] e no art. II-36.º da Carta dos Direitos Fundamentais[80], a União Europeia contribuirá para a consolidação do modelo dos SIEG, sendo estes, porém, definidos pela liberdade política de cada Estado[81]. Vigora neste domínio o princípio comunitário da subsidiariedade[82].

---

[77] Cfr. Comunicação da Comissão ao Parlamento Europeu, ao Conselho, ao Comité Económico e Social Europeu e ao Comité das Regiões, *Livro Branco sobre os serviços de interesse geral,* CBM, (2004) 374 final, Bruxelas, 2004, pág. 4.

[78] Assim, compete à Comissão garantir que a qualificação dos SIEG não é dada a actividades não abrangidas por essa noção (porque já são realizadas pelo mercado concorrencial ou por não visarem o interesse geral) bem como avaliar se os benefícios (v.g., compensações financeiras) concedidos às empresas responsáveis pelos SIEG não são, na verdade, formas de distorção de uma concorrência leal.

[79] Preceito transcrito supra.

[80] O art. II-36.º da Carta dos Direitos Fundamentais reza o seguinte:
"A União reconhece e respeita o acesso a serviços de interesse económico geral tal como previsto nas legislações e práticas nacionais, de acordo com a Constituição, a fim de promover a coesão social e territorial da União".

[81] A evolução dos SIEG no contexto europeu prima, assim, pela heterogeneidade. Em relação a Portugal, vide MANUEL LOPES PORTO, "Serviços Públicos e Regulação em Portugal", in *Revista de Direito Público da Economia (RDPE),* Ano 1, n.º 3, Editora Fórum, Julho/Setembro 2003, pág. 161 e ss.; RODRIGO GOUVEIA, *Os Serviços de Interesse Geral em Portugal,* Coimbra Editora, 2001, pág. 57 e ss.

[82] O princípio da subsidiariedade é um princípio geral do ordenamento jurídico comunitário consagrado no art. 5.º, §2, do Tratado da Comunidade Europeia, que dispõe:
"Nos domínios que não sejam das suas atribuições exclusivas, a Comunidade intervém apenas, de acordo com o princípio da subsidiariedade, se e na medida em que os objectivos da acção encarada não possam ser suficientemente realizados pelos

d2) *SIEG e a selecção dos prestadores*

No âmbito da liberdade de escolha da forma como os SIEG são assegurados, os Estados têm decidido confiar a missão a empresas públicas e, sobretudo, privadas. Importa, por isso, respeitar as regras aplicáveis à selecção dos prestadores.

Destarte, as autoridades públicas nacionais, aquando da contratação de uma empresa para a gestão de um SIEG, estão sujeitas às obrigações decorrentes das directivas comunitárias relativas à contratação pública[83]

Estados-Membros, e possam, pois, devido à dimensão ou aos efeitos da acção prevista, ser melhor alcançados ao nível comunitário".

Sobre o princípio da subsidiariedade, *vide* ANA MARIA GUERRA MARTINS, *Curso de Direito Constitucional da União Europeia*, Almedina, Coimbra, 2004, pág. 256 e ss.; FAUSTO DE QUADROS, *Direito da União Europeia*, Almedina, Coimbra, 2004, pág. 102 e ss.; JOÃO MOTA DE CAMPOS/ JOÃO LUIZ MOTA DE CAMPOS, *Manual de Direito Comunitário*, 4.ª edição, Fundação Calouste Gulbenkian, Lisboa, 2004, pág. 280 e ss.; KOEN LENAERTS / PIET VAN NUFFEL, *Constitutional Law of the European Union*, Sweet & Maxwell, Londres, 1999, pág. 99 e ss.; MARIA LUÍSA DUARTE, "A aplicação jurisdicional do princípio da subsidiariedade no direito comunitário – pressupostos e limites", *in Estudos Jurídicos e Económicos em Homenagem ao Professor João Lumbrales*, Faculdade de Direito da Universidade de Lisboa, Lisboa, 2000, pág. 719 e ss.; MIGUEL GORJÃO-HENRIQUES, *Direito Comunitário*, 3.ª edição, Almedina, Coimbra, 2005, pág. 229 e ss.

[83] *Vide* Directiva 92/50/CE do Conselho de 18 de Junho de 1992 relativa à coordenação dos processos de adjudicação de contratos públicos de serviços (JO L209 de 24/07/1992), Directiva 93/36/CEE do Conselho de 14 de Junho de 1993 relativa á coordenação dos processos de adjudicação dos contratos públicos de fornecimento (JO L199 de 09/08/1993), Directiva 93/38/CEE do Conselho de 14 de Junho de 1993 relativa à coordenação dos processos de celebração de contratos nos sectores da água, da energia, dos transportes e das telecomunicações (JO L199 de 09/08/1993).

Pela sua importância prática, destacamos a Directiva 93/38/CEE, alterada pela directiva 98/4/CE do Parlamento Europeu e do Conselho, de 16 de Fevereiro de 1998 (JOCE L101, de 01/04/1998) e transposta, entre nós, pelo Decreto-Lei n.º 223/2001, de 9 de Agosto. Não podemos também deixar de realçar a importância da Directiva 93/36/CEE, alterada pela Directiva 97/52/CE do Parlamento Europeu e do Conselho de 13 de Outubro de 1997 (JOCE L328, de 28 de Novembro de 1997) e transposta para a ordem jurídica portuguesa pelo Decreto-Lei n.º 197/99, de 8 de Junho.

Por fim, em termos de disciplina nacional fundamental das regras e princípios do direito procedimental adjudicatório, temos de referir o Regime das Empreitadas de Obras Públicas(Decreto-Lei n.º 55/99, de 2 de Março). Sobre este diploma, *vide* JORGE ANDRADE DA SILVA, *Regime Jurídico das Empreitadas de Obras Públicas*, 9.ª edição, Almedina, Coimbra, 2004; em relação aos procedimentos concursais e de adjudicação em geral, cfr. MÁRIO ESTEVES DE OLIVEIRA / RODRIGO ESTEVES DE OLIVEIRA, *Concursos e outros procedimentos de Adjudicação Administrativa – Das fontes às garantias*, Almedina, Coimbra, 2003.

ou, não existindo directivas, às regras e princípios constantes do Tratado da Comunidade Europeia.

No tocante aos princípios e regras do direito adjudicatório europeu, salientamos:
- o princípio da publicidade / transparência, a impor grau de publicidade adequado que permita a abertura do mercado dos serviços à concorrência e o controlo da imparcialidade dos procedimentos de adjudicação;
- o princípio da proporcionalidade, na escolha do procedimento mais adequado ao interesse público a prosseguir;
- o princípio da boa fé, a impor actuação correcta, coerente, autêntica e verídica das partes;
- o princípio da estabilidade, segundo o qual os concursos se devem manter inalterados durante a pendência dos respectivos procedimentos, só assim se garantindo a isenção e imparcialidade.

Em conclusão, os princípios estruturais e estruturantes da contratação pública assumem importância fundamental na tutela da confiança dos concorrentes e do público num sistema concursal e adjudicatório, igual, imparcial, transparente e justo, para defesa de uma concorrência leal.

d3) *SIEG e o Problema do financiamento.*

Ao assumir os SIEG como valor comum da União Europeia[84], o Tratado da Comunidade Europeia, como já referimos, procura promover o equilíbrio entre a liberdade de concorrência e os interesses públicos[85].

---

[84] Cfr. art. 16.º do Tratado da Comunidade Europeia, transcrito anteriormente. O art. III, n.º 6, do projecto de Tratado que estabelece uma Constituição para a Europa altera, porém, aquela disposição, passando a prever-se:

"Sem prejuízo dos artigos III-55.º, III-56.º e III-136.º, e atendendo à posição que os serviços de interesse económico geral ocupam, enquanto serviços a que todos na União atribuem valor e ao papel que desempenham na promoção da sua coesão social e territorial, a União e os seus Estados-Membros, dentro dos limites das respectivas competências e no âmbito de aplicação da Constituição, zelam por que esses serviços funcionem com base em princípios e em condições, designadamente económicas e financeiras, que lhes permitam cumprir as suas missões. Esses princípios e condições são definidos por lei europeia".

[85] Neste sentido, Dulce Lopes considera os SIEG como "a noção que melhor opera uma ponderação entre o princípio comunitário da liberdade de concorrência e

Todavia, em muitas situações, as regras do Tratado em matéria de política da concorrência têm de ser limitadas, ou afastadas, em favor de interesses gerais.

Dito de outro modo, o regime dos SIEG pode determinar a derrogação de regras comunitárias da concorrência se, e quando, necessário à prossecução de valores sociais considerados essenciais pela comunidade: é o que decorre do art. 86.º, n.º 2, do Tratado da Comunidade Europeia [86-87].

Destarte, são admissíveis os auxílios estatais [88-89] das empresas prestadoras de SIEG, pois entende-se que constituem uma compensação pela imposição das "obrigações de serviço público".

---

os direitos fundamentais de iniciativa privada e de estabelecimento, por um lado, e as exigências de interesse geral, por outro", DULCE LOPES, "O Nome das Coisas: Serviço Público, Serviço de Interesse Económico Geral e Serviço Universal no Direito Comunitário" (separata), in Revista Temas de Integração, n.ºs 15 e 16, Almedina, Coimbra, 2003, pág. 198.

[86] Preceito transcrito anteriormente.

[87] Como ensina López-Muñiz, "El art. 86.2 refleja esa sensibilidad, hasta el punto de legitimar, como hemos dicho, que pueda excluirse la aplicación de las normas del Tratado en parte o en todo, siempre que ello sea necessário para aquella protección y garantia a la que se reconoce ab initio un valor claramente preferente. Es la prueba palmaria de que, como dijimos, aunque el Tratado se funda en un princípio general preferente de libertad y competência en el mercado, acoge también con no poca transcendencia un principio complementario de regulación e intervención pública, com capacidad de limitar o desplazar a aquél en muchos supuestos, en aras de la debida garantia social pública de intereses generales, económicos y no económicos". JOSÉ LUIS MARTINEZ LÓPEZ-MUÑIZ, "Servicio Público, Servicio Universal y "Obligación de Servicio Público" en la perspectiva del Derecho Comunitário: los servicios esenciales y sus regímenes alternativos", in Os Caminhos de Privatização, cit., pág. 262.

[88] Via de regra, os auxílios concedidos pelos Estados não são admitidos, verificadas as condições previstas no art. 87.º, n.º 1, do Tratado da Comunidade Europeia, que estabelece:

"Salvo disposição em contrário do presente Tratado, são incompatíveis com o mercado comum, na medida em que afectem as trocas comerciais entre os Estados-Membros, os auxílios concedidos pelos Estados ou provenientes de recursos estatais, independentemente da forma que assumam, que falseiem ou ameacem falsear a concorrência, favorecendo certas empresas ou certas produções."

[89] A transferência de recursos estatais pode assumir múltiplas formas: subvenções directas, créditos de imposto, vantagens em espécie, etc.

Assim, o Tribunal de Justiça da Comunidade Europeia considerou que "o fornecimento de assistência logística e comercial sem contrapartida normal por uma empresa pública às suas filiais de direito privado que exercem uma actividade aberta

No entanto, os benefícios concedidos às empresas responsáveis pelos SIEG não podem ultrapassar o necessário para o funcionamento do serviço público, competindo à Comissão avaliar se aquelas vantagens não são factor distorsor da concorrência: vigora, pois, o princípio da proporcionalidade[90].

d4) *SIEG, Serviço Universal e Serviços de Interesse Geral*

Conforme já referimos, a definição dos SIEG é da competência dos Estados, limitando-se a Comissão a garantir que não haja qualquer erro manifesto ou abuso na sua qualificação[91].

à livre concorrência é susceptível de constituir um auxílio do Estado na acepção do art. 87.º do Tratado" (Acórdão SFEI, de 11 de Julho de 1996, Processo C-39/94).

Também as compensações para a exploração de SIEG resultantes de taxas parafiscais ou contribuições obrigatórias impostas pelo Estado e geridas e repartidas em conformidade com a legislação (em especial, quando é estabelecido pelo Estado um fundo) constituem auxílios de Estado na acepção do art. 87.º do Tratado (Cfr. Acórdão Itália / Comissão, de 2 de Julho de 1974 – Processo C-173/73 e Acórdão Compagnie Commerciale de l'Ouest, de 11 de Março de 1992 – Processos apensos L-78/90 a L-83/90).

[90] Averiguar, em concreto, a compatibilidade de um determinado auxílio estatal com o Mercado Comum é tarefa, muitas vezes, complexa. Importa, por isso, tomar em consideração a jurisprudência comunitária.

Nos Acórdãos FFSA, de 27 de Fevereiro de 1997 – Processo T-106/95 (acórdão confirmado por decisão do Tribunal de 25 de Março de 1998, Processo L-174/97P) e Televisão Portuguesa, de 10 de Maio de 2000 – Processo T-46/97, o Tribunal de Primeira Instância considerou as compensações em causa como auxílios estatais para efeitos do art. 87.º, n.º 1, do Tratado, mesmo que o seu montante não ultrapasse o necessário para o desempenho da missão de serviço público.

Por sua vez, o Tribunal de Justiça, no Acórdão Ferring, de 22 de Novembro de 2001 – Processo C-53/00, considerou que as compensações cujo montante não exceda o necessário para o desempenho da missão de serviço público não constituem vantagens proibidas pelo art. 87.º, n.º 1, do Tratado.

Mais recentemente, no Acórdão Altmark Trans, de 24 de Julho de 2003 – Processo C-280/00, o Tribunal enunciou algumas condições nas quais uma compensação ligada a SIEG não constitui um auxílio estatal. Destacamos a terceira condição: "Em terceiro lugar, a compensação não pode ultrapassar o que é necessário para cobrir total ou parcialmente os custos ocasionados pelo cumprimento das obrigações de serviço público, tendo em conta as receitas obtidas, assim como um lucro razoável relativo à execução destas obrigações. O respeito dessa condição é indispensável para garantir que não seja concedida à empresa beneficiária qualquer vantagem que falseie ou ameace falsear a concorrência, reforçando a posição concorrencial desta empresa".

[91] Cfr. Acórdão FFSA, de 27 de Fevereiro de 1997 – Processo T-106/95 do Tribunal de Primeira Instância, onde se afirma que a Comissão "não está, na ausência

Os SIEG são geridos por entidades públicas ou privadas de acordo com as regras da concorrência, embora estas possam ser limitadas / / afastadas atenta a missão de interesse geral que têm de prosseguir.

De facto, aos SIEG são impostas as denominadas obrigações de serviço público, as quais, por serem de carácter considerado essencial, têm de ser fornecidas a toda a comunidade.

Assim, o conceito de SIEG é frequentemente confundido com o de Serviço Universal, pois as empresas encarregadas daqueles serviços têm de garantir o fornecimento das prestações, mesmo quando economicamente inviáveis, a todos, até àqueles sem capacidade económica.

Por outro lado, a noção comunitária de SIEG refere-se, como o próprio nome indica, a serviços eminentemente económicos e não de carácter social ou cultural. A construção do Mercado Comum conduziu, sobretudo, à criação de SIEG de carácter industrial e comercial, tendo o domínio dos serviços sociais sido relegado para o plano secundário[92].

No entanto, como resulta do Livro Branco sobre os serviços de interesse geral, "os serviços sociais de interesse geral têm um papel especial a desempenhar como parte integrante do modelo europeu de sociedade"[93]. Quer isto dizer que serviços como a saúde, a segurança social, o emprego e a habitação social podem passar a ser prestados através do recurso ao sistema dos SIEG, deixando de ser assegurados

---

de regulamentação comunitária na matéria, habilitada a pronunciar-se sobre a organização e a amplitude das missões de serviço público... nem sobre a oportunidade das opções políticas decididas a este respeito pelas autoridades competentes nacionais, desde que as actividades desenvolvidas nos sectores concorrenciais não beneficiem da concessão do auxílio em questão e que o auxílio concedido não ultrapasse o necessário para garantir o cumprimento da missão especial que incumbe à empresa em causa".

Contudo, a Comissão deverá intervir no caso de erro manifesto de qualificação dos SIEG, seja porque o mercado já responde satisfatoriamente aos interesses da população, seja devido à ausência de objectivos de interesse geral.

A título de exemplo, o Tribunal de justiça considerou que "uma empresa que o Estado não encarregou de qualquer missão e que gere interesses privados, mesmo que se trate de direitos de propriedade intelectual protegidos pela legislação" (Acórdão BRT/SABAM, de 21 de Março de 1974 – Processo 127/73), não se integra na noção de SIEG.

[92] Por sua vez, os serviços públicos de carácter puramente administrativo, relativos ao exercício de funções soberanas do Estado (v.g., defesa, segurança, ...), não dão lugar a uma facturação individual, não estando por isso sujeitas às regras da concorrência e ao art. 86.º, n.º 2, do Tratado.

[93] Cfr. *Comunicação da Comissão ..., cit.*, pág. 17.

necessariamente por organismos do Estado. Por isto se fala em Serviços de Interesse Geral.

Em nossa opinião, a especificidade destes sectores aconselha a prudência. Estamos a falar de domínios sociais por excelência, matérias onde a solidariedade e não razões de mera eficácia devem imperar.

Tomemos como exemplo a Saúde: os défices crescentes, a ineficiência e falta de qualidade nos serviços prestados em muitos hospitais e estabelecimentos de saúde públicos justificam, segundo muitos, a passagem deste sector para a órbita do mercado.

Podemos até acreditar na maior eficácia dos cuidados de saúde prestados pelos operadores privados, mas tememos pela possibilidade de controlo do cumprimento das obrigações de serviço público a que estes ficarão adstritos, designadamente a vertente da universalidade.

Noutros termos: como afastar o risco da selecção adversa ou da anti-selecção? Atendendo ao escopo lucrativo dos operadores privados, como garantir que alguém não será visto enquanto custo, mas como pessoa e independentemente do seu poder económico?

Pelo menos, no campo social, não somos optimistas e pensamos ser possível (e preferível) encontrar respostas no âmbito do próprio Estado. O Estado-Regulador não pode deixar de ser um Estado de preocupações sociais.

IV – Reflexões Finais

e1) O Neo-liberalismo emergente

Nos tempos hodiernos, assistimos à hegemonia do capitalismo e ao triunfo das ideias liberais, arvoradas em única via possível de assegurar a prosperidade à escala global.

Como modelo da ideologia neo-liberal temos os E.U.A., tendo os movimentos de privatização, liberalização e desregulamentação sido importados posteriormente pela Inglaterra de Margaret Thatcher[94] e, hoje em dia, por todo o continente europeu e não só.

---

[94] Como afirma Rui Machete, "a frustração resultante da ineficiência dos serviços públicos conduziu, na década de 80, ao "New Public Management" e ao "Government by Contract" sob o governo de Margaret Thatcher e ao "Reinventing Government" americano". RUI MACHETE, "A evolução do conceito de Serviço Público e a natureza das relações entre concessionário ou autorizado e o utente", in *Estudos de Direito Público,* Coimbra Editora, Coimbra, 2004, pág. 177.

As novas teorias económicas neo-liberais advogam a globalização do mercado e a liberdade de concorrência como pilares fundamentais da organização do Estado, ao qual passa a competir um papel mínimo na economia: o de Estado-Regulador.

Do nosso ponto de vista, o liberalismo permitiu, apesar das crises que se vão vivendo, um aumento da riqueza dos diversos países, com benefícios claros para a população. Os ideais liberais consolidaram ainda o que são hoje liberdades fundamentais dos indivíduos: de pensar, de agir, de circular, de inovar.

Contudo, não podemos esquecer as desigualdades entre ricos e pobres num fenómeno já designado de "brasileirização" do mundo [95], ou os sinais preocupantes das abstenções eleitorais e da emergência de ideologias neo-nazis / fascistas a porem em causa o regime democrático.

Em nossa opinião, o ultraliberalismo actual necessita de ser temperado pelos ideais da solidariedade e da responsabilidade social: só um liberalismo sensato pode aproveitar à Humanidade.

e2) As ARI

Paralelamente à emergência de um novo paradigma das relações entre Economia e Estado, deparamos com a reconfiguração da Administração Pública e o surgimento das ARI.

Temos reservas quanto a este tipo de entidades, sobretudo, como vimos, relativamente á questão da *"accountability"* e da sua democraticidade. A legitimação procedimental não é suficiente e a responsabilização das ARI tem de ser aprofundada, sob pena de terem de ser consideradas como entidades anti-democráticas[96].

Por outro lado, julgamos que as ARI não são mais do que tentativas de compensação das fraquezas do sistema político: o triunfo da partidocracia sobre o mérito levou à diminuição da qualidade da

---

[95] Cfr. ALAIN GIRARD / CLAUDE NEUSCHWANDER, *Le libéralisme contre la démocratie – Le temps des citoyens,* Editions la Découverte et Syros, Paris, 1997, pág. 125.

[96] A propósito do Instituto do Consumidor e questionando-se sobre a desejabilidade da sua transformação numa ARI, Barbosa de Melo responde sintética, mas elucidativamente: "Julgo que não. Por razões políticas, de que nos deu recentemente testemunho o Presidente Lula da República Federativa do Brasil, por considerações ligadas ao estilo europeu do *Welfare State* e por princípios essenciais inerentes à tradição democrática do Ocidente". BARBOSA DE MELO, "Aspectos jurídico-públicos da Protecção dos Consumidores", *in Estudos de Direito do Consumidor,* n.º 5, Centro de Direito do Consumo, Coimbra, 2003, pág. 41.

actividade política, obrigando à convocação de elites tecnicamente competentes e à constituição de um novo figurino administrativo (a "Administração independente").

No entanto, para além do défice democrático, aqueles "governos de sábios" não são sempre imunes à lógica partidária que mina hoje as democracias, pelo que as virtudes da competência técnica não estarão necessariamente garantidas...

Por fim, a reregulação promovida pelas ARI tem consubstanciado uma intervenção estatal crescente, frustrando, paradoxalmente, os objectivos de emagrecimento do Estado que presidiram à sua criação[97].

e3) O novo Estado e a dicotomia Direito Público – Direito Privado

A globalização do mercado e a crise política e fiscal do Estado Providência conduziram, sob o impulso dos E.U.A., do Reino Unido e, mais tarde, da União Europeia, a uma reorganização da esfera pública e do sistema de direito administrativo.

Na verdade, as liberalizações, as privatizações e as externalizações provocaram uma redução do campo de actuação da Administração Pública e do seu direito regulador, chegando mesmo a falar-se no fim do direito público ou na supressão do Direito Administrativo.

Com o retrocesso do papel do Estado na vida económica, há, segundo muitos, um retorno ao Direito Privado, uma privatização do Direito Público: surge o Direito Privado Administrativo.

Não sendo a privatização do público (ou a publicização do privado...) o objecto central do nosso trabalho, sempre diremos que a administração pública cada vez mais se organiza e actua sob formas de direito privado, embora sujeita a vinculações jurídico-públicas.

Em conclusão, a clássica distinção Direito Público – Direito Privado não assume contornos tão rígidos como outrora, sendo frequentes os fenómenos da miscigenação entre Público e Privado. É este o pano de fundo do trabalho que agora se conclui[98].

---

[97] Neste sentido, vide, SABINO CASSESE, "Stato e Mercato, Dopo Privatizazioni e Dere-gulation", in *Rivista Trimestrale di diritto pubblico,* Anno XLI, 1991, pág. 384 e ss.

[98] Sobre a dicotomia Público – Privado e os seus novos contornos, vide DAWN OLIVIER, "Pourquoi n'y a-t-il pas vraiment de distinction entre droit public et droit privé en Angleterre?", in *Revue Internationale de Droit Comparé,* n.º 2, Abril-Junho 2001, pág. 327 e ss.; GIULIO NAPOLITANO, *Publico e Privato nel Diritto Amministrativo*

Bibliografia

ALAIN GIRARD / CLAUDE NEUSCHWANDER, *Le libéralisme contre la démocratie – Le temps des citoyens,* Editions la Découverte et Syros, Paris, 1997.

ALEXANDRE DE ALBUQUERQUE / PEDRO DE ALBUQUERQUE, "O controlo contencioso da actividade das entidades de regulação económica", *in Regulação e Concorrência – Perspectivas e Limites da defesa da concorrência* (Coordenação de Ruy de Albuquerque e António Menezes Cordeiro), Almedina, Coimbra, 2005.

ANA MARIA GUERRA MARTINS, *Curso de Direito Constitucional da União Europeia,* Almedina, Coimbra, 2004.

BARBOSA DE MELO, *Direito Constitucional e Administrativo da Banca, da Bolsa e dos Seguros,* apontamentos policopiados, Coimbra, 2004/2005.

BARBOSA DE MELO, "Aspectos jurídico-públicos da Protecção dos Consumidores", *in Estudos de Direito do Consumidor,* n.º 5, Centro de Direito do Consumo, Coimbra, 2003.

BARBOSA DE MELO, *Direito Adminsitrativo II (A protecção jurisdicional dos cidadãos perante a administração pública),* sumários das lições proferidas na Faculdade de Direito de Coimbra no ano lectivo de 1986/87 (policopiado), Coimbra, 1987.

BLANCO DE MORAIS, *"As autoridades administrativas independentes na ordem jurídica Portuguesa", in* Revista da Ordem dos Advogados, ano 61, Lisboa, 2001.

Comunicação da Comissão ao Parlamento Europeu, ao Conselho, ao Comité Económico e Social Europeu e ao Comité das Regiões, *Livro Branco sobre os serviços de interesse geral,* CBM, (2004) 374 final, Bruxelas, 2004.

DANIEL TERRÓN SANTOS, *Autoridades Nacionales de reglamentacion. El caso de la Comisión del Mercado de las Telecomunicaciones,* Editorial Comares, Granada, 2004.

DAWN OLIVIER, "Pourquoi n'y a-t-il pas vraiment de distinction entre droit public et droit privé en Angleterre?", *in Revue Internationale de Droit Comparé,* n.º 2, Abril-Junho 2001.

DULCE LOPES, "O Nome das Coisas: Serviço Público, Serviço de Interesse Económico Geral e Serviço Universal no Direito Comunitário" (separata), *in Revista Temas de Integração,* n.ºs 15 e 16, Almedina, Coimbra, 2003.

EDUARDO VERA-CRUZ PINTO, "A regulação pública como instituto jurídico de criação prudencial na resolução de litígios entre operadores económicos no início do

---

(Collana Diretta da Sabino Cassese), Giuffré Editore, Milão, 2003; M. P. CHITI, "Monism or Dualism in Administrative Law: a true or a false dilemma?, *in European Review of Public Law,* vol 12, n.º 2, Esperia Publications Ltd., 2000, pág. 463 e ss.; SABINO CASSESE, "Le transfornazioni del Diritto Amministrativo dal XIX al XXI Secolo", *in Rivista Trimestrale di diritto pubblico,* 1, 2002, pág. 27 e ss.; SÉRVULO CORREIA, "Monisme(s) ou Dualisme(s) – Conclusions Générales", *in European Review ..., cit,* pág. 831 e ss.

Entre nós, *vide* MARIA JOÃO ESTORNINHO, *Requiem pelo Contrato Administrativo* (reimpressão), Almedina, Coimbra, 2003 e *A fuga para o Direito Privado – Contributo para o estudo da actividade de direito privado da Administração Pública,* (reimpressão), Almedina, Coimbra, 1999; VASCO PEREIRA DA SILVA, *Em busca do acto administrativo perdido,* (reimpressão), Almedina, Coimbra, 2003.

séc. XXI", in *Regulação e Concorrência – Perspectivas e Limites da defesa da concorrência* (Coordenação de Ruy de Albuquerque e António Menezes Cordeiro), Almedina, Coimbra, 2005.

FAUSTO DE QUADROS, "Serviço Público e Direito Comunitário", in *Os Caminhos da Privatização da Administração Pública, Boletim da Faculdade de Direito da Universidade de Coimbra*, Coimbra Editora, Coimbra, 2001.

FAUSTO DE QUADROS, *Direito da União Europeia*, Almedina, Coimbra, 2004.

FREITAS DO AMARAL, "Apresentação da dissertação de doutoramento do Mestre Vital Moreira", in *Estudos de Direito Público e matérias afins*, volume II, Almedina, Coimbra, 2004.

FREITAS DO AMARAL, *Curso de Direito Administrativo*, Vol. I, 2.ª edição, Almedina, Coimbra, 2000.

GIANDOMENICO MAJONE, *La Communauté européenne: Un Etat régulateur* (tradução de Jean-François Baillon), Montchrestien, Paris, 1996.

GILES GUGLIELMI, *Gestión Privada de los Servicios Públicos*, Editorial Ciudad Argentina, Buenos Aires-Madrid, 2004.

GIULIO NAPOLITANO, *Publico e Privato nel Diritto Amministrativo* (Collana Diretta da Sabino Cassese), Giuffré Editore, Milão, 2003.

GOMES CANOTILHO, *Direito Constitucional e Teoria da Constituição*, 4.ª edição, Almedina, Coimbra.

JOÃO CAUPERS, *Introdução ao Direito Administrativo*, 7.ª edição, Âncora Editora, Lisboa, 2001.

JOÃO MOTA DE CAMPOS / JOÃO LUIZ MOTA DE CAMPOS, *Manual de Direito Comunitário*, 4.ª edição, Fundação Calouste Gulbenkian, Lisboa, 2004.

JORGE ANDRADE DA SILVA, *Regime Jurídico das Empreitadas de Obras Públicas*, 9.ª edição, Almedina, Coimbra, 2004.

JOSÉ LUIS MARTINEZ LÓPEZ-MUÑIZ, "Servicio Público, Servicio Universal y "Obligación de Servicio Público" en la perspectiva del Derecho Comunitário: los servicios esenciales y sus regímenes alternativos", in *Os Caminhos de Privatização da Administração Pública, Boletim da Faculdade de Direito da Universidade de Coimbra*, Coimbra Editora, Coimbra, 2001.

KOEN LENAERTS / PIET VAN NUFFEL, *Constitutional Law of the European Union*, Sweet & Maxwell, Londres, 1999.

M. P. CHITI, "Monism or Dualism in Administrative Law: a true or a false dilemma?, in *European Review of Public Law*, vol 12, n.º 2, Esperia Publications Ltd., 2000.

MANUEL LOPES PORTO, "Serviços Públicos e Regulação em Portugal", in *Revista de Direito Público da Economia (RDPE)*, Ano 1, n.º 3, Editora Fórum, Julho/Setembro 2003.

MANUEL LOPES PORTO, *Economia, um texto introdutório*, 2.ª edição, Almedina, Coimbra, 2004.

MANUEL LOPES PORTO, *Teoria da Integração e Políticas Comunitárias*, 3.ª edição, Almedina, Coimbra, 2001.

MARCELO REBELO DE SOUSA, *Lições de Direito Administrativo*, Vol. I, Lex, Lisboa, 1999.

MARIA JOÃO ESTORNINHO, *A fuga para o Direito Privado – Contributo para o estudo da actividade de direito privado da Administração Pública*, (reimpressão), Almedina, Coimbra, 1999.

MARIA JOÃO ESTORNINHO, *Requiem pelo Contrato Administrativo* (reimpressão), Almedina, Coimbra, 2003.

MARIA LUÍSA DUARTE, "A aplicação jurisdicional do princípio da subsidiariedade no direito comunitário – pressupostos e limites", in *Estudos Jurídicos e Económicos em Homenagem ao Professor João Lumbrales*, Faculdade de Direito da Universidade de Lisboa, Lisboa, 2000.

MÁRIO ESTEVES DE OLIVEIRA / RODRIGO ESTEVES DE OLIVEIRA, *Concursos e outros procedimentos de Adjudicação Administrativa – Das fontes às garantias*, Almedina, Coimbra, 2003.

MIGUEL GORJÃO-HENRIQUES, *Direito Comunitário*, 3.ª edição, Almedina, Coimbra, 2005

PAUL LIGNIÉRES, *Partenariats Publics Privés*, Litec, Paris, 2000.

PAZ FERREIRA, *Ensinar Finanças Públicas numa Faculdade de Direito – Relatório sobre o Programa, conteúdo e Métodos de ensino da disciplina*, Almedina, 2005.

PEDRO GONÇALVES / LICÍNIO LOPES MARTINS (com a colaboração de DULCE LOPES), "Os Serviços Públicos Económicos e a Concessão no Estado Regulador", in *Estudos de Regulação Pública – I (organização de Vital Moreira)*, Coimbra Editora, Coimbra, 2004.

PEDRO GONÇALVES / RODRIGO ESTEVES DE OLIVEIRA, *As concessões municipais de distribuição de electricidade*, Coimbra Editora, Coimbra, 2001.

PEDRO GONÇALVES, *A Concessão de Serviços Públicos (uma aplicação da técnica concessória)*, Almedina, Coimbra, 1999.

PEDRO GONÇALVES, *Direito das Telecomunicações*, Almedina, Coimbra, 1999.

RODRIGO GOUVEIA, *Os Serviços de Interesse Geral em Portugal*, Coimbra Editora, 2001.

ROGÉRIO SOARES, *Direito Administrativo I* (lições sem data, dactilografadas para apoio dos alunos do 2.º Ano Jurídico da Universidade Católica – Centro Regional do Porto).

RUI MACHETE, "A evolução do conceito de Serviço Público e a natureza das relações entre concessionário ou autorizado e o utente", in *Estudos de Direito Público*, Coimbra Editora, Coimbra, 2004.

SABINO CASSESE, "Le transfornazioni del Diritto Amministrativo dal XIX al XXI Secolo", in *Rivista Trimestrale di diritto pubblico*, 1, 2002.

SABINO CASSESE, "Stato e Mercato, Dopo Privatizazioni e Deregulation", in *Rivista Trimestrale di diritto pubblico*, Anno XLI, 1991.

SALDANHA SANCHES, "A Regulação: História Breve de um conceito", in *Revista da Ordem dos Advogados*, Ano 60, Lisboa, 2000.

SÉRVULO CORREIA, "Monisme(s) ou Dualisme(s) – Conclusions Générales", in *European Review of Public Law*, vol 12, n.º 2, Esperia Publications Ltd., 2000.

STEPHEN BREYER, *Regulation and its reform*, Harvard University Press, Cambridge, Massachussets e Londres, Inglaterra, 1982.

VASCO PEREIRA DA SILVA, *Em busca do acto administrativo perdido*, (reimpressão), Almedina, Coimbra, 2003.

VIEIRA DE ANDRADE, *A Justiça Administrativa (lições)*, 6.ª edição, Almedina, Coimbra, 2004.

VITAL MOREIRA / FERNANDA MAÇÃS, *Autoridades Reguladoras Independentes – Estudos e Projecto da Lei-Quadro*, Coimbra Editora, Coimbra, 2003.

VITAL MOREIRA, ""Serviços de interesse económico geral" e Mercado", *in A Mão Visível – Mercado e Regulação (Maria Manuel Leitão Marques / Vital Moreira)*, Almedina, Coimbra, 2003.
VITAL MOREIRA, "A independência da Autoridade da Concorrência", *in A Mão Visível – Mercado e Regulação (Maria Manuel Leitão Marques / Vital Moreira)*, Almedina, Coimbra, 2003.
VITAL MOREIRA, "As entidades de Regulação Sectorial", *in A Mão Visível – Mercado e Regulação (Maria Manuel Leitão Marques / Vital Moreira))*, Almedina, Coimbra, 2003.
VITAL MOREIRA, "Entidades Reguladoras e Institutos Públicos", *in A Mão Visível – Mercado e Regulação (Maria Manuel Leitão Marques / Vital Moreira)*, Almedina, Coimbra, 2003.
VITAL MOREIRA, "Regulação Económica, Concorrência e Serviços de Interesse Geral", *in Estudos de Regulação Pública – I (organização de Vital Moreira)*, Coimbra Editora, Coimbra, 2004.
VITAL MOREIRA, "Serviço Público e Concorrência. A regulação do sector eléctrico", *in Os Caminhos da Privatização da Administração Pública, Boletim da Faculdade de Direito da Universidade de Coimbra*, Coimbra Editora, Coimbra, 2001.
VITAL MOREIRA, "Um marco regulatório: a Lei Sarbanes-Oxley", *in A Mão Visível – Mercado e Regulação (Maria Manuel Leitão Marques / Vital Moreira)*, Almedina, Coimbra, 2003.
VITAL MOREIRA, "Uma Lei-Quadro da Regulação Independente?", *in A Mão Visível – Mercado e Regulação (Maria Manuel Leitão Marques / Vital Moreira)*, Almedina, Coimbra, 2003.
VITAL MOREIRA, *Auto-Regulação profissional e Administração Pública,* Almedina, Coimbra, 1997.
XAVIER BEZANÇON, *2000 ans d'histoire du partenariat public-privé – pous la réalisation des équipements et services collectifs*, Presses de l'École Nationale des Ponts et Chaussées, 2004.

DECISÕES DA COMISSÃO EUROPEIA QUE TORNAM OBRIGATÓRIOS OS COMPROMISSOS ASSUMIDOS PELAS EMPRESAS

por *José Paulo Fernandes Mariano Pego**

Introdução

a) Os artigos 81.º e 82.º CE são regras substantivas nucleares do direito comunitário da concorrência. O primeiro proíbe os "acordos entre empresas", as "decisões de associações de empresas" e as "práticas concertadas" que sejam susceptíveis de afectar o comércio entre os Estados-membros e que tenham por objectivo ou por efeito impedir, restringir ou falsear a concorrência no mercado comum. O segundo considera incompatíveis com o mercado comum e proibidos os "abusos de posição dominante" passíveis de afectar o comércio entre Estados-membros.

As regras processuais de execução das duas normas constavam do Regulamento n.º 17 do Conselho, de 6 de Fevereiro de 1962, primeiro regulamento de execução dos artigos 81.º e 82.º do Tratado[1]. Com o rodar do tempo e, mormente, com os sucessivos alargamentos do espaço comunitário, o Regulamento n.º 17 deixou de ser eficaz[2].

---

* Assistente da Faculdade de Direito da Universidade de Coimbra.

[1] O Regulamento n.º 17 foi publicado no JO n.º 13, de 21.2.1962, p. 204 e teve última redacção dada pelo Regulamento (CE) n.º 1216/1999, publicado no JO L 148, de 15.6.1999, p. 5. O seu título foi adaptado para levar em conta a renumeração de artigos efectuada nos termos do artigo 12.º do Tratado de Amesterdão (na versão original, o título referia os artigos 85.º e 86.º do Tratado).

[2] *Vide* JOSÉ LUÍS DA CRUZ VILAÇA, «A modernização da aplicação das regras comunitárias de concorrência segundo a Comissão Europeia. Uma reforma fundamental», *BFD – Volume Comemorativo*, 2003, pp. 718-719; *id.*, «O ordenamento comunitário da concorrência e o novo papel do juiz numa União alargada», *RCEJ*,

Não espanta, por isso, que se tenha desencadeado um processo tendente a substitui-lo, processo que incluiu diversas etapas[3] e viria a culminar no Regulamento (CE) n.º 1/2003 do Conselho, de 16 de Dezembro de 2002, relativo à execução das regras de concorrência estabelecidas nos artigos 81.º e 82.º do Tratado. O Regulamento n.º 1//2003 foi publicado no JO L 1, de 4.1.2003 e é aplicável desde 1 de Maio de 2004.

b) Segundo o n.º 1 do artigo 9.º do Regulamento n.º 1/2003, quando «(...) a Comissão tencione aprovar uma decisão que exija a cessação de uma infracção e as empresas em causa assumirem compromissos susceptíveis de dar resposta às objecções expressas pela Comissão na sua apreciação preliminar, esta pode, mediante decisão, tornar estes compromissos obrigatórios para as empresas (...)». A decisão que torna obrigatórios os compromissos é um *novo* instrumento ao alcance da Comissão, é um novo tipo de decisão[4] [inspirado no *consent decree* norte-americano e no direito comunitário das concentrações (artigos 6.º e 8.º do Regulamento das concentrações comunitárias)[5]].

Atente-se que, já antes de se aplicar o Regulamento n.º 1/2003, as declarações de compromissos feitas pelas empresas eram vistas como forma de obviar a supostas violações das normas de concorrência. O TJCE equiparou-as, inclusive, às injunções de cessação de in-

---

2.º Semestre de 2004, n.º 1, p. 40; Pedro Madeira Froufe, «A aplicação dos artigos 81.º e 82.º do *Tratado CE*: o novo regime instituído pelo *Regulamento (CE)* n.º 1/ 2003 do Conselho», *TInt*, n.º 19, 1º Semestre de 2005, pp. 165-166.

[3] Destacamos a publicação de um *Livro Branco sobre a modernização das regras de aplicação dos artigos 85.º e 86.º do Tratado CE* (JO C 132, de 12.5.1999, p. 1) e de uma *Proposta de Regulamento de execução dos artigos 81.º e 82.º do Tratado CE* (JO C 365 E, de 19.12.2000, p. 284).

[4] Cfr. *Livro Branco*, n.º 90, Silke Hossenfelder/Martin Lutz, «Die neue Durchführungsverordnung zu den Artikeln 81 und 82 EG-Vertrag», *WuW*, 2/2003, p. 122, Alison Jones/Brenda Sufrin, *EC Competition Law. Text, Cases, and Materials*, 2ª ed., Oxford, 2004, p. 1114, Monika Busse/Anders Leopold, «Entscheidungen über Verpflichtungszusagen nach Art. 9 VO (EG) Nr. 1/2003», *WuW*, 2/2005, p. 146 e Andreas Klees, *Europäisches Kartellverfahrensrecht (mit Fusionskontrollverfahren)*, Köln/Berlin/München, 2005, p. 164.

[5] Klees, *Europäisches...*, p. 165, José Luís da Cruz Vilaça, «A modernização...», p. 737, n. 63 e Thomas Körber, «Die erstmalige Anwendung der Verpflichtungszusage gemäß Art. 9 VO 1/2003 und die Zukunft der Zentralvermarktung von Medienrechten an der Fußballbundesliga», *WRP*, 4/2005, p. 463.

fracções previstas no art. 3.º do Regulamento n.º 17/1962[6]. Todavia, ao contrário do que agora sucede por virtude dos artigos 9.º e 23.º, n.º 2, alínea c) do Regulamento n.º 1/2003, os compromissos assumidos em tais declarações não podiam ser tornados obrigatórios para as empresas e o desrespeito dos mesmos não era, tão-pouco, passível de ser punido com coima[7]. Em caso de inobservância dos compromissos, a Comissão tinha apenas a possibilidade de retomar o processo, só podendo aplicar coima no caso de vir a detectar infracção ao direito da concorrência (o controlo jurídico da declaração de compromisso era, portanto, indirecto)[8]. Hoje em dia, atendendo à possibilidade aberta pelo artigo 9.º do Regulamento n.º 1/2003, é pouco provável que a Comissão venha a aceitar compromissos sem os tornar, mediante decisão, obrigatórios para as empresas[9].

Até ao presente, os casos que conhecemos e nos quais se põem ou puseram problemas relacionados com a aplicação do art. 9.º envolveram: a Liga de Clubes alemã; a Liga de Futebol britânica (primeira divisão); a *Repsol*; a *De Beers* e a *ALROSA*; a *Coca-Cola*[10].

c) As decisões tomadas ao abrigo do artigo 9.º não atribuem à Comissão Europeia um espaço de manobra ilimitado. É preciso não esquecer que nos movemos no âmbito dos artigos 81.º e 82.º CE, estes criam linhas de fronteira: os compromissos das empresas não podem ofender tais normas[11]. De resto, se aquele órgão emite tal género de decisão, é porque supõe existir violação do art. 81.º e/ou do art. 82.º CE: não se esqueça que, segundo o art. 9, n.º 1, a decisão relativa a compromissos só tem lugar quando a Comissão «(...) tencione apro-

---

[6] Acórdão de 31.3.1993, *Ahlström Osakeyhtiö*, C-89, 104, 114, 116, 117, 125- -129/85, *Col*. 1993, I-1307, n.º 181.

[7] *Vd*. BUSSE/LEOPOLD, «Entscheidungen...», p. 147 e GEORG-KLAUS DE BRONETT, *Kommentar zum europäischen Kartellverfahrensrecht (VO 1/2003)*, München, 2005, p. 61.

[8] HOLGER DIECKMANN, in GERHARD WIEDEMANN (Hrsg.), *Handbuch des Kartellrechts*, München, 1999, p. 1347 e KLEES, *Europäisches...*, p. 166.

[9] Cfr. KLEES, *Europäisches...*, pp. 166-167.

[10] Cfr. o apanhado de tais casos em CANI FERNÁNDEZ VICIÉN, «Commitment decisions under EC Regulation 1/2003» (pp. 2-3), texto obtido por via da Internet, no dia 28.10.2005, em http://www.ibanet.org/images/downloads/cani%20Fernandez%20- %20Paper.pdf. Embora o artigo não esteja datado, pode afiançar-se, pelo conteúdo, que é de 2005.

[11] Cfr. ERNST-JOACHIM MESTMÄCKER/HEIKE SCHWEITZER, *Europäisches Wettbewerbsrecht*, 2ª edição (da obra de MESTMÄCKER com o mesmo nome), München, 2004, p. 499.

var uma decisão que exija a cessação de uma infracção (...)»; ora, nos termos do art. 7.º, n.º 1 do Regulamento n.º 1/2003, esta última decisão implica que a Comissão haja verificado infracção ao disposto nos artigos 81.º ou 82.º CE. Assim sendo, as decisões relativas a compromissos hão-de supor, elas próprias, que a Comissão Europeia lobriga eventual desrespeito por uma destas normas[12] (ou pelas duas: pode haver aplicação paralela dos artigos 81.º e 82.º).

1. Processo conducente à aprovação da decisão

Em jeito de esclarecimento prévio, fazemos notar que a aprovação de decisão ao abrigo do art. 9.º, n.º 1 do Regulamento n.º 1/2003 é deixada ao critério, à livre apreciação da Comissão Europeia. As empresas não têm um qualquer direito de ver aprovado tal tipo de acto. O argumento de ordem literal já levaria a semelhante entendimento: a letra da lei diz que a Comissão «pode», mediante decisão, tornar os compromissos obrigatórios para as empresas. Por outro lado, a aprovação das decisões em causa está dependente de a Comissão pretender aplicar uma coima (por ofensa aos artigos 81.º ou 82.º CE): nos termos do considerando 13 do Regulamento n.º 1/2003, as decisões relativas a compromissos não são adequadas nos casos em que a Comissão tencione impor uma coima. Por conseguinte, a margem de livre apreciação relativa a aplicar ou não uma coima projecta-se aqui, em sede de aprovação de decisão atinente a compromissos[13].

1.1. Abertura de um processo por parte da Comissão Europeia

a) As decisões que constituem objecto do presente trabalho supõem a *abertura de um processo por parte da Comissão*. Isso decorre da conjugação de três normas: art. 2.º, n.º 1 do Regulamento (CE) n.º 773/2004, de 7 de Abril de 2004, relativo à instrução de processos pela Comissão para efeitos dos artigos 81.º e 82.º do Tratado CE[14];

---

[12] KLEES, *Europäisches...*, p. 170.
[13] *Vd.* KLEES, *Europäisches...*, p. 170; outrossim, GEORG STILLFRIED/PETER STOCKENHUBER, «Vollzug des EG-Kartellrechts nach der neuen EG-Verfahrensverordnung Nr 1/2003», *ÖZW*, 2003, p. 47 e BUSSE/LEOPOLD, «Entscheidungen...», p. 147.
[14] JO L 123, de 27.4.2004, p. 18.
O art. 2.º, n.º 1 do Regulamento estatui que «A Comissão pode dar início a um processo tendo em vista a adopção de uma decisão nos termos do capítulo III do

art. 9.º, n.º 1 do Regulamento n.º 1/2003, que implica a existência de uma "apreciação preliminar" feita pela Comissão e anterior à aprovação da decisão; art. 27.º, n.º 4 do mesmo Regulamento («Sempre que a Comissão tencionar aprovar uma decisão nos termos dos artigos 9.º ou 10.º, deve publicar um resumo conciso do processo e do conteúdo essencial dos compromissos ou da actuação que se propõe seguir (…)»). Tanto a citada "apreciação preliminar" como a publicação referida no art. 27.º, n.º 4 do Regulamento n.º 1/2003 pressupõem a abertura de um processo pela Comissão, tal como é referida logo na primeira parte do n.º 1 do art. 2.º do Regulamento n.º 773/2004[15].

Em termos gerais, as medidas que apenas preparam uma decisão não podem ser impugnadas judicialmente, porquanto não têm efeitos jurídicos[16]. Destarte, ninguém pode servir-se do art. 230.º CE para contestar a abertura de um processo pela Comissão[17].

b) Iniciado o processo, a Comissão pode, em qualquer momento, aceitar compromissos oferecidos pelas empresas e torná-los obrigatórios mediante decisão. Tem é de respeitar os seguintes passos: 1.º – "apreciação preliminar" do caso e comunicação das reservas que resultaram de tal apreciação (art. 9.º, n.º 1 do Regulamento n.º 1/2003); 2.º – – publicação de resumo conciso do processo e do conteúdo essencial dos compromissos ou da actuação que se propõe seguir (art. 27.º, n.º 4 do mesmo Regulamento); 3.º – publicação da própria decisão que torna obrigatórios os compromissos (art. 30.º, n.º 1 do Regulamento).

Note-se que, em relação ao primeiro passo, usamos o termo "reservas", evitando a palavra "objecções" – contida na versão portuguesa do Regulamento n.º 1/2003 (art. 9.º, n.º 1). É que, como observaremos no ponto 1.2., o processo de aprovação do tipo de decisão

---

Regulamento (CE) n.º 1/2003 em qualquer momento, mas não após a data em que tiver formulado uma apreciação preliminar nos termos do n.º 1 do artigo 9.º desse regulamento ou uma comunicação de objecções ou a data em que tiver sido publicada uma comunicação nos termos do n.º 4 do artigo 27.º do mesmo regulamento, consoante a que ocorrer em primeiro lugar».

[15] Cfr. KLEES, *Europäisches...*, p. 167.
[16] Cfr. CHARLOTTE GAITANIDES, *in* HANS VON DER GROEBEN/JÜRGEN SCHWARZE (Hrsg.), *Kommentar zum Vertrag über die Europäische Union und zur Gründung der Europäischen Gemeinschaft*, vol. 4, 6ª ed., Baden-Baden, 2004, p. 475.
[17] KLEES, *Europäisches...*, p. 180; ver ainda, no âmbito de vigência do Regulamento n.º 17/1962, MICHAEL SCHÜTTE, *in* GERHARD WIEDEMANN (Hrsg.), *Handbuch des Kartellrechts*, München, 1999, p. 1428.

previsto no art. 9.º, n.º 1 não pressupõe a existência daquilo a que se chama "comunicação de objecções". O aprumo do nosso modo de ver é corroborado pela leitura da versão portuguesa e da versão alemã do Regulamento n.º 773/2004 e do Regulamento n.º 1/2003. Na versão portuguesa do primeiro, encontramos no artigo 2.º, n.º 1 e na epígrafe do artigo 10.º a expressão "comunicação de objecções" (mais ficamos a saber, pela leitura do n.º 1 desta última norma, que a "comunicação de objecções" reveste forma escrita); lendo o diploma no idioma germânico, verificamos que a "comunicação de objecções" corresponde à "Mitteilung der Beschwerdepunkte". Assim sendo, se a versão portuguesa do Regulamento n.º 1/2003 emprega "objecções" no n.º 1 do art. 9.º, era de esperar que a sua homóloga alemã usasse a palavra "Beschwerdepunkte". A verdade é que não o faz, recorrendo antes ao termo "Bedenken" (ao qual fazemos corresponder "reservas"). E ainda bem que o não faz, pois estão em jogo coisas diferentes – de resto, enquanto a "comunicação de objecções" ("Mitteilung der Beschwerdepunkte") é feita por escrito (já citado art. 10.º, n.º 1 do Regulamento n.º 773/2004), a "comunicação de reservas" que a decisão prevista no art 9.º, n.º 1 do Regulamento n.º 1/2003 supõe é feita do jeito que a Comissão entender[18].

1.2. Apreciação preliminar e comunicação de reservas

Antes de emitir uma decisão que torne obrigatórios os compromissos assumidos pelas empresas, a Comissão Europeia tem de fazer uma apreciação preliminar do problema que estiver em apreço e é obrigada a comunicar às empresas, de uma forma clara, as reservas que essa análise lhe houver suscitado[19].

A doutrina[20] já disse que, na prática, isto significava que a Comissão tinha enviado às empresas uma "comunicação de objecções", porquanto, no direito processual comunitário da concorrência, não havia outras formas de apreciação preliminar. Era como se a comunicação de objecções não pudesse ser dissociada da estimativa preliminar. Os artigos 2.º, n.º 1 e 8.º, n.º 1 do Regulamento n.º 773/2004 mostram, todavia, que não é assim. O primeiro distingue de maneira

---

[18] KLEES, *Europäisches...*, p. 167, n. 331.
[19] Vd. KLEES, *Europäisches...*, p. 167 e DE BRONETT, *Kommentar...*, p. 62.
[20] BUSSE/LEOPOLD, «Entscheidungen...», p. 147. Cfr., só a título complementar, ALISON JONES/BRENDA SUFRIN, *EC Competition Law...*, p. 1115.

clara e inequívoca a apreciação preliminar feita nos termos do n.º 1 do art. 9.º do Regulamento n.º 1/2003 da comunicação de objecções. Quanto ao citado art. 8.º, n.º 1, prescreve que, quando a Comissão Europeia informar o autor de uma denúncia da sua intenção de a rejeitar, este pode requerer o acesso aos documentos em que a Comissão tiver baseado a sua apreciação preliminar. Ora, nestes casos em que a Comissão pretende rejeitar a denúncia, não há comunicação de objecções. Ou seja, há análise preliminar, mas não há comunicação de objecções, assim se provando que os dois conceitos não se sobrepõem.[21]

Os dados da prática comunitária confirmam não ser preciso haver comunicação de objecções: *v. g.*, no processo envolvendo a *Coca--Cola*, ela não existiu[22].

A comunicação de reservas subsequente à apreciação preliminar (artigo 9.º, n.º 1 do Regulamento n.º 1/2003) e a comunicação de objecções representam dois tipos distintos de estimativa preliminar feita pela Comissão. Logo, os artigos constantes do capítulo V do Regulamento n.º 773/2004 – que dizem respeito à comunicação de objecções e asseguram o direito de ser ouvido – não são aplicáveis em matéria de apreciação preliminar para efeitos do mencionado artigo 9.º, n.º 1 do Regulamento n.º 1/2003. Nem choca que o não sejam: a dita análise preliminar não visa – pelo menos, não o visa em primeira linha – assegurar o direito de a empresa ser ouvida[23]. Essa análise é feita com o fito de informar as empresas de que a Comissão tem por preenchidos os pressupostos fundamentais necessários para emitir decisão relativa a compromissos; por outro lado, há-de levar a Comis-

---

[21] Cfr. KLEES, *Europäisches...*, pp. 167-168. DE BRONETT (*Kommentar...*, p. 62) também entende que as decisões de compromissos não supõem necessariamente a comunicação de objecções.

[22] *Vd.* CANI FERNÁNDEZ VICIÉN, «Commitment...», p. 3. Esta Autora considera positivo que não tenha de haver comunicação de objecções, visto que esta poderia atrasar o processo de forma inútil e, eventualmente, ter impacto muito negativo no mercado – *e. g.*, junto de parceiros comerciais –, o que parece injustificado se pensarmos que as empresas expressaram a vontade de adaptar o seu comportamento a fim de responder às preocupações da Comissão Europeia (*ob. cit.*, p. 4).

[23] Mais. Não está sequer prevista a audição da empresa em causa antes da aprovação de decisão que torna obrigatórios os respectivos compromissos (cfr. artigo 27, nos 1 e 4 do Regulamento n.º 1/2003: só os terceiros interessados podem apresentar as suas observações). A solução da lei compreende-se, já que os compromissos *procedem* justamente da empresa para quem têm força obrigatória.

são Europeia a precisar as suas objecções de tal maneira que permita às empresas elaborar declarações de compromissos capazes de as levar a supor que, efectivamente, dão resposta às objecções.

O que acabámos de dizer mostra que há-de ser comunicado à empresa qual o comportamento que é objecto do processo aberto pela Comissão e de uma eventual declaração de compromisso. Do ponto de vista do direito, a decisão prevista no artigo 9.º, n.º 1 não exige que a Comissão tenha avaliado de forma profunda se existe uma violação de normas da concorrência, pelo que basta dar a conhecer às empresas uma apreciação jurídica abreviada (ponto é, insistimos, que a partir daí as empresas estejam em condições de inferir como podem, por via dos compromissos adequados, afastar as reservas da Comissão).

Não será de excluir que, em vez de uma "simples" comunicação de reservas baseada em apreciação preliminar (nos termos do art. 9.º, n.º 1 do Regulamento n.º 1/2003), a Comissão envie às empresas uma comunicação de objecções (que tem de obedecer, conforme vimos, a forma escrita). Na prática, a comunicação de objecções está redigida e composta de uma maneira muito pormenorizada, pelo que preencherá os requisitos da "simples" comunicação de reservas (esta representa um *minus* face à comunicação de objecções). Nesses casos (em que foi expedida comunicação de objecções), pode prescindir-se de uma específica comunicação de reservas para efeitos do art. 9.º, n.º 1 do Regulamento n.º 1/2003[24].

1.3. Publicação de resumo do processo e do conteúdo essencial dos compromissos

a) A empresa não é obrigada a reagir à comunicação de reservas ou de objecções que lhe tenha sido feita; em particular, não tem de propor compromissos à Comissão. Todavia, se o não fizer, se não apresentar compromissos, ela deve contar com uma decisão emitida nos termos do art. 7.º, n.º 1 do Regulamento n.º 1/2003 (acto que a obriga a pôr termo a ofensa ao art. 81.º ou ao art. 82.º CE e reveste, para ela, carácter mais gravoso)[25].

---

[24] Viemos acompanhando KLEES, *Europäisches...*, pp. 168-169. Sobre a comunicação de objecções, vale a pena consultar DIECKMANN, *in* WIEDEMANN, *Handbuch...*, pp. 1330 ss..

[25] Cfr. KLEES, *Europäisches...*, p. 171.

b) Caso a empresa opte por oferecer compromissos, a Comissão deve, antes de aprovar uma decisão nos termos do art. 9.º, n.º 1, publicar um resumo conciso do processo e do conteúdo essencial dos compromissos ou da actuação que se propõe seguir. Os terceiros interessados podem apresentar as suas observações num prazo fixado pela Comissão no acto de publicação. Esse prazo nunca poderá ser inferior a um mês (art. 27.º, n.º 4 do mesmo Regulamento).

Nos termos da parte final da norma acabada de mencionar, a publicação há-de ter em conta o interesse legítimo das empresas na protecção dos seus segredos comerciais. Para esse efeito, a Comissão Europeia pode, nos termos do art. 16.º, n.º 3 do Regulamento n.º 773/ /2004, solicitar às empresas que identifiquem as partes do supracitado resumo que, no seu entender, contenham segredos comerciais.

Como se disse suso, já antes de se aplicar o Regulamento n.º 1/ /2003 as declarações de compromissos eram tidas como meio de obviar a supostas violações das normas de concorrência; o conteúdo de semelhantes declarações era publicado no *Relatório sobre a política de concorrência* ou no Jornal Oficial[26]. A partir de agora, a publicação prevista no n.º 4 do art. 27.º terá lugar no Jornal Oficial (série C) – – sob forma de "Comunicação" – e na Internet[27].

1.4. Publicação da decisão

Finalmente, a Comissão Europeia consulta o Comité Consultivo em matéria de acordos, decisões, práticas concertadas e posições dominantes (art. 14.º, n.º 1 do Regulamento n.º 1/2003) e toma a decisão que torna obrigatórios os compromissos assumidos pela empresa[28]. Este acto é publicado nos termos do art. 30.º, n.º 1 do mesmo Regulamento. Em matéria de decisões tomadas ao abrigo do art. 9, n.º 1, é certeiro dizer que o art. 30.º tem um fim preventivo: a publicidade do acto contribui para o acatamento das normas comunitárias

---

[26] *Vide* DIECKMANN, *in* WIEDEMANN, *Handbuch*..., p. 1347.

[27] Cfr. KÖRBER, «Die erstmalige...», p. 464; DE BRONETT – *Kommentar*..., p. 214 – – alude apenas à publicação no Jornal Oficial. Exemplos respigados da *praxis* encontram-se nas Comunicações publicadas no JO C 229, de 14.9.2004, p. 13 (em causa estavam compromissos propostos pela Liga de Clubes alemã) e no JO C 258, de 20.10.2004, p. 7 (compromissos da sociedade *Repsol*); na Internet, veja-se http:// europa.eu.int/comm/competition/antitrust/cases/decisions/38381/en.pdf (compromissos da *De Beers* e da *ALROSA*).

[28] Sobre o conteúdo da decisão, ver *infra*, n.º **3**.

da concorrência, na medida em que informa e instrui as empresas acerca da aplicação de tais preceitos num caso concreto, assim as ajudando a avaliar o seu próprio comportamento e a orientá-lo no sentido do direito vigente[29].

A publicação menciona as partes interessadas e o conteúdo essencial da decisão, devendo acautelar o interesse legítimo das empresas na protecção dos seus segredos comerciais (art. 30.º, n.º 2). As "partes interessadas" são, para este efeito, os destinatários da decisão[30].

2. Um problema de igualdade de tratamento

Quando a Comissão Europeia aprecia um problema em que suspeita existir violação do art. 81.º CE, depara com o envolvimento de *várias* empresas. O mesmo pode suceder quando se aventa ofensa ao art. 82.º CE (pensamos no caso da posição dominante colectiva). Perguntar-se-á então: pode a Comissão fazer cessar um processo relativamente a empresa que assumiu compromissos e dirigir às outras uma decisão nos termos do art. 7.º do Regulamento n.º 1/2003? Pensando, por exemplo, numa prática concertada destinada a fixar preços, será legítimo dirigir a um dos participantes uma decisão de compromissos e aos outros uma decisão – mais gravosa – tomada *ex vi* art. 7.º?

As respostas são afirmativas. Desde que a Comissão a todos tenha feito comunicação de reservas ou de objecções, todos têm idênticas possibilidades de contrair compromissos[31]. Assim se esconjura o perigo de violar o princípio da igualdade de tratamento, o qual, segundo jurisprudência constante, só é posto em causa quando situações comparáveis são tratadas de modo diferente ou quando situações diversas são tratadas de igual maneira (salvo se o tratamento se justificar por razões objectivas)[32].

---

[29] Cfr. DE BRONETT, *Kommentar...*, p. 223.
[30] DE BRONETT, *Kommentar...*, p. 223.
[31] Cfr. BUSSE/LEOPOLD, «Entscheidungen...», pp. 151-152 (parece, todavia, que estes Autores ignoram a posição dominante colectiva) e DE BRONETT, *Kommentar...*, p. 64 (não dizendo se tem em vista o art. 81.º CE, o art. 82.º CE ou os dois).
[32] TJCE, acórdão de 28.6.1990, *Hoche*, C-174/89, *Col.* 1990, I-2681, n.º 25; TPI, aresto de 20.3.2002, *LR af 1998 A/S*, T-23/99, *Col.* 2002, II-1705, n.º 293.

3. Conteúdo da decisão

3.1. Conteúdo mínimo. Tipo de compromissos

a) A decisão atinente a compromissos tem de *esclarecer que não há fundamentos para que a Comissão tome medidas*. Quanto à questão de saber se há ou houve infracção às regras materiais, ela não é respondida (considerando 13 e art. 9, n.º 1, *in fine* do Regulamento n.º 1/2003). Tendo em conta o art. 253.º CE, a decisão tem de ser fundamentada, cabendo à Comissão apresentar as suas objecções iniciais e explicar por que estão, agora, afastadas.

b) Os *compromissos devem ser especificados de uma maneira tão precisa que possibilite avaliar se a empresa os respeitou efectivamente*. O ponto é de subida importância – se as empresas não cumprirem os seus compromissos, várias hipóteses se abrem à Comissão: voltar a dar início ao processo [art. 9.º, n.º 2, al. *b)* do Regulamento n.º 1/2003], aplicar coima [art. 23.º, n.º 2, al. *c)*], aplicar sanção pecuniária compulsória [art. 24.º, n.º 1, al. *c)*]. A Comissão não pode fundar a sua decisão em compromissos que ultrapassem as fronteiras dos propostos pelas empresas, mas pode, dentro destes, tornar obrigatório apenas um ou vários [importa é que seja(m) suficiente(s) para dar resposta às reservas expendidas por aquele órgão comunitário].

c) A *situação de facto deve ser, igualmente, exposta de uma maneira tão exacta que permita apreciar se sofreu alteração substancial* e deve, por isso, levar a que o processo comece de novo [art. 9.º, n.º 2, al. *a)*].[33]

d) Na prática anterior à aplicação do Regulamento n.º 1/2003, deparamos com compromissos que vão desde modificações na política de preços[34] até à elaboração de programas de acatamento das normas concorrenciais (*compliance-programs*)[35-36].

---

[33] KLEES, *Europäisches...*, p. 173; notando também que a Comissão não pode tornar obrigatórios compromissos que se situem para além do oferecido pelas empresas, DE BRONETT, *Kommentar...*, p. 63.

[34] Commission Européenne, *XXVIIe Rapport sur la politique de concurrence (1997)*, Bruxelles/Luxembourg, 1998, n.º 67.

[35] Cfr. decisão de 22.12.1987, JO L 65, de 11.3.1988, p. 19 (*Eurofix-Bauco/Hilti*). Sobre os programas de acatamento das normas concorrenciais, MEINRAD DREHER, «Kartellrechtscompliance. Voraussetzungen und Rechtsfolgen unternehmens- oder verbandsinterner Maßnahmen zur Einhaltung des Kartellrechts», *ZWeR*, 1/2004, pp. 75 ss..

[36] Outros exemplos encontram-se em BUSSE/LEOPOLD, «Entscheidungen...», p. 148.

Em termos gerais, os compromissos tornados obrigatórios podem estar ligados à conduta das empresas ou ter carácter estrutural. Ao contrário do que sucede em matéria de controlo das concentrações, falta, em sede de Regulamento n.º 1/2003, uma Comunicação em que a Comissão Europeia exponha a forma de lidar com os compromissos. As linhas vigentes em matéria de concentrações – mormente a prevalên-cia outorgada a compromissos de ordem estrutural – não se transpõem, *sic et simpliciter*, para a área coberta pelo art 9.º do Regulamento n.º 1/2003. Nesta, vale a ideia – já presente no n.º 1 do art. 7.º – – segundo a qual as soluções de conduta têm preferência face às de natureza estrutural[37].

3.2. Decisões aprovadas por tempo determinado ou por tempo indeterminado

Enquanto na proposta de Regulamento (art. 9.º) a decisão relativa a compromissos só podia ser adoptada por período determinado, a versão final do art. 9.º, n.º 1 abre a porta a duas possibilidades: tempo determinado ou indeterminado.

É verosímil que a Comissão eleja a primeira alternativa quando, logo no momento de aprovar a decisão, se puder antever que a situação de facto sofrerá alteração; outrossim, pode suceder que a própria empresa se mostre disposta a assumir compromissos apenas durante certo lapso de tempo, o que obsta a que a Comissão Europeia a vincule por tempo indeterminado. Decorrido o prazo, a Comissão pode aceitar novos compromissos[38].

---

[37] KLEES, *Europäisches...*, p. 171. Em sentido que converge, BUSSE/LEOPOLD, «Entscheidungen...», p. 148.

A propósito da dificuldade em trasladar elementos do controle das concentrações para o âmbito das práticas proibidas, já VICTOR JOÃO DE V. RAPOSO R. CALVETE, referindo-se ao direito português, notava que um controlo tipicamente exercido *ex ante* (como o das operações de concentração) difere de tal maneira do controlo tipicamente *ex post* das práticas proibidas (aí se incluindo os abusos de dominância) que qualquer generalização de um para o outro deve ser bem ponderada [«Da relevância de considerações de eficiência no controlo de concentrações em Portugal», *in* ANTUNES VARELA/DIOGO FREITAS DO AMARAL/JORGE MIRANDA/J. J. GOMES CANOTILHO (organização), *Ab Uno Ad Omnes. 75 anos da Coimbra Editora (1920-1995)*, Coimbra, 1998, p. 308, n. 8, *in fine*].

[38] KLEES, *Europäisches...*, pp. 173-174; BUSSE/LEOPOLD, «Entscheidungen...», p. 148.

4. Efeitos da decisão

4.1. Aspectos gerais

a) A decisão torna os compromissos obrigatórios para a empresa que os propôs. Por conseguinte, a inobservância de tais compromissos pode ser directamente sancionada [art. 23.º, n.º 2, al. *c)* do Regulamento n.º 1/2003]. O efeito vinculativo da decisão cessa no momento que ela prevê – decisão adoptada por período determinado – ou quando a empresa faça uso da possibilidade de se libertar (se e nos termos em que esta lhe tiver sido concedida) – decisão por tempo indeterminado. Se a Comissão voltar a dar início ao processo nos termos do art. 9.º, n.º 2, isso não afecta a força vinculativa da decisão de compromissos até ao momento em que vier a ser aprovada uma outra decisão[39].

O facto de se tornarem obrigatórios os compromissos não significa que haja decisão de fundo sobre o problema, quer dizer apenas que não há fundamento para a Comissão tomar medidas. Assim, não espanta que as decisões relativas a compromissos não afectem a competência dos tribunais e das autoridades nacionais da concorrência relativamente à aplicação dos artigos 81.º e 82.º CE (Regulamento n.º 1//2003, parte final do considerando 22); esses órgãos não estão impedidos de decidir acerca da existência de infracção (cfr. considerando 13). Conquanto assim seja, é plausível e é desejável que os tribunais e as autoridades dos Estados-membros levem em linha de conta as decisões de compromissos[40].

Ao outorgar tanta margem de manobra às instâncias nacionais, estamos, em boa medida, a colocar as decisões tomadas ao abrigo do art. 9.º fora do âmbito do art. 16.º do Regulamento n.º 1/2003 (segundo esta norma, quando se pronunciarem sobre acordos, decisões ou práticas ao abrigo dos artigos 81.º ou 82.º CE que já tenham sido objecto de decisão da Comissão, os tribunais e as autoridades dos Estados--membros não podem tomar decisões contrárias àquela que é aprovada pela Comissão). A este propósito, é de vincar que as decisões relativas a compromissos são publicadas, as instâncias nacionais conhecem--nas, sendo de esperar que, tendo em vista a aplicação uniforme do

---

[39] *Vd.* KLEES, *Europäisches...*, p. 174.
[40] Cfr. KLEES, *Europäisches...*, p. 174. Ver também GIANFRANCO ROCCA/CÉLINE GAUER/DOROTHE DALHEIMER/LARS KJOLBYE/EDDY DE SMIJTER, «Regulation 1/2003: a modernised application of EC competition rules», *CPN*, n.º 1, Spring 2003, p. 5.

direito comunitário, as considerem e lhes atribuam peso na decisão. Mas que a possibilidade de discrepância existe, isso é certo.

Versando o problema, FRANK MONTAG e ANDREAS ROSENFELD[41] escrevem que a decisão de compromissos é...uma decisão, não vendo por que motivo ela há-de ser menos protegida (pelo art. 16.º) do que as outras decisões face à *interference* de tribunais e de autoridades dos Estados-membros. O desassossego dos dois Autores compreende-se bem, mas o seu entendimento não se compagina com os supracitados considerandos 13 e 22 nem com a própria natureza das decisões de compromisso, das quais – vale a pena lembrar – não pode inferir-se que há ou não infracção ao disposto nos artigos 81.º e 82.º CE.

b) O considerando 12 da proposta de Regulamento do Conselho dizia expressamente que os compromissos obrigatórios para as empresas podiam ser invocados por terceiros perante os órgãos jurisdicionais nacionais. Isso outorgaria aos terceiros a possibilidade de, perante tribunais nacionais, forçar os concorrentes a cumprir os compromissos assumidos[42]. Semelhante trecho não consta da versão final do Regulamento, que deixou o problema a cargo da jurisprudência[43].

De qualquer forma, parece certo que, perante o tribunal nacional, pode ser pedida a execução dos compromissos ou a indemnização pelos danos decorrentes de eles não terem sido cumpridos[44]. Quanto às modalidades processuais das acções judiciais correspondentes, é assunto que às ordens jurídicas internas diz respeito; essas modalidades não podem, contudo, ser menos favoráveis do que as das acções análogas de natureza interna (princípio da equivalência) nem podem tornar praticamente impossível ou demasiado difícil o exercício dos direitos conferidos pela ordem jurídica comunitária (princípio da efectividade)[45].

4.2. Sanções

a) Caso as empresas não respeitem compromissos tornados obrigatórios por decisão tomada nos termos do art. 9.º do Regulamento

---

[41] «A Solution to the Problems? Regulation 1/2003 and the modernization of competition procedure», *ZWeR*, 2/2003, p. 132.
[42] KLEES, *Europäisches...*, p. 175.
[43] HOSSENFELDER/LUTZ, «Die neue...», p. 122.
[44] ROCCA/GAUER/DALHEIMER/KJOLBYE/DE SMIJTER, «Regulation 1/2003...», p. 5.
[45] TJCE, sentença de 20.9.2001, *Courage e Crehan, Col.* 2001, I-6297, n.º 29. Ver, também, KLEES, *Europäisches...*, p. 175.

n.º 1/2003, a Comissão pode aplicar-lhes *coimas* [art. 23.º, n.º 2, al. *c)*]. É uma possibilidade inaugurada por aquele Regulamento. A Comissão Europeia pode impor sanções sem ter de demonstrar que houve violação do art. 81.º ou do art. 82.º CE. Por norma, não será particularmente difícil provar que um compromisso tornado obrigatório não foi respeitado[46].

A coima não deve exceder 10 % do volume de negócios total realizado pela empresa durante o exercício precedente (art. 24, n.º 2). A moldura é idêntica à que vale para infracções ao disposto nos artigos 81.º ou 82.º CE; é curioso que assim seja, mormente porque as decisões relativas a compromissos não são adequadas nos casos em que a Comissão tencione impor uma coima (considerando 13 do Regulamento n.º 1/2003). De qualquer forma, é plausível que as coimas aplicadas por desrespeito de compromissos sejam menores do que aqueloutras impostas por violação do direito comunitário material[47].

b) Nos termos do art. 24.º, n.º 1, al. *c)* do Regulamento n.º 1/2003, a Comissão Europeia pode aplicar *sanções pecuniárias compulsórias* às empresas até 5 % do volume de negócios diário médio realizado durante o exercício precedente, por cada dia de atraso, a contar da data fixada na decisão, a fim de as compelir a cumprir compromissos tornados obrigatórios.

c) Atendendo à severidade das sanções referidas e ao facto de o efeito vinculativo da decisão cessar apenas no momento que esta prevê – – decisão adoptada por período determinado – ou quando a empresa fizer uso da possibilidade de se libertar (*se* e nos *termos* em que esta lhe tiver sido concedida) – decisão por tempo indeterminado –, verificamos haver situações que suscitam perplexidades. Tenha-se em conta esta hipótese: certos compromissos foram declarados obrigatórios para a empresa **A** mediante decisão que foi aprovada por período indeterminado e que nem sequer prevê possibilidades de a empresa deles se libertar; num outro caso de *configuração semelhante*, o tribunal comunitário sentencia que a conduta em que a Comissão Europeia havia sustentado a sua comunicação de reservas não constitui infracção ao direito da concorrência. É crível que, tomando conhecimento de tal

---

[46] KLEES, *Europäisches...*, p. 176.
[47] Cfr. KLEES, *Europäisches...*, pp. 176 e 365-366.

sentença, A não queira permanecer vinculada aos compromissos. Só que, se de moto próprio os desrespeitar, pode ter de suportar a aplicação de coima. Mais. Numa hipótese como a que pusemos, não era possível voltar a dar início ao processo, visto que não se registou alteração substancial da situação de facto [*vd.* art. 9.º, n.º 2, al. *a)*].

Ante problemas deste jaez, é de pôr em causa a ideia segundo a qual a empresa só pode libertar-se dos compromissos desde que tal esteja expressamente contemplado na decisão da Comissão. ANDREAS KLEES[48] defende que, entretanto, se adoptem na prática decisões por tempo determinado ou, no caso de se optar pela duração indeterminada, que sejam outorgadas às empresas possibilidades de denúncia. As soluções propostas pelo Autor alemão temperam o problema e mitigam as dificuldades, mas não as eliminam: mesmo tendo em vista decisões aprovadas por período determinado, a vida é tão multifacetada que, sem haver alteração substancial da situação de facto, as empresas podem pretender libertar-se dos compromissos mais cedo do que fora previsto.

5. Reabertura do processo

5.1. Motivos

O processo aberto pela Comissão Europeia termina, ao menos numa primeira fase, com a aprovação de decisão que torna obrigatórios os compromissos. A Comissão só pode, a pedido ou oficiosamente, voltar a dar início ao processo se: tiver ocorrido alteração substancial da situação de facto em que a decisão se fundou; as empresas não cumprirem os seus compromissos; a decisão se basear em informações incompletas, inexactas ou deturpadas prestadas pelas partes [art. 9.º, n.º 2, alíneas *a), b)* e *c)*, respectivamente]. Este rol é exaustivo, só nestas hipóteses pode a Comissão iniciar de novo o processo (assim se dá segurança às empresas e se assegura que a Comissão não retoma *ad nutum* o problema)[49].

Nem o Regulamento n.º 1/2003 nem o Regulamento n.º 773/ /2004 – este último rege, lembremos, a instrução de processos para

---

[48] *Europäisches...*, p. 177 (que, de resto, temos vindo a seguir).
[49] Cfr. BUSSE/LEOPOLD, «Entscheidungen...», p. 149 e KLEES, *Europäisches...*, pp. 177-178.

efeitos dos artigos 81.º e 82.º CE – indicam quem pode solicitar a reabertura do processo. Tal pode ser feito, pelo menos, pelas empresas vinculadas aos compromissos e por aqueles terceiros que são afectados pelos compromissos ou pelo respectivo incumprimento[50].

a) No que toca à alteração substancial da situação de facto em que a decisão se fundou, ela há-de ser objectiva. Para se reiniciar o processo, deve sobrevir modificação na(s) circunstância(s) que foi/ /foram essencial/essenciais para a Comissão *aprovar uma decisão* ao abrigo do art. 9.º e para aceitar *aqueles* compromissos que vieram a ser declarados obrigatórios[51]. A Comissão não pode usar a alínea *a)* do n.º 2 do art. 9.º para, servindo-se de uma qualquer mudança na situação de facto, rectificar falhas anteriores de escrutínio[52]. A versão portuguesa do Regulamento n.º 1/2003, falando de «uma alteração substancial da situação de facto», aponta para mudança em termos globais, como que tocando toda a situação subjacente ao processo. A consulta de versões noutros idiomas deixa, todavia, claro que basta alteração de *um dado* dessa situação (ponto é que ele seja *essencial* nos termos anteditos neste parágrafo). Por exemplo, a versão francesa diz que a Comissão pode reabrir o processo «si *l'un* des faits sur lesquels la décision repose subit un changement important» e a congénere germânica diz que ele pode ser reaberto «wenn sich die tatsächlichen Verhältnisse *in einem* für die Entscheidung wesentlichen Punkt geändert haben» (os grifos são da nossa lavra).

Como exemplo de alteração de circunstâncias capaz de preencher o requisito de essencialidade que apontámos, pense-se naquela entrada de novos concorrentes da qual se espera bastante influência sobre a estrutura do mercado[53]. Os mercados a que não é particularmente difícil aceder são, por isso, campo em que o art. 9.º, n.º 2, al. *a)* pode encontrar aplicação frequente: pensando nos tipos que se realizam em concreto, em causa estará sobretudo a concorrência monopolista.

b) Segundo o art 9.º, n.º 2, al. *b)*, a Comissão pode voltar a dar início ao processo se as empresas não cumprirem os seus compromis-

---

[50] KLEES, *Europäisches...*, p. 179.
[51] *Vd.* KLEES, *Europäisches...*, p. 178.
[52] DE BRONETT, *Kommentar...*, pp. 66-67.
[53] Cfr. DE BRONETT, *Kommentar...*, p. 67.

sos. Aquele pode então ser reaberto tendo em vista a aprovação de decisão que obrigue as empresas a pôr termo a violação dos artigos 81.º ou 82.º CE (cfr. art. 7.º do Regulamento n.º 1/2003)[54]; a sanção pecuniária compulsória [art. 24, n.º 1, al. c)] que a Comissão decida eventualmente aplicar diz respeito a período que não se prolonga para além da data de aprovação de nova decisão. Mesmo depois de reiniciado o processo, a empresa fica vinculada aos compromissos contraídos até que haja outra decisão ou arquivamento do caso – assim, até este momento, nada impede que a Comissão aplique sanção pecuniária compulsória para compelir as empresas a observá-los.[55]

c) O processo também pode ser reaberto se a decisão se fundar em informações incompletas, inexactas ou deturpadas prestadas pelas partes [art. 9.º, n.º 2, al. c)]. Compreende-se que assim seja. A confiança da empresa na manutenção dos efeitos da decisão só merece tutela se os dados que fornece – e que levaram a adoptar o acto – – forem completos, exactos e verdadeiros. A intenção das empresas que forneceram as informações é irrelevante: o simples facto de estas serem incorrectas já faz com que a protecção da empresa ceda perante o interesse geral (decisões da Comissão Europeia escoradas em informações certas e cabais)[56].

5.2. Fiscalização de legalidade

Conforme se disse, as medidas preparatórias de uma decisão não podem ser atacadas judicialmente, pois não têm efeitos jurídicos[57]. Logo, não é possível, com base no art. 230.º CE, contestar a reabertura de processo feita nos termos do art. 9.º, n.º 2 do Regulamento n.º 1/2003[58].

O mesmo deve valer para o indeferimento de um pedido que tenha por objecto tal recomeço, pois o facto de a Comissão voltar a dar início ao processo é deixado à sua discrição; ora, os actos pelos quais se recusa um pedido de aprovação de medidas que a Comissão

---

[54] Além de retomar o processo, a Comissão pode aplicar uma coima – art. 23.º, n.º 2, al. c).
[55] KLEES, Europäisches..., pp. 178-179.
[56] KLEES, Europäisches..., p. 179.
[57] Ver GAITANIDES, in VON DER GROEBEN/SCHWARZE, Kommentar..., p. 475.
[58] KLEES, Europäisches..., p. 180.

não é obrigada a aprovar (face a quem fez o pedido) não têm efeitos jurídicos vinculativos e não podem, por isso, ser objecto de impugnação em tribunal[59].

5.3. Efeitos

Conquanto se volte a dar início a um processo, o efeito vinculativo da decisão que torna obrigatórios os compromissos só cessa com a aprovação de uma outra decisão ou com o arquivamento do processo (no fundo, quanto à forma de pôr fim ao processo que foi reaberto, não se verifica qualquer diferença face à maneira de rematar um qualquer outro processo: a Comissão Europeia pode optar por decisão formal ou pelo arquivamento). O processo reiniciado pode, inclusive, terminar com a aprovação de uma nova decisão tomada nos termos do art. 9.º, só que esta terá, decerto, conteúdo diferente daqueloutra antes aprovada[60].

6. Protecção face a decisões de compromissos

Qualquer pessoa singular ou colectiva que seja directa e individualmente afectada por uma decisão de compromissos pode interpor recurso judicial nos termos do art. 230.º CE. Em causa estarão, via de regra, terceiros para quem o conteúdo da decisão não é suficiente – – esperam medidas da Comissão com maior alcance – e que entendem continuar a existir, por parte da empresa que se vinculou aos compromissos, uma infracção ao disposto nos artigos 81.º e/ou 82.º CE. Outrossim, cabem aqui os casos nos quais o próprio compromisso atenta contra estes preceitos[61].

Poderá a decisão tomada ao abrigo do art. 9.º, n.º 1 ser judicialmente impugnada pela própria empresa que contraiu os compromissos? *Prima facie*, a resposta deveria ser negativa, pois parece não haver necessidade de tutelar quem, de forma livre, os assumiu. Escrutínio mais profundo mostra, todavia, que a empresa pode ter oferecido

---

[59] KLEES, *Europäisches...*, p. 181; *vd.*, ainda, GAITANIDES, *in* VON DER GROEBEN/ /SCHWARZE, *Kommentar...*, p. 474. Parece ser distinta a opinião expressa por DE BRONETT (*Kommentar...*, p. 67).

[60] KLEES, *Europäisches...*, p. 181.

[61] KLEES, *Europäisches...*, pp. 181-182; BUSSE/LEOPOLD, «Entscheidungen...», p. 154.

aqueles compromissos apenas para evitar uma decisão que lhe seria (ainda) mais gravosa. Quer dizer: a assunção nem sempre é espontânea, a empresa pode não concordar inteiramente com o teor daquilo a que se vincula e só o faz para evitar o que, do seu ponto de vista, seria um mal maior. Assim sendo, ela deve poder interpor recurso de decisão tomada ao abrigo do art. 9.º [62]. Aliás, já na sentença *Ahlström Osakeyhtiö* o TJCE notara que um compromisso podia ser objecto de recurso, visto que as requerentes apenas se limitaram a aquiescer a uma decisão que a Comissão Europeia poderia tomar de forma unilateral[63].

Ainda a propósito da impugnação por parte de quem assumiu os compromissos, BUSSE e LEOPOLD[64] observam que a pretensão das empresas tem boas hipóteses de ser procedente quando for fundada em vícios formais ou em argumento segundo o qual, por razões de proporcionalidade, a decisão deveria ter sido tomada por tempo determinado ou por período mais curto do que aquele nela consagrado.

Conclusão

É de saudar a introdução de decisões que tornam obrigatórios os compromissos assumidos pelas empresas e a possibilidade de o incumprimento dos mesmos ser sancionado com coima. Mercê do novo instrumento, muitos problemas serão resolvidos em tempo próprio, sem ser necessário avaliar se houve violação dos artigos 81.º e/ou 82.º CE. Para isso também contribui o facto de, por causa das sanções, crescer o incentivo das empresas a respeitar compromissos.

O interesse das empresas é assegurado de uma maneira muito cabal, já por conhecerem os motivos que levam a Comissão a reiniciar o processo, já porque lhes é permitido impugnar judicialmente as decisões tomadas ao abrigo do art. 9.º, ponto que não é de menoscabar se pensarmos na hipótese de as empresas terem assumido os compromissos, não porque correspondessem exactamente à sua vontade, mas apenas para se furtar à adopção de decisão que, para elas, seria ainda mais desfavorável.

---

[62] Cfr. KLEES, *Europäisches...*, pp. 182-183 e DE BRONETT, *Kommentar...*, p. 65.
[63] Acórdão de 31.3.1993, *Col.* 1993, I-1307, n.º 181.
[64] «Entscheidungen...», p. 153.

Abreviaturas

BFD: Boletim da Faculdade de Direito da Universidade de Coimbra.
CPN: Competition Policy Newsletter.
ÖZW: Österreichische Zeitschrift für Wirtschaftsrecht.
RCEJ: Revista do CEJ.
TInt: Temas de Integração.
WRP: Wettbewerb in Recht und Praxis.
WuW: Wirtschaft und Wettbewerb.
ZWeR: Zeitschrift für Wettbewerbsrecht.

Bibliografia

BUSSE, Monika/LEOPOLD, Anders, «Entscheidungen über Verpflichtungszusagen nach Art. 9 VO (EG) Nr. 1/2003», *WuW*, 2/2005, p. 146 (citado: «Entscheidungen...»).

CALVETE, Victor João de V. Raposo R., «Da relevância de considerações de eficiência no controlo de concentrações em Portugal», *in* VARELA, Antunes/AMARAL, Diogo Freitas do/MIRANDA, Jorge/CANOTILHO, J. J. Gomes (organização), *Ab Uno Ad Omnes. 75 anos da Coimbra Editora (1920-1995)*, Coimbra, Coimbra Editora, 1998, p. 305.

DE BRONETT, Georg-Klaus, *Kommentar zum europäischen Kartellverfahrensrecht (VO 1/2003)*, München, Luchterhand, 2005 (citado: *Kommentar...*).

DIECKMANN, Holger, *in* WIEDEMANN, Gerhard (Hrsg.), *Handbuch des Kartellrechts*, München, Beck, 1999, p. 1263 (citado: *in* WIEDEMANN, *Handbuch...*).

DREHER, Meinrad, «Kartellrechtscompliance. Voraussetzungen und Rechtsfolgen unternehmens- oder verbandsinterner Maßnahmen zur Einhaltung des Kartellrechts», *ZWeR*, 1/2004, p. 75.

FERNÁNDEZ VICIÉN, Cani, «Commitment decisions under EC Regulation 1/2003», texto obtido por via da Internet, no dia 28.10.2005, em http://www.ibanet.org/images/downloads/cani%20Fernandez%20-%20Paper.pdf (embora o artigo não apresente data, pode afiançar-se, pelo conteúdo, que é de 2005); citado: «Commitment...».

FROUFE, Pedro Madeira, «A aplicação dos artigos 81.º e 82.º do *Tratado CE*: o novo regime instituído pelo *Regulamento (CE)* n.º 1/2003 do Conselho», *TInt*, n.º 19, 1º Semestre de 2005, p. 161.

GAITANIDES, Charlotte, *in* VON DER GROEBEN, Hans/SCHWARZE, Jürgen (Hrsg.), *Kommentar zum Vertrag über die Europäische Union und zur Gründung der Europäischen Gemeinschaft*, vol. 4, 6ª ed., Baden-Baden, Nomos, 2004, p. 416 (citado: *in* VON DER GROEBEN/SCHWARZE, *Kommentar...*).

HOSSENFELDER, Silke/LUTZ, Martin, «Die neue Durchführungsverordnung zu den Artikeln 81 und 82 EG-Vertrag», *WuW*, 2/2003, p. 118 (citado: «Die neue...»).

JONES, Alison/SUFRIN, Brenda, *EC Competition Law. Text, Cases, and Materials*, 2ª ed., Oxford, Oxford University Press, 2004 (citado: *EC Competition Law...*).

KLEES, Andreas, *Europäisches Kartellverfahrensrecht (mit Fusionskontrollverfahren)*, Köln/Berlin/München, Carl Heymanns Verlag, 2005 (citado: *Europäisches...*).

KÖRBER, Thomas, «Die erstmalige Anwendung der Verpflichtungszusage gemäß Art. 9 VO 1/2003 und die Zukunft der Zentralvermarktung von Medienrechten an der Fußballbundesliga», *WRP*, 4/2005, p. 463 (citado: «Die erstmalige...»).

MESTMÄCKER, Ernst-Joachim/SCHWEITZER, Heike, *Europäisches Wettbewerbsrecht*, 2ª edição (da obra de MESTMÄCKER com o mesmo nome), München, Beck, 2004.

MONTAG, Frank/ROSENFELD, Andreas, «A Solution to the Problems? Regulation 1/2003 and the modernization of competition procedure», *ZWeR*, 2/2003, p. 107.

ROCCA, Gianfranco/GAUER, Céline/DALHEIMER, Dorothe/KJOLBYE, Lars/DE SMIJTER, Eddy, «Regulation 1/2003: a modernised application of EC competition rules», *CPN*, n.º 1, Spring 2003, p. 3 (citado: «Regulation 1/2003...»).

SCHÜTTE, Michael, *in* WIEDEMANN, Gerhard (Hrsg.), *Handbuch des Kartellrechts*, München, Beck, 1999, p. 1384.

STILLFRIED, Georg/STOCKENHUBER, Peter, «Vollzug des EG-Kartellrechts nach der neuen EG-Verfahrensverordnung Nr 1/2003», *ÖZW*, 2003, p. 45.

VILAÇA, José Luís da Cruz, «A modernização da aplicação das regras comunitárias de concorrência segundo a Comissão Europeia. Uma reforma fundamental», *BFD – – Volume Comemorativo*, 2003, p. 717 (citado: «A modernização...»).

—— «O ordenamento comunitário da concorrência e o novo papel do juiz numa União alargada», *RCEJ*, 2.º Semestre de 2004, n.º 1, p. 37.

O QUADRO REGIONAL PORTUGUÊS E A POLÍTICA COMUNITÁRIA

por *José Pedro Pontes**

Abstract

Os estudos existentes sobre economias de aglomeração caracterizam o papel da melhoria dos transportes, designadamente rodoviários, como conducente a uma descentralização no espaço da indústria transformadora e da actividade económica em geral. Esta visão tem subjacente modelos de localização assentes numa relativa imobilidade da força de trabalho. Contudo, a evidência empírica mostra que nas duas últimas décadas, a mobilidade do trabalho tem sido um dos principais motores da aglomeração da actividade económica, o que restringe o papel descentralizador da política de transportes. A eficácia da política regional portuguesa (no contexto europeu) deverá assentar no recurso a outros instrumentos como os subsídios às empresas e à formação profissional.

Keywords: Economias de Localização, Economias de Urbanização, Mobilidade do Trabalho, Nova Geografia Económica, Política Regional Europeia.

JEL classification: R10, R11, R58

O autor agradece ao Secretário de Estado do Desenvolvimento Regional, Rui Baleiras, e à Direcção Geral do Desenvolvimento Regional a encomenda do relatório que serviu de base à preparação deste artigo. Agradece ainda a Paulo Madruga a disponibilização de dados estatísticos essenciais à elaboração do estudo e a Manuel Porto, o contributo para a redefinição do âmbito do mesmo. Eventuais erros e omissões são da exclusiva responsabilidade do autor.

1. Introdução: conceitos e medidas da aglomeração

A noção de "economias de aglomeração" designa os ganhos de eficiência de que beneficiam actividades produtivas em situação de proximidade geográfica e que seriam inexistentes se as actividades

---

* Instituto Superior de Economia e Gestão, Universidade Técnica de Lisboa.

tivessem localizações isoladas. Tradicionalmente, em economia espacial distingue-se entre três tipos de economias de aglomeração:

1. As economias que decorrem da concentração industrial, ou seja, de rendimentos crescentes à escala que determinam a concentração geográfica da produção no mesmo estabelecimento.
2. As "economias de localização", que decorrem da proximidade geográfica entre estabelecimentos independentes, mas pertencentes à mesma indústria particular ou sector de actividade.
3. As "economias de urbanização", que decorrem da proximidade geográfica entre estabelecimentos produtivos pertencentes a diferentes indústrias ou sectores de actividade.

Guimarães e Figueiredo (2004) argumentam que as economias de escala internas à firma não são fonte de economia de aglomeração, a qual pressupõe a associação espacial de estabelecimentos produtivos independentes, independentemente da sua dimensão. Este ponto de vista será adoptado neste estudo, em que apenas as "economias de localização" e de "urbanização" serão consideradas.

As "economias de urbanização" podem ser medidas pela densidade espacial do PIB, pela densidade espacial do emprego industrial ou pelo número de estabelecimentos produtivos por unidade de área (esta última medida merece o nosso favor pelo motivo referido no parágrafo anterior).

As "economias de localização" são medidas por variáveis que exprimem a discrepância entre a localização de uma indústria particular e a localização do conjunto da indústria transformadora. Ou seja: uma indústria particular será localizada se a sua concentração geográfica "exceder" a concentração da indústria transformadora como um todo. Tradicionalmente, a "localização" de uma indústria particular era medida de forma descritiva, através do coeficiente locativo de Gini, como fez Krugman (1991-a). Este tipo de medida merece duas críticas diferentes (Guimarães e Figueiredo, 2004). Em primeiro lugar, utiliza o emprego como variável de aglomeração, não distinguindo entre concentração industrial e concentração geográfica. O número de estabelecimentos, independentemente da sua dimensão individual, é a variável que reflecte correctamente a localização industrial. Em segundo lugar, não separa o elemento aleatório da aglomeração do componente determinístico. Como notam Guimarães e Figueiredo (2004):

> Firms may exhibit some level of spatial concentration by chance. This idea can be easily explained by resorting to the well-known balls and urns example often used in statisitics. If one has, say, 10 urns (regions) and 10 balls (firms) and drops the balls into the urns then, even though all urns are equally probable, it is very unlikely that we will observe exactly one ball in each urn. Some clustering will necessarily occur and that is perfectly compatible with the idea that the balls were thrown at random (the firms' decisions were random) (p. 3).

Com este objectivo, os autores recorrem a um modelo econométrico para medir a localização das indústrias SIC a três dígitos, assente no conceito de maximização de uma utilidade aleatória. Eles partem da análise de Ellison e Glaeser, mas refinam a metodologia no sentido de que, em vez de a atractividade determinística de uma região para uma firma ser determinada pela quota total da indústria transformadora aí situada, esta atractividade derivar de factores de localização (custos dos factores de produção, solo e trabalho, acessibilidade em termos globais e locais) cuja influência é expressa por coeficientes estimados.

A medida de economias de aglomeração depende ainda das unidades espaciais no Continente português que são adoptadas: administrativas (concelho, distrito) ou propostas pelo Eurostat (NUTS II e NUTS III). O objectivo deste trabalho foi usar como base estudos publicados que usam estas medidas, pelo que não foi feita uma discriminação entre elas. Contudo, será feita uma discussão das virtualidades e limitações de cada unidade espacial.

Unidades espaciais de grande dimensão (como as NUTS II) apresentam a desvantagem de poderem ser internamente heterogéneas no que se refere à aglomeração, ou seja, combinar áreas de concentração da actividade produtiva e áreas desertificadas. Isto acontece em Portugal com as regiões Norte e Centro, com uma clivagem interna entre litoral e interior. Note-se que este aspecto não se verifica com a mesma intensidade para as restantes NUTS II portuguesas. Em termos europeus, existem NUTS II completamente homogéneas, seja porque correspondem a cidades que são o centro de grandes áreas metropolitanas, como Paris ou Hamburgo, seja porque recobrem regiões desertificadas com clima inóspito (Boldrin e Canova, 2001).

Além disso, é importante o facto, observado por Krugman (1991-a), de que as regiões económicas marcadas pela aglomeração não respeitarem as fronteiras das unidades espaciais de grande dimensão.

É o caso dos USA, em que a região de Piedmont, de aglomeração da indústria têxtil, se situa em três Estados (Carolina do Norte,

Carolina do Sul e Geórgia) e de Portugal, em que a região de maior aglomeração, o corredor litoral entre Lisboa Porto, é recoberto por três NUTS II (Norte, Centro e Lisboa e Vale do Tejo). Neste caso, a adopção de pequenas unidades territoriais tem vantagem, na medida em que permite por agregação desenhar o mapa das regiões económicas de aglomeração.

Unidades espaciais mais pequenas como os concelhos ou as NUTS III são homogéneas, mas as suas evoluções estão espacialmente correlacionadas, em particular pelos movimentos migratórios, devido ao facto de não terem uma dimensão crítica mínima. Por este motivo, Teixeira (2002) considera o distrito, como uma unidade espacial com uma dimensão intermédia.

Este ensaio incide sobre o papel das economias de aglomeração na formulação da Política Regional Portuguesa no contexto da União Europeia (UE). Um aspecto importante a notar consiste em que a Política Regional Europeia (PRE), enquanto tal, não se refere às economias de aglomeração. A PRE define-se em relação ao PIB per capita das regiões, atribuindo um estatuto de recipiente privilegiado de ajuda às regiões com um PIB per capita inferior a 75% da média da União (Objectivo 1), e à taxa de desemprego. Neste último caso (Objectivo 2), elegem-se como objecto de ajuda as regiões em reconversão estrutural, patente numa taxa de desemprego industrial elevada. Torna-se assim necessário estabelecer teoricamente as relações entre o PIB per capita e a taxa de desemprego, por um lado, e as medidas estatísticas de "economias de urbanização".

No que se refere ao PIB per capita, a relação estabelece-se facilmente.

$$\frac{Y}{A} = \frac{Y}{N} \times \frac{N}{A} \qquad (1)$$

onde Y é o PIB de uma região (em paridade de poder de compra), A é a área em Km^2 da região e N é a população da região. Para simplificar, consideramos que todas regiões têm as mesmas taxas de emprego da população, pelo que N aproxima o emprego da região.

Então, em 1, $\frac{Y}{A}$ exprime a intensidade de aglomeração da actividade produtiva na região, $\frac{Y}{N}$ reflecte o rendimento per capita (e a produtividade) na região e $\frac{N}{A}$ exprime a densidade da população (e do emprego).

Logaritmizando 1 e calculando a variância de $\ln \frac{Y}{A}$ sobre um conjunto de regiões, obtém-se

$$\operatorname{var}\left(\ln \frac{Y}{A}\right) = \operatorname{var}\left(\ln \frac{Y}{N}\right) + \operatorname{var}\left(\ln \frac{N}{A}\right) + 2 \operatorname{cov}\left(\ln \frac{Y}{N}, \ln \frac{N}{A}\right) \quad (2)$$

A expressão 2 mostra que aglomeração da actividade produtiva pode resultar de três factores concorrentes, que se podem substituir entre si: a dispersão dos rendimentos per capita (ou produtividades) regionais; a dispersão das densidades populacionais (ou de emprego) entre regiões; a migração de trabalhadores de regiões de baixo Pib per capita para regiões de rendimento médio elevado. Pode assim, acontecer que a dispersão dos rendimentos médios regionais e das densidades de actividade económica tenham evoluções opostas.

A taxa de desemprego está pouco correlacionada com o Pib per capita: segundo Boldrin e Canova (1992) o coeficiente de correlação assume o valor pouco significativo de – 0.44 em 1992 entre as NUTS II europeias. A taxa de desemprego depende inversamente da aglomeração da actividade económica, ou seja, da procura espacial de trabalho, mas ela reflecte outros factores não correlacionados com este: nomeadamente, a intensidade das migrações, que condiciona a oferta de trabalho, e os diferentes quadros institucionais do mercado de trabalho nos países que formam a União Europeia. A dependência em relação à aglomeração da actividade económica e à procura espacial de trabalho manifesta-se na formação de "clusters de desemprego" que recobrem regiões vizinhas, pertencentes ou não ao mesmo país.

2. As economias de aglomeração em Portugal no contexto da União Europeia

2.1. Factos estilizados sobre a evolução da aglomeração na Europa

Como nota Puga (2002), a actividade económica no seu conjunto (ou seja, raciocinando em termos de "economias de urbanização") está menos concentrada geograficamente na Europa que nos USA. Cerca de metade do emprego industrial da UE está concentrado num pequeno número (27) de regiões NUTS I, que representam 17% da área total da União e 45% da população. Nos USA, cerca de metade do emprego industrial está também concentrado num pequeno número de Estados, mas estes representam quotas muito mais pequenas da área total (13%) e da população (21%).

A maior concentração geográfica da produção nos USA que na UE também é visível para sectores de actividade considerados isoladamente (ou seja, em termos de "economias de localização"). Como nota Puga (2002)

> Midelfart-Knarvik et al. (2000) calculate for Eu Member States and for US States an index of spatial separation for individual industries and divide it by the same index for overall manufacturing. They show that, even after accounting for the wider dispersion of overall industry in Europe, most individual sectors are also more geographically dispersed than in the US. (p. 375)

Apesar de a produção estar na Europa menos geograficamente concentrada que nos USA, as diferenças de rendimento per capita entre as regiões europeias são muito maiores que entre Estados dos USA. Citando de novo Puga (2002)

> In 1992, the ten best-off regions had a GDP per person equal to 1.6 times the Union's average and 3.5 times that of the ten of the ten worst-off regions (at NUTS I level). By comparison, the ten best-off US States had a GDP per person equal to 1.2 times the US average and 1.5 times that of the ten worst-off States. (p. 375)

Boldrin e Canova (2001) reforçam esta verificação, afirmando que as desigualdades regionais na Europa são "o dobro" em relação aos USA, quer estas sejam medidas pelo desvio-padrão do rendimento per capita regional ou pelo rácio dos decis inferior e superior do rendimento per capita da distribuição desta variável entre regiões.

Tendo em conta a equação 2, estes dois factos significam que a população está muito mais concentrada nos USA que na UE e que nos USA existe uma correlação positiva muito mais marcada que na UE entre densidade populacional e rendimento per capita, reflectindo movimentos migratórios muito mais intensos do outro lado do Atlântico.

Em termos de evolução, as regiões europeias experimentaram uma nítida convergência no rendimento per capita até ao final dos anos 70, quando a convergência cessou subitamente. Pode-se, assim, falar numa "exaustão" do processo de convergência do rendimento per capita regional depois dos anos 70.

Na UE, é possível decompor as desigualdades regionais do rendimento per capita em desigualdades entre países e entre regiões do mesmo país. Na primeira metade dos anos 80, as desigualdades de rendimento entre Estados Membros representavam cerca de metade das desigualdades regionais globais, e as desigualdades entre regiões do mesmo país correspondiam aproximadamente a outra metade. Desde então, as desigualdades entre países diminuiram 25%, mas as desigualdades regionais no interior dos países aumentaram 10%. Actualmente, a maior parte das desigualdades regionais de rendimento per capita na UE são no interior e não entre Estados Membros. Este processo pode ser sintetizado dizendo que as regiões mais desenvolvidas dos países pobres convergiram para os níveis de vida médios da UE, deixando para trás as regiões mais atrasadas destes países.

Boldrin e Canova (2001) ilustram entre processo afirmando que o coeficiente de variação do Pib per capita entre os países europeus decresceu de 0.25 para 0.20 entre 1980 e 1992. De acordo com Porto (2001), um elemento importante desta evolução, foi a aproximação dos quatro países abrangidos pelo Fundo de Coesão (Espanha, Grécia, Irlanda e Portugal) de 65.2% da média comunitária do Pib per capita em 1980 para um valor de 78.2% em 1999.

A par desta evolução, todos os países da UE-15 viram aumentar as disparidades regionais internas (medidas pelo desvio-padrão do Pib per capita das suas regiões), com duas excepções, Portugal e o Reino Unido, entre 1987 e 1997 (Boldrin e Canova, 2001).

A conjugação destas duas tendências contraditórias (convergência entre países, divergência entre as regiões do mesmo país) explica que não só, em termos médios, o grau de dispersão dos rendimentos per capita entre as regiões da UE (tal como é medido pelo coeficiente de variação) tenha permanecido sensivelmente constante no tempo, mas também que a distribuição global dos rendimentos per capita regionais tenha permanecido estável. Como nota Puga (2002), matrizes de probabilidades de transição para 1987 e 1995, que pesquisam mudanças no tempo da posição relativa das regiões na distribuição, mostram que houve uma grande persistência das regiões (nomeadamente, as regiões de Pib per capita intermédio) nas suas posições relativas. Boldrin e Canova (2001) sintetizam estas várias tendências dizendo que não houve na UE convergência em níveis de crescimento, tendo pelo contrário ocorrido convergência em taxas de crescimento, com manutenção de posições relativas.

> To put it plainly: exception made for a few 'miracles'(Ireland, the Italian North-East, the East German Länder should the initial trends continue, Lisbon's metropolitan area and, but is this a miracle?, the Inner London's area) most of Europe seems to have achieved a form of *long-run growth rate convergence*. Controlling for cyclical factors, most regions appear to grow at a pretty common rate, with poorer ones growing a bit faster during expansions and a lot slower during recessions. (p. 36)

Estas tendências de evolução da distribuição dos Pibs per capita nacionais e regionais constitui um primeiro facto estilizado que a teoria económica espacial deverá explicar.

Um segundo facto estilizado consiste em que, no que se refere à distribuição regional das taxas de desemprego na Europa, existe uma polarização, sendo predominantes os conjuntos de regiões com taxas de desemprego muito baixas ou muito altas em relação à média comunitária. Contudo, enquanto que para Boldrin e Canova (2001), esta polarização é relativamente estável no tempo, para Puga (2002), ela tende a reforçar-se no quadro de um processo em que regiões com taxas intermédias de desemprego passam a integrar os extremos da distribuição.

Um terceiro facto estilizado consiste na especialização crescente das economias nacionais em termos da estrutura de produtos exportados. Esta especialização tornou-se particularmente intensa desde os anos 80, em particular para os países entrantes, e conduziu a uma diferenciação das estruturas produtivas nacionais.

Sinteticamente, podemos dizer que a Holanda é o único país cuja estrutura industrial se tornou parecida com a estrutura agregada da União. As estruturas industriais das quatro maiores economias da UE (França, Reino Unido, Itália e Alemanha) são relativamente semelhantes. Contudo, a Alemanha e a Itália estão a tornar-se diferentes uma da outra, bem como da França e do Reino Unido. Os quatro estados da Coesão (Grécia, Irlanda Portugal e Espanha) tornaram-se progressivamente mais diferentes entre si. A Espanha é mais semelhante aos quatro grandes (França, Reino Unido, Itália e Alemanha) do que aos outros três países da Coesão. A Irlanda é mais semelhante à Bélgica, Dinamarca e Holanda. A Finlândia e a Suécia permaneceram semelhantes entre si, mas tornaram-se crescentemente diferentes dos outros países da União.

2.2. Factos estilizados sobre a aglomeração em Portugal

Portugal integrou-se no processo de convergência em Pib per capita dos países da Coesão para a média comunitária: entre 1985 e 2000, o Pib per capita português passou de 54% para 75% da média europeia. Contudo, como notam Boldrin e Canova (2001), não se verificou em Portugal o agravamento das desigualdades internas de rendimento per capita observadas na quase totalidade dos países europeus. De acordo com Soukiazis e Antunes (2004), no período entre 1991 e 2000, verificou-se uma ligeira redução na dispersão do rendimento per capita (medida pelo coeficiente de variação) entre as NUTS III (redução essa que aparece ainda mais ténue, se consideramos as NUTS II). Esta redução da dispersão do rendimento per capita teria sido mais acentuada no subperíodo entre 1991 e 1994.

Dispomos de dados para o PIB per capita para 1995 e 2002

NUTS III	1995	2002
Minho-Lima	5	8
Cávado	6	9
Ave	7.0	10.0
Grande Porto	9	13
Tâmega	4	6
Entre Douro e Vouga	7	10
Douro	5	8
Alto Trás-os-Montes	5	7
Baixo Vouga	8	11
Baixo Mondego	8	12
Pinhal Litoral	8	12
Pinhal Interior Norte	4	7
Dão-Lafões	5	8
Pinhal Interior Sul	5	8
Serra da Estrela	4	7
Beira Interior Norte	5	8
Beira Interior Sul	7	11
Cova da Beira	6	9
Oeste	6	10
Médio Tejo	7	11
Grande Lisboa	13	21
Península de Setúbal	7	10
Alentejo Litoral	9	13
Alto Alentejo	6	10
Alentejo Central	6	11
Baixo Alentejo	6	9
Lezíria do Tejo	7	11
Algarve	8	13
R. A. Açores	6	10
R. A. Madeira	8	14
Portugal	8	12

Unidades: milhares de euros por habitante
Fonte: INE-Contas regionais.

Os coeficientes de variação do Pib per capita para 1995 e 2002 foram de 0.28471 e de 0.28193, respectivamente, confirmando a tendência de uma ténue convergência deste indicador entre as regiões NUTS III. Esta tendência de convergência ténue é confirmada pela redução do rácio entre os decis superior e inferior da distribuição de 1.8889 em 1995 para 1.8571 em 2002.

O coeficiente de correlação nos períodos foi de 0.96557, mostrando uma assinalável estabilidade na distribuição regional do rendimento per capita.

Vejamos, em seguida a evolução das taxas de emprego (emprego/população total) das NUTS II.

NUTS III	1995	2002
Minho-Lima	0.39	0.44
Cávado	0.46	0.54
Ave	0.48	0.52
Grande Porto	0.50	0.49
Tâmega	0.32	0.38
Entre Douro e Vouga	0.46	0.48
Douro	0.39	0.44
Alto Trás-os-Montes	0.38	0.42
Baixo Vouga	0.45	0.47
Baixo Mondego	0.45	0.47
Pinhal Litoral	0.48	0.53
Pinhal Interior Norte	0.34	0.40
Dão-Lafões	0.37	0.43
Pinhal Interior Sul	0.46	0.49
Serra da Estrela	0.35	0.40
Beira Interior Norte	0.44	0.50
Beira Interior Sul	0.49	0.51
Cova da Beira	0.47	0.47
Oeste	0.39	0.43
Médio Tejo	0.39	0.46
Grande Lisboa	0.55	0.61
Península de Setúbal	0.33	0.36
Alentejo Litoral	0.38	0.41
Alto Alentejo	0.39	0.45
Alentejo Central	0.40	0.47
Baixo Alentejo	0.33	0.39
Lezíria do Tejo	0.37	0.43
Algarve	0.45	0.47
R. A. Açores	0.41	0.49
R. A. Madeira	0.45	0.50
Portugal	0.45	0.48

Fonte: INE-Contas regionais

Os coeficientes de variação da taxa de emprego são de 0.13872 para 1995 e de 0.11575 para 2002. O rácio entre os decis superior e inferior da distribuição passa de 1.4478 em 1995 para 1.3291 em 2002. Contrariamente, ao que se verificou na generalidade dos países europeus e que é reflectido por Puga (2002) entre outros, a distribuição das taxas regionais de emprego tornou-se menos polarizada neste período. Por outro lado, dado que o coeficiente de correlação entre os valores de 1995 e de 2002, é 0.92220, menor do que o mesmo coeficiente para os rendimentos per capita regionais, a distribuição das taxas de emprego revela-se menos rígida do que é referido por Boldrin e Canova (2001) para a generalidade da União Europeia.

Finalmente, em relação ao terceiro facto estilizado, Portugal aparece ainda como um país atípico, na medida em que, enquanto a generalidade dos países europeus evolui para uma estrutura produtiva mais especializada, diferenciando-se entre si, Portugal manteve no essencial a sua especialização, como notam Chorincas e outros (2001). Se exceptuarmos o desenvolvimento da indústria automóvel e dos seus componentes e equipamentos afins, que se traduziram num aumento acentuado das exportações, o país manteve no essencial a sua estrutura produtiva, assente em sectores tradicionais, como o calçado, cujas exportações cresceram rapidamente. Verificou-se uma transição relativamente lenta na cadeia de valor de algumas indústrias fortemente exportadoras. Alguns exemplos são a evolução dos têxteis para as malhas, vestuário e têxtil-lar; a evolução da pasta para o papel; a transição das madeiras serradas para os aglomerados. Contudo, como notam Chorincas e outros (2001), verificou-se

> uma fraca dinâmica de diversificação nas actividades de especialização internacional, onde a falta de capacidade de atracção de novos projectos de investimento estrangeiro estruturante se tem feito sentir, ao mesmo tempo que se assistiu ao investimento internacional no exterior de empresas e grupos portugueses nas suas áreas tradicionais de competência (vd. madeiras, minerais não-metálicos, componentes para automóveis, tec. (p. 99)

Torna-se, assim, necessário explicar a evolução atípica da economia portuguesa na vertente espacial no contexto da UE. Um passo necessário para tal é avaliar a aglomeração da actividade produtiva, que, como vimos na Introdução, não está completamente correlacionada com variáveis como os Pibs per capita ou as taxas de emprego regionais.

Começando pela aglomeração da actividade económica agregada, ou seja, pelas "economias de urbanização", Teixeira (2002) calcula densidades de emprego para os distritos do Continente em 1985 e 1998, usando o Inquérito anual do Ministério do Emprego (Quadros de Pessoal), que cobre todas as empresas funcionando em Portugal (excepto empresas familiares sem assalariados). O Inquérito contém dados sobre cada trabalhador, assim como informação básica sobre cada empresa (localização, sector de actividade e número de empregados).

Calculando a densidade relativa do emprego entre regiões (número anual de trabalhadores por Km^2, em relação à média do Continente português) em 1985, Teixeira (2002) verifica dois factos que não são surpreendentes: a concentração do emprego no litoral e a existência de dois centros principais de actividade, em Lisboa e Porto. A variação da densidade relativa de emprego é elevada: de 13.38 vezes a média do Continente em Lisboa a 0.0397 vezes em Bragança.

Mais de 60% do total dos trabalhadores industriais encontravam-se localizados em Lisboa e no Porto, que representam apenas 5.7% do solo português. Esta concentração espacial era ampliada se acrescentarmos ao Porto os seus distritos adjacentes (Aveiro e Braga): estes quatro distritos, com 11.9% da área de Portugal, continham mais de 76% dos trabalhadores industriais.

Em 1998, devido ao processo de convergência da economia portuguesa para a média da UE, todos os distritos tinham maior densidade de actividade económica. Considerando a densidade de emprego industrial, os distritos foram classificados em quatro grupos: {Lisboa, Porto}, "grandes regiões industriais" (Braga, Aveiro e Leiria), "regiões industriais intermédias" (Setúbal, Faro, Santarém, Viana do Castelo, Coimbra e Viseu), "pequenas regiões industriais" (Castelo-Branco, Guarda, Évora, Portalegre, Bragança e Beja). A evolução entre 1985 e 1998 é definida por dois factos:

1. Lisboa e Porto, apesar de continuarem a ser as maiores regiões industriais, tornaram-se menos (caso de Lisboa) ou relativamente menos (caso do Porto) industrializadas no tempo.
2. Assiste-se a um "processo de (re)localização sequencial em que as "grandes" regiões industriais se tornaram mais industrializadas no tempo em relação à média nacional; as regiões industriais "intermédias" se tornaram mais industrializadas que a média nacional, embora menos que as "grandes" regiões; as

"pequenas" regiões se tornaram relativamente menos industrializadas por comparação com as regiões "grandes" e "intermédias", reforçando-se a sua natureza periférica.

Assim, verificou-se um reforço da aglomeração da actividade económica agregada e da desigualdade espacial, no contexto de um processo marcado pela redução dos custos de transporte generalizados que Teixeira (2002) descreve do seguinte modo:

> In the long run, it is then argued that the impact of a general reduction on the transport costs may imply a sequential (re)location process: large regions will attract new entrants and some firms previously located in intermediate ans small regions; intermediate regions will attract some new entrants and some firms previously located in small regions and so on. Small regions will preserve at least firms producing for the small market. (p. 159)

Apresentamos, em seguida, a matriz das densidades de emprego (número de trabalhadores por Km^2) das regiões portuguesas (NUTS III) em 1995 e 2002.

NUTS III	1995	2002	
Minho-Lima	4.3843×10^{-2}	0.04943	
Cávado	0.13559	0.15309	
Ave	0.1844	0.21096	
Grande Porto	0.73395	0.75187	
Tâmega	6.5051×10^{-2}	7.7152×10^{-2}	
Entre Douro e Vouga	0.13895	0.15611	
Douro	2.2047×10^{-2}	2.3509×10^{-2}	
Alto Trás-os-Montes	1.0835×10^{-2}	1.1496×10^{-2}	
Baixo Vouga	9.0511×10^{-2}	0.10117	
Baixo Mondego	7.2609×10^{-2}	7.6681×10^{-2}	
Pinhal Litoral	6.2974×10^{-2}	7.6521×10^{-2}	
Pinhal Interior Norte	1.8077×10^{-2}	2.0752×10^{-2}	
Dão-Lafões	3.0098×10^{-2}	3.4885×10^{-2}	
Pinhal Interior Sul	1.1509×10^{-2}	1.1246×10^{-2}	
Serra da Estrela	2.1088×10^{-2}	2.2471×10^{-2}	
Beira Interior Norte	1.27×10^{-2}	1.3979×10^{-2}	(3)
Beira Interior Sul	1.0326×10^{-2}	1.0513×10^{-2}	
Cova da Beira	3.1639×10^{-2}	3.1711×10^{-2}	
Oeste	5.0950×10^{-2}	5.9927×10^{-2}	
Médio Tejo	3.8401×10^{-2}	4.5778×10^{-2}	
Grande Lisboa	1.0054	1.1432	
Península de Setúbal	0.14817	0.17519	
Alentejo Litoral	6.9791×10^{-3}	7.6275×10^{-3}	
Alto Alentejo	8.0577×10^{-3}	8.8923×10^{-3}	
Alentejo Central	9.442×10^{-3}	1.1198×10^{-2}	
Baixo Alentejo	5.3035×10^{-3}	6.0914×10^{-3}	
Lezíria do Tejo	0.02081	2.4532×10^{-2}	
Algarve	3.2025×10^{-2}	3.7476×10^{-2}	
R. A. Açores	4.255×10^{-2}	4.8407×10^{-2}	
R. A. Madeira	0.13575	0.14638	
Portugal	4.8764×10^{-2}	5.4699×10^{-2}	

Unidade: milhares de trabalhadores por Km^2.
Fonte: INE-Contas regionais

Observando o quadro anterior é fácil observar que o coeficiente de variação cai ligeiramente de 2.0265 em 1995, para 2.0119 em 2002. Significa isto que se reduziu a aglomeração da actividade produtiva agregada neste período? Para tal, calculamos os quantis 0.1, 0.25, 0.5, 0.75 e 0.9 da distribuição das densidades para 1995 e 2002, representados, em conjunto com a variação relativa no quadro seguinte:

Evolução relativa dos quantis da distribuição das densidades de emprego

Quantis	1995	2002	Δ	
0.1	$8.749\ 9 \times 10^{-3}$	$9.702\ 7 \times 10^{-3}$	0.109	
0.25	0.0127	$1.397\ 9 \times 10^{-2}$	0.101	(4)
0.5	$3.202\ 5 \times 10^{-2}$	$3.747\ 6 \times 10^{-2}$	0.170	
0.75	$9.051\ 1 \times 10^{-2}$	0.101 17	0.118	
0.9	0.166 29	0.193 08	0.161	

Do quadro resulta claro que são as regiões com densidades médias e elevadas de emprego que registam um aumento significativo da concentração geográfica da produção. Em particular, o rácio entre os decis superior e inferior passa de 19. 005 em 1995 para 19. 900 em 2002.

O quadro ilustra o que Teixeira (2002) designa como um "processo de (re)localização sequencial": aglomeração da actividade produtiva reforça-se, deixando de lado as regiões mais periféricas. Simultaneamente, o processo de concentração geográfica beneficia regiões com uma densidade industrial intermédia, que crescem mais rapidamente que as regiões industriais tradicionais.

Abordamos agora as "economias de localização", ou seja, as que decorrem de uma maior concentração de uma indústria particular numa região por comparação com a concentração geográfica do conjunto da indústria transformadora. Para Portugal, dispõe-se apenas de uma caracterização estática por Guimarães e Figueiredo (2004). Basicamente, Guimarães e Figueiredo (2004) procuram responder para a economia portuguesa a duas questões que Krugman (1991-a) tinha colocado para a economia dos USA:

1. Em que grau é a indústria "típica" dos USA localizada? Os exemplos conhecidos como a concentração da indústria automóvel em torno de Detroit ou a alta tecnologia em Silicon Valley são "normais" ou "excepcionais"?

2. Que tipo de indústrias são altamente localizadas? Basicamente, trata-se de sectores de alta tecnologia, usando trabalhadores altamente qualificados (confirmando a hipótese de que a localização se deve principalmente a *spillovers* tecnológicos), ou de indústrias mais "prosaicas", que usam trabalhadores indiferenciados?

Calculando coeficientes locativos de Gini para indústrias SIC a três dígitos, Krugman (1991-a) conclui que:
1. Muitas indústrias estão altamente concentradas geograficamente – e não apenas a indústria automóvel ou as indústrias de alta tecnologia.
2. A maior parte das indústrias altamente concentradas não são sectores de alta tecnologia. Metade das indústrias mais localizadas são sectores têxteis, na área de Piedmont das Carolinas e da Geórgia.

Guimarães e Figueiredo (2004) confirmam as conclusões de Krugman (1991a) para o caso português usando o Inquérito Anual do Ministério do Emprego ("Quadros de Pessoal") para 1999. Com esta fonte, registaram o número de estabelecimentos e o emprego em cada concelho de Portugal continental. O estudo foi baseado na classificação de 3 dígitos (103 indústrias) da SIC. Usando os 275 concelhos, foi estimada uma regressão de localização para cada indústria, tendo-se obtido uma medida correspondente de concentração excessiva.

Guimarães e Figueiredo calcularam os parâmetros de localização para 100 indústrias e concluiram que, em 15 casos, não é possível recusar a hipótese de uma concentração geográfica nula. Para as restantes 75 indústrias, existe evidência de concentração excessiva relativamente ao conjunto da indústria transformadora. Este resultado de uma alta percentagem de indústrias localizadas foi obtido noutros países usando a metodologia econométrica de Ellison e Glaeser.

Tal como foi observado noutros países, a localização das indústrias é muito assimétrica, exibindo a maioria das indústrias níveis muito baixos de localização. Assim, das 75 indústrias cujo parâmetro de localização é significativamente superior a zero, 64% apresentam um grau de localização inferior ao valor médio 0.013. Entre as 27 indústrias com um parâmetro de localização acima desta média, encontramos três tipos de indústrias:

1) Indústrias "tradicionais", em que a localização é determinada pela presença histórica em regiões específicas. Note-se que as aglomerações tendem a perdurar no tempo (efeito de *lock-in*): ainda que as condições do mercados dos factores de produção e do produto final mudem, cada empresa tem vantagem em permanecer na aglomeração devido aos benefícios da proximidade com outras empresas. Nesta classe de empresas, contam-se as seguintes:

Indústria de motocicletas e bicicletas
Indústria de curtumes
Indústria de joalharia
Indústrias têxteis
Indústria do calçado
Indústrias cerâmicas
Indústria da cortiça

2) Indústrias tecnologicamente mais avançadas em que o motivo da aglomeração reside em *spillovers* de conhecimento dinâmicos, entre as quais se contam as seguintes:

Fabrico de material para aparelhos de rádio e televisão
Indústria automóvel
Indústrias várias que produzem máquinas e equipamentos
Algumas indústrias metalúrgicas básicas
Indústria farmacêutica

3) Indústrias ligadas ao mar, como a construção naval e a transformação de produtos marinhos. Neste caso, a localização decorre do acesso a um recurso natural.

A maioria das 25 indústrias não localizadas (em que o parâmetro de localização não é significativamente diferente de zero) são indústrias capital intensivas em que os rendimentos à escala são importantes, de que são exemplo:

Indústria do tabaco
Indústria da refinação de petróleo
Fabrico de aviões ou veículos espaciais

Trata-se de sectores muito concentrados no espaço, mas em que a concentração se deve a economias de escala internas à firma e não a externalidades associadas à aglomeração.

É possível ligar as indústrias localizadas particulares a regiões específicas usando os resíduos das regressões econométricas. Guimarães e Figueiredo (2004) fazem-no (vejam-se as conclusões nas págs. 13-14). Aqui, limitar-nos-emos a verificar as regiões em que a localização (no sentido de concentração excessiva de indústrias particulares) é mais acentuada.

Em primeiro lugar, pode concluir-se que a localização de indústrias é particularmente importante no corredor litoral entre Porto e Lisboa. Neste eixo, incluem-se três áreas onde as economias de localização são importantes:

1. Uma grande faixa de território (com 23 concelhos adjacentes) em torno das cidades do Porto e de Aveiro.
2. Uma segunda área grande centrada nas cidades de Coimbra e Leiria.
3. Um agrupamento mais pequeno (com 8 concelhos) em torno de Lisboa.

Existe também uma área de elevada concentração geográfica, devido a economias de localização, no interior centro do país, em torno da Serra da Estrela (concelhos de Viseu, Tondela, Mangualde, Guarda, Covilhã, Fundão, Seia e Castelo-Branco). Note-se que o quadro 3 mostra que o interior centro não tem economias de urbanização, embora possua algumas economias de localização em indústrias particulares

Além destas duas áreas, existem alguns poucos concelhos isolados que exibem economias de localização: Chaves e Mirandela (no Nordeste do país); Elvas e Évora (no Alentejo); e Loulé, Silves e Faro (no Algarve).

3. A especificidade portuguesa no contexto da UE

Vimos na secção 2. que existem diferenças significativas entre a evolução regional em Portugal e na generalidade dos países da UE. Nesta secção, procuraremos explicar estas diferenças partindo de dois factos empíricos, a mobilidade do trabalho e a redução dos custos de transporte, e dos efeitos desses factos sobre a geografia da produção em Portugal.

3.1. A mobilidade do trabalho em Portugal e na UE

É consensual que a mobilidade do trabalho entre países e regiões da UE é baixa. Depois de o Acto Único Europeu visar criar um mercado único de bens, serviços e trabalhadores na UE, apenas 1.5% dos cidadãos europeus vivem num Estado-Membro diferente de aquele em que nasceram. Os fluxos entre países e regiões (em particular, das regiões pobres para as ricas) são muito pequenos em relação aos fluxos migratórios nos USA. A explicação habitual para este facto assente nas diferenças culturais e linguísticas entre países europeus, contraposta à homogeneidade nos Estados americanos, não resiste a duas verificações. A primeira consiste em que as migrações entre regiões do mesmo país na UE também são reduzidas. A segunda consiste em que as taxas de migração actuais na UE são muito inferiores aos níveis historicamente atingidos na Europa nos anos 60.

As causas da relativa imobilidade do trabalho na UE são complexas e não serão aqui abordadas (mas, veja-se Puga, 2002, págs. 385-387, sobre este ponto). Importa apenas sublinhar que a mobilidade interna do trabalho em Portugal é bastante mais significativa do que em outros países europeus e se traduziu numa concentração da população no espaço. Como notam Vaz e outros (2003), em termos de NUTS II, são as regiões de mais fraca densidade populacional (Região Centro e Alentejo) que perdem população para as restantes (Região Norte, Lisboa e Vale do Tejo e Algarve). Em termos de NUTS III, a situação demográfica regional é retratada por Roca (2003) a partir da combinação de três factores: a variação natural, a imigração de estrangeiros e as migrações internas.

Consideremos, em primeiro lugar, as regiões Norte e Centro (com excepção do Grande Porto e do Oeste). Neste caso, há uma dicotomia pronunciada entre o litoral e o interior. O interior caracterizou-se por uma diminuição da população, embora este decréscimo se tenha processado nos anos 90 a uma taxa inferior à da década anterior. A melhoria em termos relativos, deveu-se à atenuação do saldo migratório geral negativo (ou mesmo) à sua passagem para positivo, devido principalmente à contribuição da imigração. O saldo das migrações internas foi negativo ou aproximadamente nulo, com excepção do Pinhal Interior Norte, cujo saldo foi ligeiramente positivo. Em algumas regiões, a variação natural negativa chegou a aumentar, tendo em outras passado de positivo a negativo.

O Norte e Centro litoral caracteriza-se por taxas relativamente elevadas de crescimento da população, que se devem a saldos migratórios gerais positivos, incluindo migrações internas, e a uma variação natural positiva verificada em quase todas as regiões.

Um segundo grupo de regiões compreende a Grande Lisboa, a Península de Setúbal e, em menor medida, o Grande Porto. Na Grande Lisboa, a variação da população passou de negativa, na década de 80, a positiva, na década de 90, devido à entrada de imigrantes e a uma variação natural positiva (embora pequena), que compensaram um saldo migratório interno negativo. No Grande Porto, o crescimento populacional deveu-se ao crescimento natural e à imigração. Na Península de Setúbal, as migrações internas e a imigração levaram ao crescimento populacional.

Um terceiro grupo de regiões compreende o Baixo Alentejo, o Alto Alentejo e o Pinhal Interior Sul, que são regiões de acentuado decréscimo demográfico, apresentando as mais baixas densidades populacionais do país. Esta situação deve-se a uma variação natural fortemente negativa, ao êxodo acentuado da população para outras regiões do país, não tendo a imigração força suficiente para contrariar as tendências anteriores.

Um quarto grupo compreende as restantes regiões do Alentejo (Lezíria do Tejo, Alentejo Litoral e Alentejo Central), o Oeste e o Algarve. Neste grupo, apesar da variação natural ser negativa, verificou-se crescimento da população devido ao saldo migratório geral. Há, contudo, diferenças entre as regiões. No Oeste e Lezíria do Tejo, o papel positivo da imigração e das migrações internas foi semelhante, ao passo que no Alentejo Central, Alentejo Litoral e no Algarve, a imigração foi o factor predominante.

O quadro seguinte, extraído de Roca (2003), mostra para as NUTS III (do Continente) as taxas de crescimento da população no período 1991-2001 e os saldos percentuais das migrações internas no período 1996-2001.

NUTS III	Crescimento % da população 1991-2001	Saldo % de migrações internas 1996-2001
Minho-Lima	−0.1	−0.03
Cávado	11.2	0.58
Ave Grande	9.1	0.12
Porto	7.6	1.85
Tâmega	8.3	−0.57
Entre Douro e Vouga	9.6	0.72
Douro	−7.2	−1.95
Alto Trás-os-Montes	−5.2	−1.02
Baixo Vouga	10	0.92
Baixo Mondego	3.3	−1.56
Pinhal Litoral	11.6	1.1
Pinhal Interior Norte	−0.5	1.62
Dão-Lafões	1.1	0.44
Pinhal Interior Sul	−11.7	−1.0
Serra da Estrela	−7.7	−1.11
Beira Interior Norte	−3.1	0.04
Beira Interior Sul	−3.4	−0.99
Cova da Beira	0.4	0.54
Oeste	9.3	2.7
Médio Tejo	2.1	−0.64
Grande Lisboa	2.3	−1.5
Península de Setúbal	10.8	2.1
Alentejo Litoral	1.1	−0.4
Alto Alentejo	−6.0	−0.7
Alentejo Central	0.1	0.3
Baixo Alentejo	−5.7	−1.1
Lezíria do Tejo	3.2	1.5
Algarve	14.8	1.7

Do quadro ressalta claramente que a variação da população tem outras causas, como a variação natural e a imigração, que pesam mais do que as migrações internas (mesmo tendo em conta que o período em que estas são registadas é cerca de metade do período de variação da população total). Em que sentido se poderá dizer que a população é relativamente móvel em Portugal por comparação com outros países europeus? A resposta não poderá deixar de ser a elevada correlação positiva entre os outros determinantes do crescimento populacional e as migrações internas – o coeficiente de correlação entre as duas variáveis do quadro é 0.674.

As razões da maior mobilidade do trabalho em Portugal no contexto da UE não são claras e não são possíveis mais do que tentativas de explicação. Em primeiro lugar, a taxa de desemprego em Portugal foi, até a um passado recente, baixa em relação à média europeia. Uma taxa de desemprego baixa facilita as migrações, na medida em que eleva a probabilidade de um migrante obter trabalho na região de acolhimento. Uma segunda explicação reside na fraca cobertura do apoio ao rendimento dos desempregados, que decorre quer do baixo rendimento do agregado familiar de apoio, quer do predomínio de situações de informalidade no mercado de trabalho. O insuficiente apoio ao rendimento dos desempregados incentiva estes a suportarem os custos associados à migração. Estas tentativas de explicação são insuficientes e é necessária uma reflexão adicional sobre este tema.

3.2. A redução dos custos de transporte em Portugal e no conjunto da UE

No passado recente, verificou-se uma acentuada melhoria dos transportes na União Europeia, que conduziu a uma redução generalizada dos custos de comunicação entre as regiões e países da UE. Esta redução decorre de uma política protagonizada pela Comissão Europeia, que vê a melhoria dos transportes como um elemento fundamental na redução das assimetrias regionais na UE e na promoção da coesão económica e social.

A política europeia de transportes tem como elemento central as *Trans-European Transport Networks* (TEN-T), que incluem 14 projectos comunitários, definidos pelo Conselho Europeu de Essen de Dezembro de 1994; e um grande número de projectos mais pequenos. Uma estimativa preliminar para o custo total orça este acima dos 300000 milhões de euros. Os projectos desenvolvidos como parte do TEN-T são elegíveis para apoio comunitário substancial, em particular dos países abrangidos pelo Fundo de Coesão (Grécia, Irlanda, Portugal e Espanha). O orçamento da UE para 1995-1999 dedicava um total de 2300 milhões de euros às TEN-T. Em 2001-2006, o orçamento foi duplicado para 4600 milhões de euros. Os Governos nacionais também dedicam verbas substanciais à infra-estrutura de transporte. Em Espanha, estima-se que os investimentos em infra-estrutura, a maior parte da qual em transporte, representem anualmente 2.7% do PIB no período 2000-2006.

Na UE, assiste-se a uma deslocação de ênfase, no investimento em infra-estrutura de transporte, das estradas para o comboio de alta velocidade (CAV). Em 1996-1997, ambos os modos (rodoviário e ferroviário) representavam quotas semelhantes do investimento TEN-T, cada um aproximadamente com 15000 milhões de euros. Quase dois terços do investimento ferroviário era afectado a linhas de alta velocidade. No presente, a ênfase recai sobre a ferrovia. Estima-se que os investimentos ferroviários na rede TEN-T subam a 185000 milhões de euros (a preços de 1993), duas vezes mais que o investimento em estradas e seis vezes mais que em aeroportos.

Em Portugal, como nota Teixeira (2002), durante o período entre 1985 e 1998, deu-se um desenvolvimento acentuado da rede de estradas, por iniciativa conjunta das autoridades nacionais e comunitárias. Cerca de 13.5% dos Fundos Estruturais foi atribuída a infra-estruturas de transporte, dos quais 62.2% à rede de estradas. Cerca de 29% dos empréstimos do Banco Europeu de Investimentos (BEI) foram usados no sector dos transportes. Finalmente, houve o contributo financeiro português, tanto público como privado, que se traduziu num investimento na infra-estrutura de transporte que, em termos relativos, foi muito mais elevado que na média da UE.

A fim de determinar o modo como a melhoria da infra-estrutura reduziu os custos de transporte (generalizados) suportados pelas empresas, Teixeira (2002) define uma matriz multi-regional de custos de transporte, que contém os itinerários de custo mínimo entre distritos, para os anos inicial (1985) e terminal (1998). Conclui que os custos de transporte caíram "dramaticamente" durante este período, cerca de 45% em média, entre as cidades capitais de distrito. Isto deve-se a melhorias no sistema rodoviário (nova construção de estradas, extensão, reconstrução, renovação, reparações importantes), assim como ao progresso tecnológico registado no sector dos transportes.

Um aspecto importante da evolução da rede viária interna consiste em que as novas estradas não se limitaram a servir as regiões mais geradoras de tráfego, mas ligaram regiões com níveis reduzidos de actividade industrial e pouca procura de serviços de transporte. Por exemplo, Vila Real, um distrito com baixa densidade de emprego em 1985, registou uma poupança de custo de transporte de 1.094 vezes a média de Portugal Continental. Ao renovar a rede de estradas, as autoridades prosseguiram o objectivo de cobrir todo o território, visando a sua estruturação equilibrada.

No que se refere à inserção da rede de transportes portuguesa no espaço europeu e, em particular, no espaço ibérico, o balanço não é tão positivo. É verdade que a rede estradas trans-europeia permitiu um melhor acesso da generalidade das regiões da UE aos principais centros de actividade produtiva. Mais ainda, provavelmente o ganho absoluto de acessibilidade é maior em regiões periféricas, como Portugal, que partem de níveis muito baixos de infraestrutura de transporte. Contudo, o desenvolvimento da rede de estradas pode aprofundar o desfazamento de acessibilidade relativa entre as regiões com a pior e a melhor acessibilidade inicial.

Como nota Puga (2002), a melhoria dos transportes tem um impacto ambíguo no sentido em que qualquer via tem sempre "dois sentidos de movimento": por um lado, dá à área menos desenvolvida um melhor acesso aos inputs e mercados das regiões mais desenvolvidas; por outro lado, abre às regiões mais ricas o mercado das regiões pobres, dificultando a sua industrialização. O balanço entre dois efeitos depende não apenas do funcionamento de conjunto da economia, mas de *pormenores específicos* dos projectos de melhoria do transporte. Duas distinções são importantes:

1. Como nota Martin (1998), se a infraestrutura facilita transacções no interior da região periférica (comércio intra-regional), ela atrai empresas para esta região. Pelo contrário, se a infraestrutura facilita o comércio interregional, ela pode ter um efeito nocivo para a região periférica, incentivando as suas empresas a localizar-se no mercado maior e mais central. Assim, a rede de estradas portuguesa é provavelmente um factor de igualização das condições económicas no território nacional. Pelo contrário, é possível que a melhoria das comunicações entre Portugal e Espanha tenha incentivado empresas e sedes sociais a localizar-se nas regiões mais desenvolvidas da Península Ibérica.

2. Como nota Puga (2002), projectos com uma estrutura viária radial (*hub and spoke*) tendem a promover a aglomeração no centro da rede, visto que as empresas aí situadas suportam

custos de transporte aos pontos extremos mais baixos do que as localizações extremas devem suportar nas trocas entre si. O motivo consiste em que o transporte entre duas localizações extremas implica transitar obrigatoriamente pelo centro da rede. Além disso, a estrutura radial promove disparidades entre regiões extremas. O oposto de uma estrutura radial é uma rede baseada em ligações multilaterais, em que os locais são ligados aos pares através de vias de qualidade semelhante. É possível que a rede rodoviária portuguesa seja baseada em ligações multilaterais, promovendo a equidade interregional. Contudo, é claro que a rede de rodovias rápidas na Península Ibérica tem uma estrutura radial centrada em Madrid. Isto explica que modelos de equilíbrio geral mostrem que um projecto de transporte como a via circular M-4 em torno de Madrid tenha impactos de bem-estar espalhados por numerosas regiões, enquanto que a segunda travessia do Tejo em Lisboa tenha tido um impacto quase exclusivamente local.

3.3. Teorias da aglomeração da actividade produtiva

A fim de integrar os factos estilizados até agora apresentados, é necessário ter em conta as teorias com que a chamada "Nova Geografia Económica", sintetizada em Fujita e outros (1999) e Fujita e Thisse (2002), procurou explicar a relação entre a mobilidade do trabalho, os custos de comércio (custos de transporte generalizados) e a aglomeração da actividade produtiva.

3.3.1. *Aglomeração com mobilidade de trabalho*

O modelo de aglomeração endógena com mobilidade de trabalho deve-se a Krugman (1991-b), que supõe uma economia espacial com duas regiões idênticas (a que convencionamos chamar Norte e Sul). Existem dois sectores de actividade: um sector tradicional com rendimentos constantes à escala e em concorrência perfeita, com custo de transporte nulo; um sector moderno, com rendimentos crescentes à escala em concorrência monopolística, com custo de transporte positivo. Os factores de produção são específicos dos sectores: o trabalho não qualificado, que é usado no sector tradicional, é imóvel e reparte-se igualmente pelas duas regiões; o trabalho qualificado, usado no sector moderno, é móvel entre as regiões.

Suponhamos que as firmas e os trabalhadores qualificados do sector moderno se repartem igualmente entre as duas regiões. Se uma firma do

Sul se transfere para o Norte, este movimento desencadeia simultaneamente forças centrífugas, que o tendem a anular, e forças centrípetas, que o tendem a amplificar. As primeiras consistem em que, o facto de existir mais uma firma no Norte, intensifica aí a concorrência nos mercados do produto final e do trabalho, fazendo descer o preço do bem de consumo e originando uma alta do salário nominal.

Se nada mais se passasse, a firma desviante regressaria à sua região de partida. Contudo, com trabalho qualificado móvel entre as regiões, é provável que alguns trabalhadores migrem do Sul para o Norte, atraídos por salários reais mais altos no Norte (salário nominal mais alto e preço do produto mais baixo). Se assim for, a relocalização da empresa é sustentada por dois tipos de forças centrípetas designadas por "ligações". Forma-se, em primeiro lugar, uma "ligação de procura": com mais trabalhadores no Norte, eleva-se a procura no mercado do bem final, aumentando não só a quantidade, mas principalmente a variedade deste (em termos do número de produtos diferenciados oferecidos). Em seguida, surge uma "ligação de custo": a empresa tem que pagar um salário nominal mais baixo, uma vez que a maior variedade de produtos diferenciados no Norte leva os trabalhadores nessa região a aceitar salários nominais mais baixos do que os auferidos no Sul.

As localizações de equilíbrio das firmas do sector moderno dependem do peso relativo das forças centrífugas e centrípetas. Se o custo de transporte do bem moderno for elevado ($t > t_S$), a concorrência entre as empresas que o produzem é localizada no espaço e as forças centrífugas predominam, gerando uma igual repartição das empresas e trabalhadores qualificados entre as duas regiões. Se o custo de transporte for baixo ($t < t_B$), a concorrência não é localizada mas é global, pelo que as "ligações" de custo e procura levam à aglomeração numa das duas regiões.

t_S é o "ponto de sustentação", ou seja, o nível de custo de transporte abaixo do qual a aglomeração é robusta face ao desvio de uma empresa. Por outro lado, t_B é o "ponto de ruptura", ou seja, o nível de custo de transporte abaixo do qual a dispersão simétrica de empresas deixa de ser um equilíbrio.

Com um custo de transporte intermédio ($t_B < t < t_S$), qualquer dos resultados (aglomeração ou dispersão) pode ocorrer. O modelo caracteriza-se assim sempre por uma multiplicidade de equilíbrios, cuja selecção é determinada pela história concreta da economia em causa (vide Figura 1).

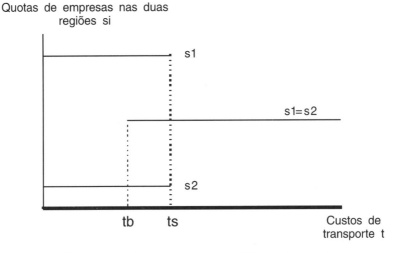

Figura 1: Aglomeração com mobilidade de trabalho

É também útil representar graficamente as rendas de aglomeração, ou seja, os ganhos que uma empresa retira por se localizar num aglomeração em vez de optar por uma localização isolada (vide Figura 2).

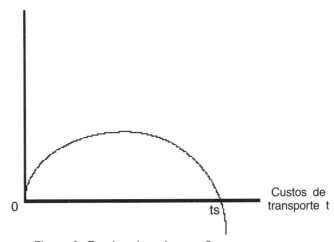

Figura 2: Rendas de aglomeração

A Figura 2 mostra que as rendas de aglomeração exibem um padrão não-monotónico em forma de "bossa". Elas são nulas quando o custo de transporte é aproximadamente nulo e quando ele assume o nível do "ponto de sustentação", atingindo um máximo para um nível intermédio de custos de transporte.

3.3.2. Aglomeração sem mobilidade de trabalho

É possível supor que a aglomeração ocorre numa economia sem mobilidade de trabalho. Uma primeira abordagem foi proposta por Krugman e Venables (1990). Existem dois sectores de características semelhantes aos do modelo anterior. O sector tradicional produz em concorrência perfeita e rendimentos constantes à escala, usando trabalho e um factor fixo (solo). Existem rendimentos marginais decrescentes do trabalho no sector tradicional que determinam o salário nominal em cada região: quanto maior for a intensidade de trabalho em relação ao solo numa região, menor é o salário nominal nessa região. Existe também um sector moderno com rendimentos crescentes em que várias firmas produzem bens diferenciados no contexto de um oligopólio em quantidades.

Os trabalhadores são imóveis entre as regiões, possuindo cada região uma dotação fixa de trabalho e de solo, mas, no interior de cada região, eles são móveis entre os sectores tradicional e moderno. As regiões são assimétricas (quotas de 0.6 na região 1 e 0.4 na região 2) em termos de dotação absoluta dos factores de produção (embora idênticas em dotação relativa): existe uma grande região central (1) e uma pequena região periférica (2).

Basicamente, o modelo introduz o conceito de efeito de "acesso ao mercado" ou "mercado doméstico" (*home market*): para custos de transportes positivos, mas finitos, a quota da região central na indústria (em termos de número de empresas) é maior do que a quota na dotação de factores e de consumidores. A estrutura de localizações das empresas é não-monotónica (padrão ∩). Para custos de transporte elevados do bem moderno, as empresas concorrem de forma localizada com as empresas situadas na mesma região. Para evitar o congestionamento do mercado, as firmas distribuem-se entre as regiões de forma proporcional à dimensão do mercado. Para custos de transporte baixos, a concorrência no mercado do produto final não é importante do ponto de vista da localização, sendo orientada exclusivamente pela disponibilidade de trabalho. As empresas evitam concentrar-se numa região para evitar uma alta do salário nominal, pelo que elas se distribuem entre as regiões de forma proporcional às dotações de factores. Finalmente, para custos de transporte intermédios funciona o efeito do "mercado doméstico". Como as firmas não precisam de estar perto dos consumidores locais, elas concentram-se em termos relativos (face à dimensão do mercado) na região maior, fornecendo o mercado menor através de exportações (vide Figura 3).

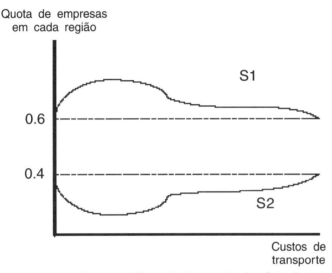

Figura 3: Efeito de "mercado doméstico"

O mesmo padrão não-monotónico de relação entre os custos de transporte e a aglomeração pode ser obtido de forma endógena num modelo devido a Krugman e Venables (1995) e Venables (1996), semelhante ao anterior, mas em que as duas regiões são idênticas na dotação de factores. A força aglomerativa decorre de cada empresa produzir um produto diferenciado que é simultaneamente um bem de consumo final e um bem intermédio. Cada empresa do sector moderno produz usando trabalho e um agregado de bens intermédios que compra a cada uma das outras empresas.

Suponhamos que inicialmente as firmas do sector moderno se repartem igualmente entre as duas regiões. Se uma firma muda de região, ocorrem forças centrífugas, associadas a uma concorrência acrescida nos mercados de trabalho e do produto final, semelhantes às do modelo com mobilidade de trabalho de Krugman (1991-b), e que tendem a fazer a economia regressar à repartição simétrica da produção entre as regiões. Contudo, surgem também forças centrípetas criadas pelas transacções de bens intermédios. Basicamente, a firma que muda de localização beneficia de uma "ligação de procura", na medida em que agora está mais próxima da maioria das empresas que são clientes do seu produto enquanto "bem intermédio". Por outro lado, beneficia de uma "ligação de custo", na medida em que, pela mesma razão, obtém os bens intermédios de que necessita a um preço total mais baixo devido à redução dos custos de transporte. A firma que muda de região pode assim pagar um salário nominal mais alto e contratar o trabalho de que carece, desviando-o do sector tradicional.

A interacção de forças centrífugas gera um padrão não-monotónico (vide Figura 4).

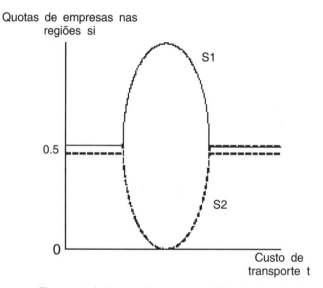

Figura 4: Aglomeração sem mobilidade de trabalho

Se os custos de transporte são altos, as firmas dividem-se em dois grupos de dimensão semelhante, estando cada um dos grupos situado num região diferente, a fim de fornecer os clientes locais. Se os custos de transporte são intermédios, as firmas aglomeram-se numa região, uma vez que a concorrência no mercado de produto deixa de ser localizada e as firmas pretendem beneficiar de economias de custo de transporte nas transacções de bens intermédios. Se os custos de transporte são baixos, as ligações devidas às trocas de bens intermédios perdem importância e as firmas voltam a uma igual repartição entre as duas regiões a fim de manter os salários nominais baixos nas duas regiões.

3.3.3. Aglomeração e especialização

Krugman e Venables (1996) consideram uma economia semelhante a Krugman e Venables (1995), com uma diferença. Os dois sectores da economia funcionam em concorrência imperfeita e as firmas de cada sector compram e vendem uma proporção mais alta de bens intermédios a firmas no mesmo sector do que a firmas no outro sector. Assim, as "ligações" benéficas de custo e procura afectam mais intensamente as firmas no mesmo sector, enquanto a concorrência acrescida nos mercados do produto e do trabalho prejudicam igualmente as firmas em ambos sectores. Por este motivo, a redução dos custos de comércio abaixo de um nível crítico leva cada região a especializar-se na produção de um único sector.

Venables (1999) generaliza o modelo de Krugman e Venables (1996) a um continuum de sectores imperfeitamente competitivos e a um sector perfeitamente competitivo. A questão a que pretende responder é a de saber qual a proporção de sectores que se localiza em cada uma das regiões quando ocorre a aglomeração. Esta questão não se coloca no modelo anterior, com dois sectores, em que a resposta é um sector em cada região, obtendo as regiões os mesmos níveis de rendimento.

Contudo, com muitas indústrias, a divisão não é necessariamente simétrica, já que uma região pode ter mais sectores do que a outra, levando a diferenças de rendimento real entre as duas regiões. Venables (1999) mostra que há limites para diferenças regionais sustentáveis, que variam não monotonicamente com o processo de integração comercial. Contudo, dentro desses limites, a divisão efectiva de sectores entre regiões é indeterminada, pelo que cada região é incentivada a obter o maior número possível de sectores.

Estes modelos explicam que países semelhantes se diferenciem, evoluindo para padrões de especialização diferentes.

3.4. A economia portuguesa à luz das teorias recentes da localização

A especificidade da economia portuguesa no contexto da UE parece assentar no facto de a sua evolução recente na vertente espacial parecer ser mais explicada pelo modelo de aglomeração com mobilidade do trabalho de Krugman, 1991-b, descrito em 3.3.1.: há aglomeração da actividade produtiva devido à concentração espacial da população. A mobilidade do trabalho explica que a aglomeração seja compatível com uma igualização espacial dos salários reais e dos rendimentos per capita. Na generalidade da UE, a evolução no interior de cada país parece ser explicada pelo modelo de aglomeração sem mobilidade de trabalho exposto em 3.3.2., em que a aglomeração se reforça, sem que haja "retorno" a uma situação de dispersão. Puga (2002) nota que, na generalidade dos países europeus, a concentração geográfica da produção não se traduz na formação de diferenças de salário nominal, mas no reforço das diferenças de taxa de desemprego entre regiões. Este facto deve-se à pouca flexibilidade dos mercados de trabalho regionais, sendo os salários de um determinado sector fixados uniformemente à escala nacional. Assim, as empresas situadas em regiões de aglomeração não têm incentivo a deslocar-se para regiões desertificadas com o objectivo de obter custos de produção mais baixos.

Contudo, a evolução da distribuição espacial da produção em Portugal, embora deixando de lado partes importantes do território, não é inteiramente monotónica. Como vimos no quadro 4, não são apenas as regiões de maior aglomeração que reforçam a densidade de emprego produtivo, mas também regiões de média concentração, no contexto de uma evolução que Teixeira (2002) designa de "processo de (re)localização sequencial". O modelo de Krugman-Venables (1995) pode explicar que empresas situadas em regiões com custos de produção elevados (como os distritos de Lisboa e Porto) se transfiram para regiões de menor densidade produtiva, mas com custos de produção mais baixos. Este facto implica que o mercado de trabalho português é relativamente flexível, no sentido de que os salários nominais são elásticos ao emprego.

Finalmente, a incapacidade que a economia portuguesa revelou de fazer evoluir a sua especialização internacional pode derivar, como se depreende dos modelos referidos em 3.3.3. e de Chorincas e outros (2001), que afirmam que uma das características da economia portuguesa é a fraca "clusterização" das suas actividades, devida, em particular, ao fraco desenvolvimento dos sectores que fabricam os equipamentos industriais. O facto de as complementaridades serem débeis explica a incapacidade de desenvolvimento de novos polos de especialização internacional.

4. A Política Regional Europeia e a aglomeração em Portugal

4.1. Breve descrição da Política Regional Europeia

A actividade do principal instrumento da Política Regional Europeia (PRE), os Fundos Estruturais (FEs), articula-se em torno de três objectivos (veja-se Porto, 2001):

Objectivo 1: promover o desenvolvimento e o ajustamento estrutural de regiões cujo desenvolvimento está atrasado: regiões NUTS II com menos de 75% do PIB per capita da UE.

Objectivo 2: apoiar a reconversão económica e social de áreas que se defrontam com dificuldades estruturais (em que o critério da taxa de desemprego é determinante), tais como: zonas em mutação socio-económica nos sectores da indústria e dos serviços; zonas rurais em declínio; zonas urbanas em dificuldade; zonas em crise dependentes da pesca.

Objectivo 3: apoiar a adaptação e modernização de políticas e sistemas de educação, formação profissional e emprego, tornando em todo o território da União os cidadãos mais aptos para o trabalho.

Os Fundos Estruturais intervenientes na PRE são, por ordem de importância: O Fundo Europeu de Desenvolvimento Regional (FEDER); o Fundo Social Europeu (FSE); o Fundo Europeu de Orientação e Garantia Agrícola (FEOGA); e o Instrumento Financeiro para Orientação das Pescas (IFOP)

Pode afirmar-se que há uma grande ênfase sobre o Objectivo 1, com quase 70% das verbas totais, abrangendo 22.2% da população da UE, em acções em que se conjugam todos os FEs. No Objectivo 2 intervêm basicamente o FEDER e os FSE. No Objectivo 3, apenas intervem o FSE.

A fim de ajudar os países menos desenvolvidos da UE no cumprimento das exigências de convergência nominal no caminho para a moeda única, o Tratado de Maastricht criou um Fundo de Coesão. Este Fundo fornece contribuições financeiras para projectos na área do ambiente e das redes transeuropeias de transporte nos Estados-Membros com um PNB per capita inferior a 90% da média comunitária (Espanha, Portugal, Grécia, Irlanda). Nas Perspectivas Financeiras em curso (2000-2006), ele está dotado com 18.0 milhares de milhões de euros (preços de 1999).

Além destes mecanismos, existe o Banco Europeu de Investimentos (BEI) que financia projectos para a valorização de regiões menos desenvolvidas, em particular em áreas como as comunicações, o ambiente, a energia e a promoção da competitividade internacional. Com recursos muito avultados, o BEI tem concedido empréstimos que excedem o total dos apoios estruturais proporcionados pelo orçamento da UE.

Os meios financeiros afectados à PRE têm crescido no tempo de forma consistente. Porto (2001) atribui este aumento aos sucessivos alargamentos da UE, que teriam elevado as assimetrias regionais no seu interior.

A partir dos regulamentos de 1998, a atribuição dos FEs é feita de acordo com quatro princípios:

Concentração dos Fundos, tendo em conta as características das áreas e das acções a desenvolver.

Partenariado, ou seja, cooperação estreita entre a Comissão Europeia e as "autoridades competentes" (a nível nacional, regional e local) de cada Estado-Membro em todas as fases do processo.

Adicionalidade: os fundos da UE não se substituem a investimentos nacionais, antes devendo complementá-los e ampliá-los.

Programação: não se financiam projectos isolados, devendo todos enquadrar-se em programas multi-anuais, pluri-sectoriais e se possível inter-regionais.

Na prática, proporções aproximadamente semelhantes dos FEs são dedicadas a três tipos de intervenções:
1. Subsídios às empresas
2. Formação Profissional
3. Infraestruturas, designadamente de transporte.

Portugal recebeu no período do QCA II cerca de 16.332 milhares de milhões de euros de ajudas dos FEs e estima-se que no período corrente do QCA III (2000-2006) receba cerca de 19.7 milhares de milhões, o que corresponde a um acréscimo de cerca de 20.6%. As regiões portuguesas NUTS II, a Madeira e os Açores permanecem elegíveis para o Objectivo 1, com a excepção da Região de Lisboa e Vale do Tejo que perdeu esta elegibilidade em 1 de Janeiro de 2000, aplicando-se-lhe um estatuto de transição. Em termos de ajuda total dos FEs, as regiões do Continente podem ser enumeradas por ordem decrescente do seguinte modo: Norte, Centro, Lisboa e Vale do Tejo, Alentejo e Algarve. Em termos per capita, a ordem é a seguinte: Alentejo, Algarve, Centro, Norte e Lisboa e Vale do Tejo. Note-se que esta ordem não tem uma correspondência aparente com o ordenamento dos Pibs per capita regionais.

4.2. Metodologia de avaliação da Política Regional no contexto das economias de aglomeração

4.2.1. *Optimalidade social da aglomeração*

A oportunidade de uma Política Regional orientada para a redução das disparidades de rendimento entre áreas geográficas assenta na ideia de que o grau de concentração geográfica da produção espontaneamente gerado pelo funcionamento do mercado na ausência de uma política correctora é socialmente excessivo. Para Puga (2002), esta afirmação não pode ser feita de forma não ambígua. Com efeito, a decisão de uma firma ou de um trabalhador migrar para uma aglomeração tem simultaneamente externalidades pecuniárias negativas sobre aqueles que são deixados para trás e externalidades positivas sobre as firmas e trabalhadores na região de acolhimento. O balanço de umas e outras é ambíguo.

Esta ambiguidade encontra-se no cerne do modelo de aglomeração com crescimento endógeno de Martin e Ottaviano (1999), que descrevem uma economia em que cada firma produz um bem diferenciado pressupondo uma unidade de conhecimento ou capital humano produzida por um sector de I&D. Supondo que as interacções tecnológicas são locais, o custo de desenvolver uma unidade de conhecimento (e portanto uma nova firma) numa região decresce com o número de firmas já localizadas nessa região. Assim, a concentração geográfica das firmas numa região (a que chamaremos "Norte") reduz o custo da

I&D e aumenta a taxa de crescimento do número de empresas, e portanto da variedade de produtos disponíveis para os consumidores das duas regiões. Isto afecta sem dúvida o bem-estar dos consumidores das duas regiões. No caso da região de aglomeração "Norte", o efeito é positivo e desprovido de ambiguidade. No caso da região "Sul", o efeito positivo do crescimento da oferta de produtos diferenciados é contrariado pelo aumento do custo de transporte que onera os produtos das firmas concentradas na região "Norte". O resultado líquido depende dos valores específicos atribuídos aos parâmetros do modelo.

Uma ambiguidade de natureza semelhante pode obter-se num modelo de concorrência espacial de tipo Hotelling. A concentração das empresas num ponto do mercado intensifica a concorrência de preços, o que é benéfico para todos os consumidores. Contudo, a aglomeração prejudica relativamente os consumidores periféricos, que têm de suportar custos de transporte acrescidos.

Conclui-se assim que a Política Regional não se pode basear sem ambiguidade em considerações de eficiência, devendo ter em conta considerações de equidade espacial.

4.2.2. Subsídios às empresas, formação profissional e aglomeração

Os subsídios às empresas constituem um dos instrumentos de actuação da Política Regional, tomando por vezes a forma de um tecto regionalmente diferenciado da quota de fundos públicos que podem ser utilizados por empresas privadas.

Os modelos da Nova Geografia Económica (Ottaviano, 2003) permitem concluir que, com a redução dos custos de transporte, os subsídios às empresas que são necessários para modificar aglomerações produtivas assumem um montante e uma duração menores. Com efeito:

1. A redução dos custos de transporte tem um efeito contraditório sobre a necessidade dos subsídios de base regional. Por um lado, ela acentua o efeito de "mercado doméstico": as assimetrias de procura regional são ampliadas pela localização das empresas, que privilegiam as regiões centrais e dotadas de uma procura local elevada, em detrimento das regiões periféricas (vide secção 3.3.2.) . Mas, por outro lado, a redução dos custos de transporte torna as empresas mais móveis, pelo que variações menores dos subsídios regionais são suficientes para compensar os efeitos de "mercado doméstico".

2. Com aglomeração, só intervenções drásticas, acima de um certo limiar, podem mudar o padrão locativo. Para se incentivar uma firma a sair de uma aglomeração, é necessário atribuir-lhe um subsídio superior à renda que a firma obtém por se situar na aglomeração. Esta renda tem um padrão não--monotónico, com uma forma de "bossa" (vide secção 3.3.1. e Figura 2), atingindo um máximo para um nível de custo de transporte intermédio entre zero e o "ponto de sustentação". É fácil concluir da Figura 2 que, para custos de transporte baixos, são necessários subsídios regionais menores para induzir uma firma a sair de uma aglomeração.
3. Dado que a aglomeração é auto-reforçante, os subsídios regionais precisam de ser temporários, durante apenas o suficiente para que a nova aglomeração se constitua. A partir desse momento, eles tornam-se desnecessários.

No que se refere à formação profissional, esta facilita a inovação e a difusão do conhecimento, pelo que ela pode simultaneamente aumentar o crescimento agegado e reduzir as assimetrias regionais. A formação profissional também é importante para adaptar os trabalhadores à evolução no tempo da especialização sectorial associada à redução dos custos de comércio e que foi abordada na secção 3.3.3..

4.2.3. *Transportes e Política Regional*

No conjunto da UE, na política de infraestruturas de transporte, assiste-se a um transferência de ênfase do investimento em estradas para o comboio de alta velocidade (CAV). Em 1996-7, ambos os modos de transporte representavam quotas semelhantes dos investimento das TEN-T, cada um aproximadamente com 15 000 milhões de euros. Quase dois terços do investimento ferroviário era aplicado em linhas de alta velocidade. Na actualidade, o acento é posto sobre a ferrovia, esperando-se que os investimentos ferroviários na rede TEN-T subam a 185 000 milhões de euros (a preços de 1993), duas vezes mais que o investimento em estradas e seis vezes mais que o investimento em aeroportos.

O desenvolvimento dos CAV não afectará muito a localização da indústria, uma vez que este tipo de transporte não é em geral adaptado ao movimento de bens. Mesmo a ferrovia tradicional representa uma fracção relativamente pequena dos bens transportados na UE: cerca de

8% (em tons×Km) contra cerca de 40% nos USA. O CAV pode ter um efeito mais significativo na localização das sedes sociais das empresas e dos serviços à produção, os quais, podendo ser fornecidos à distância, se podem concentrar em poucos centros urbanos. Esta concentração eleva os custos nesses centros e desloca os estabelecimentos produtivos para cidades mais pequenas, assistindo-se a uma especialização urbana por função e não já por sector de actividade. Existe evidência empírica de que este tipo de especialização ocorreu nos USA e em França. Em particular, o CAVParis-Lyon terá determinado uma relocalização de sedes sociais de empresas de Lyon para Paris.

No que se refere ao caso português, Teixeira (2002) refere que o investimento na rede de estradas se traduzirá até 2010 em poupanças de custo de transporte em média de 42%. Estima-se que as regiões industriais "intermédias" e "pequenas" em termos de densidade de emprego produtivo sejam as principais beneficiárias da melhoria da rede de estradas. A maior poupança é obtida por Faro (uma região industrial "intermédia") e Bragança (uma região industrial "pequena") apresenta um valor de poupança de custo de transporte mais elevado do que qualquer das regiões "grandes". A política de transportes visa cobrir de forma equilibrada todo o território nacional.

Teixeira prevê que a redução dos custos de transporte seja suficiente para gerar (no contexto dos modelos de aglomeração sem mobilidade de trabalho, veja-se a secção 3.3.2.) uma dispersão da actividade produtiva. A simulação do modelo econométrico por ele estimado, leva-o às seguintes conclusões:

1. Lisboa e Porto perdem a sua atractividade como localizações industriais, porque estão sujeitas a fortes tendências de dispersão.
2. Outros grandes distritos industriais (como Aveiro, Braga, Leiria e Setúbal) atrairão provavelmente muitos trabalhadores previamente localizados em Lisboa e no Porto.
3. Alguns distritos industriais intermédios (como Faro) podem atrair trabalhadores antes localizados em "grandes" distritos industriais como Lisboa.
4. O interior do país apresenta uma evolução heterogénea: alguns distritos (como Bragança) podem atrair muitos trabalhadores, ao passo que outros distritos (como Beja, Portalegre...) podem estagnar em relação à média do país.

Teixeira (2002) resume os seus resultados, afirmando que:

> More spatial equity is then likely to be achieved if the planned investments are implemented. That is to say, the Mezzogiorno development experience will probably not occur in a Portuguese version. (p. 181)

Guimarães e Figueiredo (2004) reforçam as conclusões anteriores, referentes às economias de urbanização, aplicando-as às economias de localização de indústrias definidas na nomenclatura SIC a três dígitos. Eles estimam para cada indústria o impacto relativo sobre o lucro de um conjunto de factores: os salários; os custos do solo, aproximados pela densidade da população; e a acessibilidade. Em relação a este último factor, distinguem entre "acessibilidade em grande escala", medida inversamente pela distância em tempo por estrada ao corredor litoral entre Porto e Lisboa, e "acessibilidade em pequena escala", medida inversamente pela distância por tempo e por estrada de cada concelho à capital (administrativa) do distrito. Os resultados são os seguintes:

Salários (com sinal negativo) têm a elasticidade sobre o lucro mais alta para 15 indústrias, exprimindo neste caso o custo da força de trabalho

Salários (com sinal positivo) têm a elasticidade sobre o lucro mais alta para 17 indústrias, aproximando neste caso a qualidade da força de trabalho.

Custos do solo são a variável mais importante para 9 indústrias.

Acessibilidade em grande escala tem o maior impacto para 38 indústrias

Acessibilidade em pequena escala é mais relevante somente para 3 indústrias

Assim, a acessibilidade em grande escala é o factor mais importante da rentabilidade de uma localização para uma dada empresa. Se a política de transportes aumentar de forma proporcional a acessibilidade de todas as localizações, não só os lucros da indústria aumentam em cada localização, mas também se reduz o incentivo para a indústria se concentrar em locais específicos relativamente ao comportamento do conjunto da indústria transformadora. A política de transportes aparece assim como um agente de descentralização produtiva.

O investimento em linhas ferroviárias de alta velocidade integra o programa do actual Governo, encontrando-se em discussão pública. Podemos apenas esboçar as vantagens e inconvenientes da implantação dos CAV em Portugal.

O CAV tem um custo fixo afundado de infraestrutura muito elevado. Este facto determina que o limiar da procura de serviços de transporte acima do qual a alta velocidade ferroviária é rentável, em termos de uma análise custo-benefício, é muito elevado. Por exemplo, os custos da única linha ferroviária de alta velocidade construída em Espanha antes dos TEN-T (a linha Madrid-Sevilha) foram cerca de 6.5 milhões de euros por Km (a preços de 1993). Desde que foi inaugurada em 1992, a linha captou uma grande fracção do tráfego de passageiros do automóvel e do avião. Contudo, uma análise custo-benefício leva a concluir que o valor actualizado líquido do projecto é negativo (pelo menos, 2300 milhões de euros a preços de 1993).

Este facto significa que, se a construção de linhas ferroviárias de alta velocidade seguir um critério de rentabilidade, ela ocorrerá apenas nas regiões de maior densidade económica e populacional (basicamente a Europa do Noroeste e a faixa mediterrância entre Milão e Barcelona), reforçando de forma cumulativa as actuais assimetrias de acessibilidade entre as regiões europeias (Pontes, 2001).

Suponhamos pelo contrário que as linhas ferroviárias de alta velocidade são construídas de acordo com o objectivo de cobrir todo o território da UE (incluindo, por exemplo, as ligações Lisboa-Porto e Lisboa-Madrid). Será que este investimento é susceptível de modificar as actuais desigualdades de acessibilidade entre as regiões europeias? Existem duas razões para supor que o efeito igualizador seja limitado. Em primeiro lugar, a estrutura da rede do CAV tem características radiais. Como nota Puga (2002)

> Naturally, when major cities get connected through high-speed rail lines, cities located more centrally get better accessto nearly everywhere whereas in more peripheral locations the improvement is felt mostly in the access to nearby locations. (p. 397)

Em segundo lugar, o CAV melhora essencialmente a acessibilidade das grandes cidades, que são os nós da rede, deixando de lado as pequenas cidades e áreas rurais que comunicam com a rede de forma apenas indirecta.

5. Conclusão: mobilidade do trabalho, aglomeração e Política Regional em Portugal

Este estudo permitiu concluir que se verificou em Portugal um declínio notável dos custos de transporte internos e no contexto da Península Ibérica. Supondo que a mobilidade do trabalho é limitada, o modelo Krugman-Venables apresentado na secção 3.3.2., permite prever uma descentralização produtiva, relocalizando-se as empresas industriais das regiões de concentração geográfica tradicional para regiões de densidade produtiva intermédia, com custos salariais mais baixos. Esta é a posição de aqueles, como Teixeira (2002) e Guimarães e Figueiredo (2004), que estudaram explicitamente a aglomeração em Portugal.

Contudo, a especificidade portuguesa na UE reside, como foi visto na secção 3.1., numa mobilidade do trabalho mais elevada que conduziu à concentração da população no litoral e nas grandes cidades. Sendo assim, o modelo relevante não é o de Krugman-Venables sem mobilidade de trabalho, mas o modelo de Krugman com mobilidade de trabalho apresentado na secção 3.3.1., segundo o qual a redução dos custos de transporte gera uma concentração cumulativa da população e das empresas nas regiões de maior densidade produtiva, ao mesmo tempo que assiste a uma igualização dos salários reais e rendimentos per capita no conjunto das regiões.

A aglomeração pode ser benéfica no sentido em que eleva a taxa de crescimento do conjunto da economia, reduzindo os custos de criação de novas empresas, com impacto positivo sobre todas regiões (vide secção 4.2.1.). Contudo, no plano da equidade, as regiões periféricas contêm relativamente menos empresas, devendo suportar maiores custos de transporte. Por uma questão de equidade espacial, as tendências aglomerativas terão de ser controladas através de outros instrumentos da Política Regional, como os subsídios às empresas, que podem induzir uma empresa a "sair" de uma aglomeração, contribuindo para a formação de uma concentração geográfica num local diferente. A teoria mostra que, quando os custos de transporte são baixos (vide secção 4.2.2.) este objectivo pode ser atingidos com subsídios de montante modesto e duração limitada.

References

BOLDRIN, M. and F. CANOVA (2001), "Inequality and convergence: reconsidering european regional policies", Economic Policy, 32, April, pp. 207-253.

CHORINCAS, J., I. MARQUES e J. F. RIBEIRO (2001), "Clusterse políticas de inovação – conceitos, experiências europeias e perspectivas de aplicação a Portugal", Prospectiva e Planeamento, 7, pp. 43-104.

FUJITA, M. and J. F. THISSE (2002), *Economics of Agglomeration – Cities, Industrial Location and Regional Growth*, Cambridge, Cambridge University Press.

FUJITA, M., P. KRUGMAN and A. VENABLES (1999), *The Spatial Economy – Cities, Regions and International Trade*, Cambridge Mass. and London, MIT Press.

GUIMARÃES, P. and O. FIGUEIREDO (2004), "Location and localization of Portuguese manufacturing industries", Comunicação à Conferência do Banco de Portugal, Desenvolvimento Económico Português no Espaço Europeu, 11 e 12 de Março.

INSTITUTO NACIONAL DE ESTATÍSTICA, *Contas Regionais*, 1995-2002.

KRUGMAN, P. (1991-a), *Geography and Trade*, Cambridge Mass., MIT Press.

KRUGMAN, P. (1991-b), "Increasing returns and economic geography", Journal of Political Economy, 99, pp. 483-499.

KRUGMAN, P. and A. VENABLES (1990), "Integration and competitiveness of peripheral industry" in Unity with Diversity in the European Economy: the Community's Southern Frontier, Bliss, C and J. B. Macedo (orgs), Cambridge, Cambridge University Press.

KRUGMAN, P. and A. VENABLES (1995), "Globalization and the inequality of nations", Quarterly Journal of Economics, 110, pp. 857-880.

KRUGMAN, P. and A. VENABLES (1996), "Integration, specialization and adjustment", European Economic Review, 40 (3-5), pp. 959-967.

MARTIN, P. (1998), "Can regional Policies affect growth and geographyin Europe?", World Economy, 21 (6), August, pp. 757-774.

MARTIN, P. and G. I. P. OTTAVIANO (1999), "Growing locations: industry location in a model of endogenous growth", European Economic Review, 43(2), pp. 281-302.

OTTAVIANO, G. I. P. (2003), "Regional policy in the global economy: insights from the New Economic Geography", Regional Studies, 37 (6&7), August/October, pp. 665-673.

PONTES, J. P. (2001), *Economia do Espaço e do Transporte*, Lisboa, Vulgata.

PORTO, M. (2001), *Teoria da Integração e Políticas Comunitárias*, Coimbra, Almedina.

PUGA, D. (2002), "European regional policies in light of recent location theories"; Journal of Economic Geography, 2, pp. 373-406.

ROCA, M. (2003), "O papel da imigração na dinâmica populacional: um contributo para o estudo da sustentabilidade demográfica das regiões portuguesas", Estudos Regionais, 4, pp. 5-37.

SOUKIAZIS, E. e M. ANTUNES (2004), "A evolução das disparidades regionais em Portugal ao nível das NUTS III – uma análise empírica com base nos processos de convergência", Estudos Regionais, 6, pp. 65-85.

TEIXEIRA, A. (2002), "Transport polices in light of the new economic geography – the Portuguese experience", Proceedings of the Conferência do Banco de Portugal, Portuguese Economic Development in the European Context: Determinants and Policies, Lisboa.

VAZ, M., M. CESÁRIO e S. FERNANDES (2003), "As novas fronteiras da política regional – o caso das zonas portuguesas desfavorecidas", Estudos Regionais, 2, pp. 59-78.

VENABLES, A. (1996), "Equilibrium locations of vertically linked industries", International Economic Review, 37 (2), May, pp. 341-359.

VENABLES, A. (1999), "The international division of industries: clustering and comparative advantage in a multi-industry model", Scandinavian Journal of Economics, 101(4), pp. 495-513.

PORTUGIESISCHE IMPULSE FÜR DIE CHARTA DER GRUNDRECHTE DER EUROPÄISCHEN UNION

por *Paulo Mota Pinto e Alexandre Mota Pinto**

1. Einleitung
2. Die portugiesischen Stellungnahmen zum Grundrechtsschutz in der Europäischen Union
3. Die Gelegenheit zur Charta. Das Schutzmodell: eigener Grundrechtskatalog v. Beitritt zur EMRK
4. Die politische Entscheidung für eine Charta der Grundrechte und die portugiesischen Beauftragten des Konvents
5. Die rechtliche Kraft und die Einführung der Charta der Grundrechte der Europäischen Union in die Europäischen Verträge
6. Anwendungsbereich und Tragweite der Charta der Grundrechte der Europäischen Union
7. Der Inhalt der Charta der Grundrechte der Europäischen Union
8. Die Charta und die gemeinschaftsrechtlichen Wege zum Schutz der Grundrechte.

1. Einleitung

Die Verfassung der Portugiesischen Republik von 1976 hat einen umfassenden Grundrechtskatalog. Andererseits wurde diese Verfassung schon mehrmals revidiert (1982, 1989, 1991, 1997, 2001 und 2004), und einige dieser Änderung (1991, 2001 und 2004) hatten direkt mit der europäischen Integration Portugals zu tun. So ist es zu verstehen, dass die Mehrheit der portugiesischen Literatur natürlich bereit war,

---

* Richter am Tribunal Constitucional, Lissabon / Wissenschaftlicher Assistent an der Juristischen Fakultät Coimbra und Doktorand am European University Institute, Florenz.

die Idee der Einführung einer Charta der Grundrechte in der Europäischen Union zu begrüßen. In diesem Zusammenhang war die hauptsächliche Sorge in Portugal, eine Herabsetzung des Schutzniveaus zu vermeiden, und dazu soweit wie möglich die Erarbeitung der Charta in ihrem Inhalt zu beeinflussen.

Die Charta der Grundrechte, auch ohne verbindliche Kraft und nur auf die EU (sowie auf die Mitgliedstaaten bei der Durchführung des EU-Rechts) anwendbar, war Gegenstand von Kritik vor allem seitens der Gegner einer weiteren europäischen Integration, die in der Charta einen Schritt zur Konstitutionalisierung (und Föderalisierung) der Union sahen. Diese war aber nicht die offizielle Haltung der Portugiesischen Republik, die an der Erarbeitung der Charta teilgenommen und sie begrüßt hat[1].

2. Die portugiesische Stellungnahmen zum Grundrechtsschutz in der Europäischen Union

Die portugiesische Literatur, gewöhnt an eine weite und umfassende Anerkennung der Grundrechte, hat sich schon seit langem über die **Abwesenheit eines Grundrechtskatalogs in den Europäischen Verträgen** geäußert[2]. Diese Frage wurde auf dogmatischer und akademischer Ebene, aber auch in politischen Kreisen diskutiert. Anders als

---

[1] Das portugiesische Verfassungsgericht („Tribunal Constitucional") hat auch bei der Begründung seiner Entscheidungen schon die Charta der Grundrechte als (nicht verbindliche) Orientierung zitiert – s. z.B. die Entscheidungen Nr. 275/2002 und 614/2003 (beide in portugiesischer Sprache verfügbar unter www.tribunalconstitucional.pt).

[2] So z. B. *Maria Luísa Duarte*, A União Europeia e os Direitos Fundamentais – Métodos de protecção [Die Europäische Union und die Grundrechte – Schutzmodelle] in Portugal-Brasil ano 2000, *Studia Iuridica*, Bd. 40, Coimbra, 1999, S. 30, die aber diese Abwesenheit erklärt als vorsichtiges Schweigen, nach dem Misserfolg des Vertrages über den europäischen Verteidigungspakt, und im Rahmen einer Rezentrierung der europäischen Integration auf der wirtschaftlichen Ebene, mit einer Befreiung von „Forderungen, die klar mit einer Begrenzung der politischen Macht der Staaten zusammenhingen". Auch *Miguel Gorjão-Henriques*, A evolução da protecção dos direitos fundamentais no espaço comunitário (Die Entwicklung des Grundrechtsschutzes im gemeinschaftlichen Raum), in *Carta de Direitos Fundamentais da União Europeia* [Charta der Grundrechte der Europäischen Union], Coimbra, 2001, S. 18, der von einer „wesentlichen Lücke" (S. 18) im Rom-Vertrag spricht, da dieser Vertrag "besonders geizig" mit Ausführungen über die Achtung der Grundrechte sei (nur im Vorwort), was als Folge „einen gewissen gemeinschaftsrechtlichen Abstand vom Grundrechtsschutz und -garantie hatte" (S. 22 und 27).

in anderen Mitgliedstaaten wurde diese Frage aber nie in der Rechtsprechung behandelt. Die oberste portugiesischen Gerichte haben nämlich hierzu bisher keinen Antrag auf Vorabentscheidung gestellt.

Der Grundrechtsschutz auf europäischer Ebene ist oft anlässlich der Frage über eine **europäische Bürgerschaft** behandelt worden, als wesentlicher Bestandteil dieses letzten Begriffes. Oft wird die Diskussion um das Thema durch eine Kritik an der überwiegend **wirtschaftlichen** (oder sogar "liberalen") **Orientierung** der Europäischen Gemeinschaften veranlasst – die Verträge hätten sich wesentlich um die rechtlichen Bedingungen für einen Binnenmarkt, d.h., um die wirtschaftlichen Grundfreiheiten (einschl. die Wettbewerbsfreiheit) gekümmert, vom Schutz der Grundrechte und vor allem der sozialen Rechte hingegen abgesehen. Für eine wirkliche Unionsbürgerschaft müsse man so über den Schutz des "homo oeconomicus" hinausgehen und den Schutz der Würde des Menschen in seiner ganzen Dimension vorsehen und garantieren. Hierin liege die „genetische" Schwierigkeit der Idee einer europäischen Integration, „da man mit derselben Vernunft – die ‚rechnende Vernunft' der Wettbewerbswirtschaft – die allmählich diese Idee zerstört hat, eben diese wieder aufzubauen hatte und, was am schwersten ist, ihr einen erneuten Schub zu erteilen"[3]. Die Notwendigkeit für die EU, über diese nur wirtschaftliche Ebene hinauszugehen, „um sich als eine Stimme der Gerechtigkeit durchzusetzen - und das große europäische Haus hat stets klar gestellt, „charity begins at home"- , würde so von verschiedenen Seiten beleuchtet".[4]

Diese ökonomische Instrumentalität der Grundrechte, die in der ursprünglichen Fassung des Rom-Vertrags vorgesehen waren, wurde so in der portugiesischen Literatur hervorgehoben. Man müsse die "klare Abhängigkeit dieser Rechte von einem wirtschaftlichen Status ihres Trägers erkennen", wie es z. B. in der Wohnungsfreiheit zu sehen wäre."Ein Bürger eines Mitgliedstaats könnte sich auf dem Recht, sich im Hoheitsgebiet eines anderen Mitgliedstaates aufzuhalten und zu wohnen nur soweit stützen, wie es für eine wirtschaftliche Tätigkeit notwendig wäre"[5].

---

[3] So *Orlando de Carvalho*, Palavras de abertura [Eröffnungsrede in einem Seminar über die EU, das1992, nach Maastricht, stattgefunden hat], in *A União Europeia*, Coimbra, 1994, S. 10/11.

[4] AaO.

[5] *Maria Luísa Duarte*, aaO, S. 31. So auch, *António Goucha Soares* (A Carta dos Direitos Fundamentais da União Europeia, A protecção dos direitos fundamentais

Die portugiesische Literatur nimmt so eher eine **zustimmende Haltung gegenüber der drei Modelle oder Methoden der Entwicklung der Grundrechte** in der EU ein: die gerichtliche Methode eines Schutzes durch den Europäischen Gerichtshof; das Modell einer ausdrücklichen Anerkennung in den Verträgen; und, zu guter Letzt, seit dem Maastricht-Vertrag, die politische Methode, bei der die Grundrechte als „Steuerungskriterien für die Politik" auf europäischer Ebene verstanden werden[6].

Die Unzulänglichkeit und die wirtschaftliche Instrumentalisierung der Grundrechte in den Verträgen, wie dies auch **der Gerichtshof** der Europäischen Gemeinschaft[7] in seinem Urteil über die Anerkennung des Primats des EU-Rechts über das Recht der Mitgliedstaaten zum Ausdruck bringt, erlauben, dass man über eine erste Phase eines „Wertagnostizismus"[8] auf dem Gebiet der Grundrechte spricht. Seien es nur "Jugendsünden"[9] oder wirkliche Verstöße gegen den Geist der Verträge[10], die dem Gerichtshof zuzurechnen sind (ein Organ, das die

---

no ordenamento comunitário [Die Charta der Grundrechte der Europäischen Union. Der Grundrechtsschutz im Gemeinschaftsrecht], Coimbra, 2002, S. 11: "die Gründen für die Abwesenheit etlicher Bestimmungen über den Grundrechtsschutz in den Verträgen über die drei Europäischen Gemeinschaften können sowohl auf die ausschließlich wirtschaftliche Natur dieser Einrichtungen als auch auf die damals herrschende Meinung zurückgeführt werden, dass die Anwendung des Gemeinschaftsrechts keine Grundrechtsprobleme aufwerfen würde."

[6] Diese Methoden werden unterschieden von *Maria Luísa Duarte*, aaO.

[7] Vgl. die Entscheidungen: *Stork*, vom 4.2.1959 (Verfahren 1/58, Samml. 1959, S. 45) und *Ruhrkohlen-Verkaufsgesellschaft* vom 12.2.1960 (Verfahren 36, 37, 38 e 40//59, Samml. 1960, S. 851). Über die Enwicklung des Grundrechsschutzes durch die Rechtsprechung in der EU, vgl. *Miguel Gorjão-Henriques*, A evolução da protecção dos direitos fundamentais, S. 27-32, *António Goucha Soares*, A Carta dos Direitos Fundamentais da União Europeia, S. 11-18; *Maria Luísa Duarte*, A União Europeia e os Direitos Fundamentais, S. 34-43 und *Ana Luísa Riquito*, O conteúdo da Carta de Direitos Fundamentais [Der Inhalt der Charta der Grundrechte der Europäischen Union], in *Carta de Direitos Fundamentais da União Europeia*, Coimbra, 2001, S. 60-63.

[8] Der Ausdruck stammt von *Maria Luísa Duarte*, aaO, S. 34, so wie folgende Erklärung: "so wichtig die Grundrechte auf verfassungsrechtliche oder internationale Ebene auch waren, der EU-Richter hat sie nicht als Kontrollmaßstab der EU-Handlungen anerkannt. Was damals dem Gericht Sorgen gemacht hat war die Durchsetzung des Primats und die Abschaffung jeglicher Ausnahmen, die es begrenzen könnten, auch wenn sie den verfassungsrechtlichen Grundrechtsnormen entsprangen."

[9] Dieser Ausdruck von *Hilf* ("youth sins") wird von *Miguel Gorjão-Henriques*, aaO, S. 28, aufgenommen.

[10] So *Maria Luísa Duarte*, aaO, S. 34 und 35: "Art. 220 EGV (vorm. Art. 164) sieht das Gericht als Organ zur "Sicherung der Wahrung des Rechts".

„Wahrung des Rechts sichert"), diese „agnostische" Phase „würde aber den Gerichtshof viel kosten" [11].Mit der Beibehaltung der Kompetenz zum Schutz der Grundrechten bei den nationalen Verfassungsgerichten[12] konfrontiert, müsste der Gerichtshof so in eine andere Phase der „aktiven Anerkennung der Grundrechte" übergehen[13].

Die portugiesische Literatur sah in der Entscheidung *Stauder*[14] einen Wendepunkt in der Rechtsprechung des Europäischen Gerichtshofes, die die Grundrechte nunmehr als Bestandteil der allgemeinen Grundsätze des Rechts der Gemeinschaften anerkennt, dessen Wahrung durch die Gerichte zu sichern ist. Dieser Umkehr hat sich dann mit der Entscheidung *Internationale Handelsgesellschaft* verfestigt, wo das Gericht diesen Schutz der Grundrechte als Bestandteil der allgemeinen Prinzipien des Rechts der Gemeinschaften begründet, indem es sagt dass sie sich auf den gemeinsamen Verfassungstraditionen der Mitgliedsstaaten gründen, und so die Anwendung von sekundärem Gemeinschaftsrecht ausgeschlossen hat, wenn dieses Recht nicht mit den in den Verfassungen vorgesehenen Grundrechten verträglich war[15].

Eine dritte Phase der Verfestigung der Rechtsprechung in der EU, so wie sie von der portugiesischen Literatur gesehen wurde, ist durch die „Bestimmung eines weiten Kriterium für die Grundrechte gekennzeichnet"[16]. Die Entscheidung *Nold II* hat mehrere Quellen für die Grundrechte auf der Ebene der Gemeinschaften anerkannt: die gemeinsamen Verfassungstraditionen der Mitgliedsstaaten, die Verfassungen der Mitgliedstaaten und – was in diesem Kontext neu war – die internationalen Instrumente zum Schutze der Menschenrechte, die in den Mitgliedstaaten angewandt wurden[17]. In den Entscheidungen,

---

[11] *Miguel Gorjão-Henriques*, aaO, S. 28.

[12] So z. B. das deutsche *Bundesverfassungsgericht* und die italienische *Corte Constituzionale*. Das portugiesische Verfassungsgericht hat nie Gelegenheit gehabt sich über die Frage der Kontrolle des EU-Rechts anhand der Grundrechtsnormen und -prinzipien der portugiesischen Verfassung zu äußern.

[13] *Maria Luísa Duarte*, aaO, S. 35.

[14] Entscheidung vom 12 Dezember 1969 (Verfahren Nr. 29/69, Samml. 1969, S. 419. Für *António Goucha Soares*, aaO, S. 12, handelte es sich um einen "ersten Schritt, der eine Änderung der Haltung des Gerichtshofes bezüglich des Grundrechtsschutzes zeigte". So auch *Miguel Gorjão-Henriques*, aaO, S. 29 und *Maria Luísa Duarte*, aaO, S. 35.

[15] Vgl. *António Goucha Soares*, aaO, S. 13 e *Miguel Gorjão-Henriques*, aaO, S. 30 und 31.

[16] Vgl. *Maria Luísa Duarte*, aaO, S. 36.

[17] AaO, S. 36.

die *Nold II* folgten, läßt sich feststellen[18], dass die Rechtsprechung des Gerichtshofes nunmehr direkt Bezug nimmt auf internationale Abkommen als Quelle und Auslegungshilfe der in der EU gesicherten Grundrechte – nämlich auf die EMRK (was wichtig für den Grundrechtsschutz im gesamten europäischen Raum ist)[19].

Diese erhebliche Entwicklung der Rechtsprechung des EuGH im Bereich des Grundrechtsschutzes hat bekanntlich die **Entwicklung der Verträge** beeinflusst[20] Zunächst die allgemeine Formulierung im Vorwort des Einheitlichen Europäischen Aktes[21], und dann, entscheidend[22], den Artikel F, Nr. 2 (jetzt Artikel 6 der EU-Vertrages) des Maastricht-Vertrages. Der EU-Vertrag hat „die Wahrung der Grundrechte durch die EU und ihre Institutionen formell anerkannt, in einem doppelten Sinne"[23], da es einerseits die EMRK als Bezugspunkt einführt und andererseits die den gemeinsamen Verfassungstraditionen entsprechenden Grundrechte zur einem Status von allgemeinen Rechtsgrundsätzen erhebt, mit dem entsprechenden Schutzniveau[24].

Im Maastricht-Vertrag werden auch mehrere Rechte einer wirklichen europäischen Bürgerschaft anerkannt[25], wie das aktive und

---

[18] Vgl. *Maria Luísa Duarte*, aaO S. 37 und ff., und *Miguel Gorjão-Henriques*, aaO, S. 32 und ff.

[19] Vgl. *Maria Luísa Duarte*, aaO.

[20] Über die Entwicklung des Grundrechtsschutzes im ursprünglichen Gemeinschaftsrecht, s. *Miguel Gorjão-Henriques*, A evolução da protecção dos direitos fundamentais, cit., S. 22-26, und *Maria Luísa Duarte*, A União Europeia e os Direitos Fundamentais, S. 30-34.

[21] Worin sich die Mitgliedstaaten erklären "entschlossen, gemeinsam für die Demokratie einzutreten, wobei sie sich auf die Grundrechte, die in den Verfassungen und Gesetzen der Mitgliedstaaten, in der Europäischen Konvention zum Schutze der Menschenrechte und Grundfreiheiten und in der Europäischen Sozialcharta anerkannt sind, stützen, insbesondere auf Freiheit, Gleichheit und soziale Gerechtigkeit".

[22] So beinhaltet für *Maria Luísa Duarte*, aaO, S. 33, der EU-Vertrag die erste "Grundsatzvereinbarung in den Artikel selbst des Vertrages" in der Richtung eines Grundrechtsschutzes. Vgl. auch *Miguel Gorjão-Henriques*, aaO, S. 23, und *António Goucha Soares*, aaO, S. 16.

[23] *Miguel Gorjão-Henriques*, A evolução da protecção dos direitos fundamentais no espaço comunitário, S. 24.

[24] AaO.

[25] Diese Rechte wurden in Portugal vor allem bekanngemacht und analysiert durch *Francisco Lucas Pires*, Os Novos Direitos dos Portugueses, explicação e súmula dos nossos direitos de cidadania europeia [Die neuen Rechte der Portugiesen – Erklärung und Zusammenfassung unserer Rechte als europäischer Bürger], Lisboa, 1994, und *Rui Moura Ramos*, Maastricht e os direitos do cidadão europeu [Maastricht und

passive Wahlrecht bei Kommunalwahlen in dem Mitgliedstaat, in dem der Bürger sein Wohnsitz hat (Artikel 8-B, Nr. 1, jetzt Art. 19, Abs. 1, des EG-Vertrages), das aktive und passive Wahlrecht bei den Wahlen zum Europäischen Parlament, auch im Mitgliedstaat, in dem der Unionsbürger seinen Wohnsitz hat (Artikel 8-B, Nr. 2, nunmehr Art. 19, Abs. 2, des EG-Vertrages), das Recht zum diplomatischen und konsularischen Schutz eines jeden Mitgliedstaats unter denselben Bedingungen wie Staatsangehörige dieses Staates, im Hoheitsgebiet eines dritten Landes (Artikel 8-C, jetzt Art. 20 , des EG-Vertrages), das Petitionsrecht beim Europäischen Parlament und das Beschwerderecht beim eingesetzten Bürgerbeauftragten (Art. 8-D, nun Art. 21 des EG-Vertrages). Andere Rechte haben sich auch vom Leitbild des "*homo oeconomicus*", dem Menschen als Wirtschaftsfaktor, verselbstständigt, wie es mit der Bewegungs- und Wohnsitzfreiheit der Fall ist[26] (sie werden jetzt jeder Person anerkannt), und seit neuestem findet auch eine "Erweiterung der Anerkennung von sozialen Rechten" statt[27].

Trotz der Entwicklung in den Texten der Verträge[28] und in der Rechtsprechung des EuGH, hat die herrschende Meinung in der portugiesische Literatur aber vor der Charta der Grundrechte noch die **Unzulänglichkeiten des Grundrechtsschutzes auf EU-Ebene hervorgehoben**. Einerseits wurde ein gewisses Misstrauen gegenüber einem gerichtlichen Schutzmodells geäußert – vielleicht noch als Folge der genannten „Jugendsünde", die den EuGH endlich zu einer „funktionellen Perspektive des Grundrechtsschutzes" geleitet hätten, mit dem Zweck, eine „Versuchung der nationalen Verfassungsgerichte, das Gemeinschaftsrecht nach den Grundrechtsmaßstäben der Mitgliedstaaten zu überprüfen", zu vermeiden[29]. Auch wenn man die Recht-

---

die Rechte des europäischen Bürgers], in A União Europeia (Die Europäische Union), Curso de Estudos Europeus, Coimbra, 1994, S. 93-129.

[26] Vgl. in diesem Sinne die vorherige Fußnote.
[27] *Maria Luísa Duarte*, aaO, S. 33.
[28] Vgl. über die Änderungen durch den Vertrag von Amsterdam, v. *Miguel Gorjão-Henriques,* aaO, S. 24-26, *Maria Luísa Duarte*, aaO, S. 33; näher, *Francisco Lucas Pires*, Portugal e o futuro da União Europeia. Sobre a revisão dos Tratados em 1996 [Portugal und die Zukunft der EU. Über die Revision der Verträge in 1996], Lisboa, 1995, insb. S. 89-100.
[29] *Vital Moreira*, A tutela dos direitos fundamentais na União Europeia [Der Grundrechtsschutz in der Europäischen Union], in Carta de Direitos Fundamentais da União Europeia, Coimbra, 2001, S. 79: "Die wesentliche Sorge war die, die EG-Rechtsordnung gegen die nationalen Jurisdiktionen zu verteidigen durch das Prinzip,

sprechung des EuGH würdigt, wird ihre Unzulänglichkeit und vor allem die Gefahr einer Instrumentalisierung eines Grundrechtsschutzes ohne schriftlichen Grundrechtskatalog, indem dieser Schutz „gemäß den Eigenschaften und den eigenen Zielen der europäischen Bildung stattfindet", hervorgehoben[30]. Zu solchem Ergebnis hat auch die Unsicherheit, die aus der „nicht-schriftlichen Natur der allgemeinen Rechtsgrundsätze floss", beigetragen. Die Unsicherheit des „Inhalts und der wirklichen Tragweite der Grundrechte" und eine gewisse „aleatorische Natur der gerichtlichen Ergebnissen selbst"[31] würden so ein ausschließlich gerichtliches Schutzmodell entarten.

Diese Mängel am Grundrechtsschutz auf Gemeinschafts-Ebene sind auch Ergebnis einer **zu engen Formalisierung** der Anerkennung der Grundrechte. Die formelle Anerkennung im genannten Artikel F-2 des Maastricht-Vertrages überwandt diese Mängel nicht. Erstens hat diese Anerkennung nur das in der EuGH-Rechtsprechung errungene Schutzniveau festgemacht. Zweitens hatte der EuGH einfach keine Zuständigkeiten, die Respektierung der genannten Norm zu kontrollieren[32]. Und drittens war die Bezugnahme zur EMRK auch unzulänglich, da die EG dieser Konvention nicht beigetreten und der Jurisdiktion des Straßburger Gerichts nicht unterworfen war[33].

---

laut dessen die Handlungen der EG-Organe nur anhand des Gemeinschaftsrechts überprüft werden konnten, und nicht anhand dem Recht der Mitgliedstaaten. Dafür musste eine Bindung der EG an die Grundrechte anerkannt werden, die der Bindung der Mitgliedstaaten in nichts nachsteht". Auch Autoren, die die Feststellung der Schwächen im Grundrechtsschutz in der EG nicht teilen (wie z. B. *Maria Luísa Duarte*, aaO, S. 35, Fn. 19), anerkennen, dass die Entwicklung der Rechtsprechung größtenteils durch die Notwendigkeit eines Dialogs des EuGH mit den nationalen Gerichten bestimmt war.

[30] *Catarina Sampaio Ventura*, Contexto e Justificação da Carta [Kontext und Rechtfertigung der Charta], in Carta de Direitos Fundamentais da União Europeia, Coimbra, 2001, S. 46. Eine solche Instrumentalisierung durch den EuGH wurde aber von *Maria Luísa Duarte* (aaO, S. 42) verneint.

[31] António *Goucha Soares*, aaO, S. 16 und 17. Diese Unsicherheit wurde auch von *Catarina Sampaio Ventura*, Contexto e Justificação da Carta, S. 45, unterstrichen als wichtiger Argument für die Charta: "Es fehlt so eine Kodifizierung, die bekanntlich unentbehrlich ist, um ein Mindestmass an Vorhersehbarkeit und Rechtssicherheit zu gewähren". S. auch *Miguel Gorjão-Henriques,* aaO, S. 21.

[32] *R. Moura Ramos*, Maastricht e os direitos do cidadão europeu, S. 101.

[33] S. *Miguel Gorjão-Henriques,* aaO, S. 33, der auch bemerkt, dass das Gutachten 2/94, vom 28. März 1996 (in dem das EuGH gesagt hatte, das die EG über keine Kompetenzen verfügte, der EMRK beizutreten) "erhebliche Zweifeln ausgelöst hat bezüglich des Grundrechtsschutzes von Privaten vor Handlungen der Organen der EG".

Schließlich wurde noch auf die Schwächen des Schutzverfahrens für private Personen auf gemeinschaftliche Ebene hingewiesen. Diese Schutzverfahren beschränken sich nämlich fast nur auf die im Artikel 230 des EG-Vertrages vorgesehene Anfechtungsklage. § 4 dieses Artikels sieht eine solche Klage für jede natürliche oder juristische Person vor. Sie kann „gegen die an sie ergangenen Entscheidungen sowie gegen diejenigen Entscheidungen Klage erheben, die, obwohl sie als Verordnung oder als eine an eine andere Person gerichtete Entscheidung ergangen sind, sie unmittelbar und individuell betreffen". So wird die Frage des Schutzverfahrens für Private gegen grundrechtsverletzenden Verordnungen oder Richtlinien aufgeworfen[34]. Es muss aber bemerkt werden, dass die Kritik am ungenügenden Schutz verschieden klar und stark zu finden ist in der Literatur. Manchmal wird diese Unzulänglichkeit unterstrichen und pointiert aufgedeckt – so wenn man über ein klares „Defizit an Rechtsschutz auf EG-Ebene" spricht und sagt, dass „die existierenden Schutzmechanismen als klar unvollkommen betrachtet werden müssen"[35]. Aber es ist auch eine viel wohlwollendere Diagnose zu finden. Es wird daran erinnert,[36] dass die Union seit langem über ein Grundrechtsschutzsystem verfügt, das allmählich von der Rechtsprechung des EuGH entwickelt wurde", so dass in der Charta der Grundrechte „nicht eine Schaffung aus nichts («ex nihilo») in Betracht kommt, sondern die Vervollständigung eines Schutzrahmens ".

Es ist aber hervorzuheben, dass die Feststellung eines ungenügenden Charakters des Grundrechtsschutzes auf europäischer Ebene

---

[34] In diesem Sinn, s. *Miguel Gorjão-Henriques*, Direito Comunitário [EG-Recht], S. 259 und 261, *ders.*, A evolução da protecção dos direitos fundamentais no espaço comunitário, S. 35, *Vital Moreira*, A tutela dos direitos fundamentais na União Europeia, in aaO, S. 75 (der von einem "Rechtsschutzdefizit auf der Ebene der Gemeinschaften spricht", da der "Rechtsschutz fast ausschliesslich auf der Anfechtungsklage beruht"). Auch *Ana Luísa Riquito* (O conteúdo da Carta de Direitos Fundamentais da União Europeia, S. 65) fragt, ob die jetzt verfügbaren Verfahren einen wirksamen Rechtsschutz auf Gemeinschafts Ebene gewähren.

[35] So *Vital Moreira*, A tutela dos direitos fundamentais, S. 75 ff., der auch ein Misstrauen erkennen lässt gegenüber der Fähigkeit (und sogar des Willens) des EuGH, einen wirklichen Grundrechtsschutz zu gewähren, insbesondere wenn dieser Schutz mit den Interessen der wirtschaftlichen Integration in Konflikt geraten könne.

[36] R. *Moura Ramos*, A Carta dos Direitos Fundamentais da União Europeia – alguns aspectos [Die Charta der Grundrechte der Europäischen Union – einige Aspekte], in Carta de Direitos Fundamentais da União Europeia, Coimbra, 2001, S. 53.

in der portugiesischen Literatur strittig war. Diese Feststellung wurde von einer (nicht herrschenden) Meinung in Frage gestellt, die auch Zweifeln an weiteren Entwicklungen, wie der Einführung einer Charta der Grundrechte oder dem Beitritt der Union zur EMRK, geäußert hat. Nach dieser Meinung könnte der Sicherungsrahmen schon mit Artikel 6 des EU-Vertrages (vom Maastrichter-Vertrag eingeführten Artikel F), und mit der Anerkennung "der Grundsätze auf den er Bezug nimmt, als genügend erachtet werden" [37]. So wurde von dieser Seite das Vertrauen in ein gerichtliches Schutzmodell durch den EuGH geäußert, das sicherlich "die Fähigkeiten haben wird, die sachliche Lösungen für eine Durchsetzung der Grundrechte auch gegenüber der Gemeinschaften und der Union zu finden"[38]. Nach dieser Meinung wären die „Klagen über angebliche ungenügende Sicherung [der Grundrechte] etwas abstrakt", da die „Tragweite der in der gemeinschaftlichen Ordnung rezipierten Grundrechte sehr groß und vollständig war"[39]. Viele dieser negativen Diagnosen über das Schutzniveau der Grundrechte in der EU wären so, für diese Meinung, "nicht mehr als Ausdruck 'einer gewissen Idee Europas'". Und es sollte der Tendenz entgegentreten werden, die Schwächen des Schutzmodells in der EU zu übertreiben, um die Notwendigkeit eines qualitativen Vorstoßes zu demonstrieren, und so "die EU auf dem Weg der idealisierten Richtung der Föderation zu setzen".

3. Die Gelegenheit der Charta. Das Schutzmodell: eigener Grundrechtskatalog v. Beitritt zur EMRK

Die vorgenannten Unterschiede in den Diagnosen in der portugiesischen Literatur über den Grundrechtsschutz in der EU hatten auch Unterschiede in den **Vorschlägen** für das System des Grundrechtsschutzes in der Union zur Folge. Wir können diese in folgenden

---

[37] *Jorge Miranda*, Parecer da Faculdade de Direito da Universidade de Lisboa sobre a Carta de Direitos Fundamentais da União Europeia [Gutachten der Juristischen Fakultät der Universität Lissabon über die Charta der Grundrechte der Europäischen Union] in Carta dos Direitos Fundamentais da União Europeia – Comissão de Assuntos Europeus [Charta der Grundrechte der Europäischen Union – Ausschuss für Europäischen Angelegenheiten], Assembleia da República, 2001, S. 70.

[38] AaO.

[39] *Maria Luísa Duarte*, aaO, S. 46/7 ("über die angebliche Unvollkommenheit des gemeinschaftlichen Rahmens für den Schutz der Grundrechten").

Vorschlägen zusammenfassen: (a) Beibehaltung der vorliegenden Mechanismen und Überlassung der Änderung der Entwicklung der Rechtsprechung; (b) Beitritt der EG und der EU zur EMRK; (c) Einführung eines eigenen Regelungswerkes mit einem eigenen Grundrechtskatalog.

(a) Jene Autoren, die nicht die Diagnose über die Mängel im gemeinschaftsrechtlichten Grundrechtsschutz teilten, haben naheliegenderweise die Gelegenheit zur Einführung der Charta der Grundrechte **kritisiert**, da sie eher ein **gerichtliches Modell** zur Entwicklung und Vervollständigung des Grundrechtsschutzes vorgezogen hätten (dieser Meinung entsprach der offiziellen Stellungnahme der Juristischen Fakultät der Universität Lissabon, die aus Anlass der öffentlichen Diskussion der Charta in einem amtlichen Gutachten vorgelegt wurde)[40].

Diese Stellungnahme ist vor allem durch die Absicht motiviert, das "der Charta zugrunde liegende Ziel" zu enthüllen. Dieses Ziel wäre, „einen weiteren Schritt in Richtung einer europäischen Verfassung und dadurch zur europäischen Föderalisierung zu gehen"[41]. Ein

---

[40] *Jorge Miranda*, Parecer da Faculdade de Direito da Universidade de Lisboa sobre a Carta de Direitos Fundamentais, S. 69-73, wo gesagt wird, dass es „schon einen genügend fester Rahmen zur Sicherung der Grundrechte gibt", so dass die Charta „unpassend und ungelegen" wäre. So auch klar *Maria Luísa Duarte*, aaO, S. 47: „Wir sehen keine Not, dieses Modell der Anerkennung von Rechten (…) durch ein formelles Modell der Schaffung eines Katalogs zu ersetzen" (sie schließt auch den Beitritt der EU zur EMRK aus, „die mehr Nachteile als Vorteile mit sich bringen würde").

[41] *Jorge Miranda*, aaO, S. 71. Vgl. auch *Maria Luísa Duarte*, aaO, S. 47 und 49.

Es muss aber bemerkt werden, dass andere Autoren dieses "verfassungsgebende" Ziel der Charta loben. S. schon die Worte eines der Mitglieder des Konvents, *José Barros Moura* (Defesa e Ilustração da Carta dos Direitos Fundamentais [Verteidigung und Aufklärung der Charta der Grundrechte], in Carta dos Direitos Fundamentais da União Europeia – Comissão de Assuntos Europeus, ed. da Assembleia da República, 2001, S. 15) über die geschichtliche Parallele, die diese Einrichtung andeuten wollte, indem sie sich als Konvent bezeichnete (er spricht auch vom notwendigen verfassungsgebenden Charakter der Proklamation eines "Bill of Rights", und weist auch auf die "Notwendigkeit einer wirklichen 'Umgestaltung', vor allem in den herrschenden politischen Denkweisen, zur Errichtung der politischen Union Europas". Vgl. auch *Catarina Sampaio Ventura*, Contexto e Justificação da Carta, cit., S. 40, die betont, die Einführung einer Charta der Grundrecht kann "in sich die Idee eines verfassungsgebenden Verfahren bringen, die (…) den Prozess der politischen Integration in den Vordergrund stellt"; und s. auch *Miguel Poiares Maduro* (mündliche Aussage über die Grundrechts-Charta vor den parlamentarischen Ausschüssen für Europäische und Verfassungsangelegenheiten, aufgenommen in Carta dos Direitos Fundamentais da União Europeia – Comissão de Assuntos Europeus, ed. da Assembleia da República, 2001, S. 61), der als Vorteile der Charta eben die "Förderung eines verfassungsgebenden oder deliberativen Verfahrens auf Unions-Ebene" nennt.

Ziel, das, da es nicht angekündigt wird, der „Transparenz" und „Aufrichtigkeit" im ganzen Verfahren zur Schreibung und Annahme der Charta im Wege steht. Andererseits wird auch gesagt, dass die Charta einen Vorrang vor der nationalen Verfassung beansprucht, und dass die Verteidigung dieser Idee durch dem EuGH im Falle einer Gegenüberstellung der Charta und der portugiesischen Verfassung notwendigerweise zu „einer starken Verringerung sowohl vieler Rechte, Freiheiten und Garantien als auch der Mehrheit der wirtschaftlichen, sozialen und kulturellen Rechte" führen würde"[42].

Schließlich wird auch hervorgehoben, dass die Charta das Risiko verstärkter Unterschiede zwischen den EG-Ländern und den anderen europäischen Ländern mit sich bringen würde, da die Bürger der EU-Mitgliedstaaten über den durch die EMRK gewährten Schutz nunmehr auch einen Schutz durch die Charta der Grundrechte zugute kommen würde, während den Bürger anderer europäischen Staaten nur der Schutz der EMRK anerkannt wird[43].

Nach dieser Meinung sollten die Mitgliedstaaten auf andere Weise als durch die Charta „ihren Glauben am Wert der Menschenwürde bezeugen". Z. B. durch eine Aktualisierung der EMRK mit Rechten, die wissenschaftliche und technische Entwicklungen (wie die Datenverarbeitungstechniken und die genetischen Techniken) in Frage stellen, mit Rechten, die den Umweltschutz sichern, oder mit den in der Europäischen Sozialcharta gesicherten Rechten; durch eine Vereinfachung der Konvention durch die „Einführung der Zusätzlichen Protokollen in ihren Text"; durch den Abschluss von Abkommen zum Schutze von Einwanderern oder zur Bekämpfung des Rassismus; oder durch die „dringende Ratifizierung des Rom-Status des Internationalen Strafgerichts von 1998"[44].

(b) Eine zweite Stellungnahme in der portugiesischen Literatur sieht als besten Weg zum Schutze der Grundrechte den **Beitritt von EG und EU zur EMRK** und die Preisgabe einer autonomen Grundrechte-Charta an.

Diese Meinung[45] ist durch das Ziel bestimmt, eine Trennung und Unterscheidung im europäischen Grundrechtsschutz zu vermeiden. Eine

---

[42] *Jorge* Miranda, aaO.
[43] AaO, S. 72.
[44] AaO, S. 72/3.
[45] So *Vital Moreira*, A Carta e a adesão da UE à Convenção Europeia de Direitos do Homem [Die Charta und der Beitritt der EU zur EMRK], in Carta de

solche Trennung und Unterscheidung wäre das notwendige Ergebnis der Einführung eines gemeinschaftsrechtlichen Grundrechtskatalogs, mit einem höheren Schutzmaßstab in den Mitgliedsstaaten und einem niedrigen Schutzniveau in den anderen (vor allem in den Staaten Osteuropas die nicht der EU angehören). Um dieser Unterscheidung im Grundrechtsschutz zwischen dem „Europa der Armen" und dem „Europa der Reichen" zuvorzukommen, wird so als beste Lösung[46] der Beitritt zur EMRK vorgeschlagen.

Diese Stellungnahme wurde kritisiert[47], da„ein Beitritt zur EMRK als solcher nicht genügen würde, weder die Lücken im Grundrechtsschutz in der EU aufzufüllen" noch „die EU mit einem weiteren Grundrechtskatalog zu auszustatten"[48], da viele wirtschaftliche, soziale und kulturelle Rechte (oder die sog. „Grundrechte dritter Generation") nicht vorgesehen wurden. Diese Grundrechte müssten aber auch gesichert werden, nicht nur wegen der Unteilbarkeit des Grundrechtsschutzes, sondern auch weil sie mit dem Inhalt der EU-Kompetenzen auf einigen Gebieten wie dem der sozialen Politik oder der Umweltpolitik zu tun hatten . Andererseits war damals nur die EG (und nicht die EU) als juristische Person anerkannt, was notwendigerweise dann zu einem Schutz führen würde, der nur im Bereich der EG-Kompetenzen angewandt werden könnte, unter Ausschluss von Bereichen wie Gemeinsame Außen- und Sicherheitspolitik oder polizeiliche und gerichtliche Zusammenarbeit in Strafsachen, wo dem Grundrechtsschutz eine erhebliche praktische Bedeutung zukommt[49].

Direitos Fundamentais da União Europeia, Coimbra, 2001, S. 97/8. Auch *Jorge Miranda*, aaO, S. 72, wenn er die hypothetische Annahme eines eigenen Textes über Grundrechte in der EU behandelt, zieht den Weg eines Beitritts zur EMRK vor. Und diese war auch die Meinung die *Adriano Moreira*, in seiner Aussage vor den parlamentarischen Ausschüssen für Europäische und Verfassungsangelegenheiten vertreten hat (wiedergegeben in *Carta dos Direitos Fundamentais da União Europeia - Comissão de Assuntos Europeus*, Assembleia da República, 2001, S. 46).

[46] So *Vital Moreira*, aaO und A tutela dos direitos fundamentais na União Europeia, in Carta de Direitos Fundamentais da União Europeia, Coimbra, 2001, S. 75. Dieser Verfassungsrechtler aus Coimbra übt in seinem Vorschlag keine grundsätzliche Kritik an der Idee einer Charta der Grundrechte und sagt sogar, dass diese eine „Besserung und Erweiterung des Katalogs der geschützten Grundrechten mit sich bringen kann". Der Vorschlag eines EU-Beitritts zur EMRK beruht so auf dem im Texte genannt Argument, und nicht auf einer Kritik an der Charta.

[47] *Catarina Sampaio Ventura*, Contexto e Justificação da Carta, S. 43/4.

[48] AaO.

[49] AaO, S. 44.

(c) Ein dritter Vorschlag[50] hat als wirksamste Lösung im nachfolgenden Zeithorizont die Annahme einer Charta der Grundrechte und die Verschiebung der Diskussion übereinen zukünftigen Beitritt der EG zur EMRK verteidigt. So lasse "das Gutachten 2/94 des Gerichtshofs [laut dessen der Beitritt zur EMRK eine Vertragsänderung erfordert] und das Fehlen eines politischen Konsenses in allen Mitgliedsstaaten über den Beitritt zur EMRK die Idee der Schaffung eines Grundrechtskatalog der Union als die wirksamere Weise erscheinen, um das Ziel der Bestärkung des Grundrechtsschutzes zu erreichen"[51].

Für die Lösung durch eine Grundrechte-Charta wurden verschiedene Argumente aufgeführt – auch wenn die überwiegende Meinung einen gleichlaufenden Beitritt der EG zur EMRK verteidigt hat.

So wurde schon in 1995, noch vor dem Amsterdamer-Vertrag, die "Hypothese einer in den Verträgen eingeführten Erklärung von Grundrechten" angedeutet, was auch "eine nicht-ideologische Weise wäre, auf der moralischen Ebene eine Europa der Werten zu kennzeichnen[52]".

Nach *Gomes Canotilho* hätte eine Charta die Bedeutung einer formellen und sachlichen Erhebung von Rechten zum Status von Grundrechten, die die Institutionen der EU binden würde. Die Verleihung eines solchen Status „legt die Idee nahe, diese Rechte seien konstitutiv für die Grundstrukturen der EG und der EU". Eine Charta würde so die EG „als eine Gemeinschaft von Werten und Prinzipien, die rechtlich geschützt sind"[53] kennzeichnen und eine „politische und moralische Legitimation" der EG bewirken. Die Charta der Grundrechte würde nicht nur eine unentbehrliche Voraussetzung für die Legitimation der EU darstellen, sondern auch „die demokratische Natur

---

[50] *António Goucha Soares*, aaO, S. 30 – langfristig schließt er aber nicht die Möglichkeit eines Beitritts der EG zur EMRK aus (das „wäre eine normale Lösung für das Problem des Grundrechtsschutzes in der EU"). Die Stellungnahme für die Schaffung einer Charta stellte eher eine realistische Haltung gegenüber den Möglichkeiten zum Beitritt zur EMRK dar, die sich nicht nur auf dem Gutachten 2/94 und den politischen Spaltungen in dieser Frage gründete, sondern auch auf der Unterlassung von Änderungen in den Verträgen zur Ermöglichung des Beitritts auch nach dem Gutachten 2/94 (d.h. im Amsterdamer-Vertrag).

[51] AaO, S. 30.

[52] *Francisco Lucas Pires*, Portugal e o futuro da União Europeia, S. 95.

[53] *J. J. Gomes Canotilho*, Compreensão jurídico-política da Carta [Rechtspolitische Betrachtung der Charta], in Carta de Direitos Fundamentais da União Europeia, Coimbra, 2001, S. 13.

der Union bestärken"⁵⁴, indem es für die „Annäherung des Projektes der Union an den Menschen beitragen würde"⁵⁵.

Ein klarer Vorteil einer Charta wäre so die Bestärkung des Grundrechtsschutzes auf der Ebene der Gemeinschaft, indem sie entscheidend zur „Vorhersehbarkeit, Deutlichkeit und Rechtssicherheit im Schutz der Grundrechte beitragen würde"⁵⁶. Obwohl die Verträge schon die Grundlage für „eine Aufdeckung der Grundrechte, wenn auch nur zersplittert von Fall zu Fall", sind, könnte die Charta der Grundrechte eine wichtige Grundlage für den Grundrechtsschutz im Raum der Union und der Gemeinschaften sein"⁵⁷, indem sie „die Einrichtung eines deutlichen rechtlichen Rahmens einführt.

Als Vorteil der Charta wurde auch die Bestärkung des im Artikel 7 des EU-Vertrages vorgesehene Verfahren zur Reaktion gegen schwerwiegenden und andauernden Verletzungen der in Artikel 6 Absatz 1 genannten Grundsätze (einschließlich der Grundrechte) genannt, mit der Möglichkeit, bestimmte Rechte auszusetzen, die sich aus den Verträgen für den betroffenen Mitgliedstaat herleiten. „Gemeinsame Vorstellungen auf dem Gebiet der Grundrechten" würden auch solche Möglichkeiten zur Reaktion gegen Verletzungen fördern⁵⁸.

Die Vorteile einer Charta der Grundrechte wurden auch in Verbindung mit der (damals absehbaren) Erweiterung der EU hervorgehoben⁵⁹, da ein solcher Text nicht nur einen deutlichen Maßstab einführen würde, um die Erfüllung der Bedingungen zum Beitritt, die die Grundrechten betreffen, zu bewerten, sondern auch zur Glaubwürdigkeit der Außenpolitik der EU bei der Förderung dieser Rechten beitra-

---

⁵⁴ S. auch *Catarina Sampaio Ventura*, Contexto e Justificação da Carta, S. 47: der Schutz der Grundrechte sei eine unentbehrliche Bedingung für die Legitimation der EU und würde die Demokratie in der Union bestärken. Nach dieser Meinung würde ein eigener schriftlicher Katalog der Grundrecht dazu beitragen, den Schutz dieser Rechte zu bestärken, „und Grundsätze, auf denen die Union (und nicht nur die Mitgliedstaaten) beruhen, nähren – die ‚Grundsätze der Freiheit, der Demokratie, der Achtung der Menschenrechte und Grundfreiheiten sowie der Rechtsstaatlichkeit', die im Artikel 6, Nr. 1, des EU-Vertrages enthalten sind" – aaO, S. 47.

⁵⁵ AaO, S. 48.

⁵⁶ *Catarina Sampaio Ventura*, Contexto e Justificação da Carta, S. 47 (die aber auch den Beitritt zur EMRK vertreten hat).

⁵⁷ *Miguel Gorjão-Henriques*, A evolução da protecção dos direitos fundamentais, S. 21.

⁵⁸ AaO.

⁵⁹ AaO, S. 48/9.

gen würde („eine glaubwürdige Grundrechtspolitik beginnt zu Hause")[60]. Schließlich (*"last, but not least"*) wurde auch als wesentlicher Vorteil einer Charta der Grundrechte ein Beitrag zur Humanisierung der EU genannt, mit der Entwicklung einer eigenen Axiologie, die es, über die Idee eines Binnenmarktes hinaus, erlauben würde, dass die Union sich als Raum für den Schutz der Würde des Menschen darstellt[61].

(d) Schließlich ist die große Mehrheit der Literatur, die sich **für die Annahme einer Charta** der Grundrechte aussprach, **auch für den Beitritt der EG zur EMRK** eingetreten – d.h. für den kumulativen Schutz durch diesen beiden Instrumente im Unions-Raum[62].

Der Beitritt zur EMRK wird so als "eine Kohärenzfrage" dargestellt[63]: wenn die Mitgliedstaaten an diese Konvention und an der Rechtsprechung des Europäischen Gerichtshofs für Menschenrechte gebunden sind, wäre es nicht zu verstehen, dass, wenn sie Kompetenzen an die EU abtreten, diese bei ihrer Ausübung nicht mehr daran gebunden sein sollten. Die „logische Lösung ist so die, dass die EU, als Empfänger dieser Kompetenzen, auch denselben grundrechtlichen

---

[60] AaO, S. 49.

[61] Vgl. *Catarina Sampaio Ventura*, aaO, S. 40, die den im Text genannten Punkt besonders unterstreicht.

S. auch, in einer anderen Perspektive, *António Goucha Soares*, aaO, S. 17, der von einer „nicht zu unterschätzenden politischen Wirkung der Charta" auf den Verlauf der europäischen Integration spricht, da die EU nicht mehr nur als wirtschaftliches und technokratisches Gebilde erscheinen würde.

[62] S., schon im 1990, *Rui Moura Ramos*, L' adhésion de la Communauté à la Convention Européenne des Droits de l´Homme – Rapport National – Portugal, in Das Comunidades à União Europeia, Estudos de Direito Comunitário [Von den Gemeinschaften zur Europäischen Union. Studien zum Gemeinschaftsrecht], 2. Aufl., Coimbra, 1999, S. 211. So auch *Francisco Lucas Pires*, Portugal e o futuro da União Europeia, S. 95 und 99. ("bei Grundrechten ist keine Garantie überflüssig"), und *António Cluny*, Algumas considerações sobre o debate relativo ao projecto de Carta de Direitos Fundamentais da União Europeia [Einige Betrachtung zur Debatte über den Entwurf der Charta der Grundrechte der EU], in Revista do Ministério Público, 2000, 82, S. 153. Vgl. auch die Argumente für den Beitritt der EG zur EMRK, in *Vital Moreira*, A Carta e a adesão da UE à Convenção Europeia de Direitos do Homem, in Carta de Direitos Fundamentais da União Europeia, Coimbra, 2001, S. 93, und *Miguel Gorjão-Henriques*, A evolução da protecção dos direitos fundamentais, S. 34/5.

[63] So *Vital Moreira*, A tutela dos direitos fundamentais na União Europeia, in Carta de Direitos Fundamentais da União Europeia, Coimbra, 2001, S. 81 – den Beitritt der EG zur EMRK wird als die beste Lösung vorgezeichnet auch nach einer hypothetischen Annahme einer Grundrechte-Charta.

Bindungen unterworfen bleibt, weil anderenfalls eine Verminderung des Schutz stattfinden würde"⁶⁴. Andererseits empfiehlt die Sorge um eine mögliche „Funktionalisierung" des Grundrechtsschutzes durch den EuGH auch den Beitritt der EG zur EMRK aus präventiven Gründen. Dieser Beitritt würde zur Folge haben, dass der EuGH sich mehr um die grundrechtliche Dimension seiner Entscheidungen kümmern würde, da diese vom Europäischen Gerichtshof für Menschenrechte überprüft werden könnten⁶⁵.

Die Notwendigkeit einer „äußeren Überprüfung der Handlungen der Gemeinschaft"⁶⁶ und eines externen Mittels zum Schutz der Grundrechte⁶⁷, auch nach der Einführung der Charta, würde so zur Geltung gebracht. Durch den Beitritt zur EMRK und die Unterwerfung auch der EG und der EU unter den Europäischen Menschenrechtsgerichtshof, würde dem genüge getan.

In dieser Richtung wurde auf die Unschlüssigkeit des durch dem Maastrichter-Vertrag eingeführten Hinweises zur EMRK aufmerksam gemacht⁶⁸, da die EG, weil sie nicht dieser Konvention beigetreten ist, nicht den darin vorgesehen Instrumenten (nämlich der Jurisdiktion des Europäischen Menschenrechtsgerichtshofes) unterworfen ist

Schließlich wurde auch gesagt, dass ein Beitritt zur EMRK eine „Angleichung der Rechtsprechung über die Grundrechte im europäischen Raum ermöglichen würde, was die einfache Einführung eines gemeinschaftsrechtlichen Grundrechtskatalogs ohne weiteres nicht leisten könnte"⁶⁹.

Dieser Vorschlag eines Systems von kumulativen Mittel zum Grundrechtsschutz in der EU wurde vom portugiesischen Parlament

---

[64] AaO.

[65] AaO. Vgl. in derselben Richtung *Miguel Gorjão-Henriques*, A evolução da protecção dos direitos fundamentais, S. 35 (wo auch das Gutachten Nr. 2/94 vom EuGH kritisiert wird wegen eines gewissen "Narzissmus" über die Rechtsordnung der EG – S. 35.

[66] *Miguel Gorjão-Henriques*, A evolução da protecção dos direitos fundamentais, S. 34.

[67] V. *Catarina Sampaio Ventura*, Contexto e Justificação da Carta, S. 50 (das "Bedürfnis zu einem internationalen Rechtsmittel gegen die Handlungen der Union" betonend, das in der Möglichkeit zur Berufung der EuGMR liegen würde).

[68] *Miguel Gorjão-Henriques*, aaO, S. 33.

[69] *Miguel Gorjão-Henriques*, aaO, S. 34. S. auch *Vital Moreira*, A Carta e a adesão da UE à Convenção Europeia de Direitos do Homem, in Carta de Direitos Fundamentais da União Europeia, Coimbra, 2001, S. 93.

(„Versammlung der Republik") angenommen. Im Beschluss Nr. 69/ /2000[70] spricht sich das portugiesische Parlament sowohl für eine Charta der Grundrechte als aus für eine Änderung der Verträge aus, mit dem Ziel, den Beitritt ur EMRK zu ermöglichen.

4. Die politische Entscheidung für eine Charta der Grundrechte und die portugiesischen Beauftragten zum Konvent

Bekanntlich hat der Europäische Rat von Köln beschlossen im Juni 1999 eine Charta der Grundrechte der Europäischen Union durch eine *ad hoc* Instanz ausarbeiten zu lassen. Dieses „Konvent" sollte sich aus Vertretern unterschiedlicher Institutionen zusammensetzen (die Zusammensetzung wurde dann auf der Tagung des Europäischen Rates im Oktober 1999 in Tampere präzisiert). Von den 62 Mitgliedern waren 15 Beauftragte der Staats- und Regierungschefs der Mitgliedstaaten, ein Beauftragter der Kommission, 16 Mitglieder des Europäischen Parlaments, sowie 30 Mitgliedern der nationalen Parlamente. Im Konvent **nahmen vier Portugiesen Teil**: José Barros Moura und Maria Eduarda Azevedo, als Beauftragte des portugiesischen Parlaments; Pedro Bacelar de Vasconcelos, als Beauftragter des portugiesischen Regierungschef (und dann auch Mitglied des „Präsidiums" des Konvents, während der portugiesischen Präsidentschaft der Union); und der Kommissionsbeauftragte António Vitorino[71].

Die Charta der Grundrechte war während der Arbeiten des Konvents in Portugal Gegenstand eine **öffentliche Debatte**, die nicht nur die politischen Organe, sondern auch Vertreter der „zivilen Gesellschaft" eingeschlossen hat. Abstöße zur Förderung dieser Debatte gab insbesondere das portugiesische Parlament , mit mehrere öffentliche Sitzungen mit Teilnahme von Spezialisten im Gemeinschaftsrecht und Verfassungsrecht[72], Gutachten der Juristischen Fakultäten von Coimbra und Lissabon und öffentliche Beratungen und Anfragen an verschiedenen Einrichtungen der „civil society" und bei den Bürgern im all-

---

[70] S. *Carta dos Direitos Fundamentais da União Europeia - Comissão de Assuntos Europeus*, ed. da Assembleia da República, 2001, S. 307/8.

[71] Vgl., ausführlicher, *António Vitorino*, Carta dos Direitos Fundamentais da União Europeia [Charta der Grundrechte der Europäischen Union], Cascais, 2002.

[72] S. vor allem die Veröffentlichung Carta dos Direitos Fundamentais da União Europeia – Comissão de Assuntos Europeus, ed. da Assembleia da República, 2001.

gemeinen wurden von ihm initiiert. Das portugiesische Parlament hat auch über die Stellungnahme zum Inhalt, zur Rechtsnatur und zur politische Funktion der Charta beschlossen[73].

Die **Beauftragte der portugiesischen Parlaments** nahmen aktiv in den Arbeiten des Konvents teil, vor allem auf der Grundlage der portugiesischen Verfassung. In diesen Zusammenhang sind die „mühsamen Kämpfe" [74] um die Anerkennung des Grundsatzes der Unteilbarkeit der Grundrechte, einschließlich der sozialen Grundrechte, einzuordnen. *José Barros Moura*, Mitglied des Konvents als Beauftragter des portugiesischen Parlaments, berichtet, dass die portugiesischen Beauftragten „in wichtigen Bereichen die Initiative hatten, wie z.B.: die Anerkennung des Rechtes auf Zugang zu Dienstleistungen von allgemeinem wirtschaftlichem Interesse; die ausdrückliche Nennung auf das Rechts, auch auf Streik zu ergreifen; die Anerkennung von Rechte der Arbeitnehmer auf europäische Ebene; der Schutz des geistigen Eigentums oder die ausdrückliche Nennung der Vielfalt der Sprachen. Ohne Erfolg waren sie in anderen Bereichen, wo ihre Vorschläge nicht angenommen wurden: entsprechende Anwendung von Grundrechten auf juristische Personen (mit den notwendigen Anpassungen an ihre Natur); Streichung von bedingenden Verweisungen für die nationale Gesetzgebungen betreffend sozialen Rechten"[75].

5. Die rechtliche Kraft und die Einführung der Charta der Grundrechte der Europäischen Union in die Europäischen Verträge

Eine Frage, die früh aufgeworfen war, betrifft die **rechtliche Wirkung** der Charta. Ob sie bindend sei oder lediglich Empfehlungscharakter hätte.

In Portugal wurde fast ausnahmslos[76] die erste Lösung vertreten, sowohl auf der politischen als auch auf der rechtlichen Ebene. Poli-

---

[73] AaO, S. 307 und 309.

[74] *José Barros Moura*, Defesa e Ilustração da Carta dos Direitos Fundamentais, S. 18.

[75] AaO.

[76] Die Kommunistische Partei Portugals (PCP) hat aber in einer politischen Erklärung eine lediglich politische Proklamation vorgezogen, wobei sie auch eine sehr fortgeschrittene Charta der Grundrechte verteidigt hat. Laut *J. Barros Moura*, aaO, S. 21, laufe das Argument für dieser Vorschlag dahin, dass „es einen wirklichen Fortschritt in der Proklamation von Grundrechten erlauben würde, weil die Staaten sich nicht vor allem Sorgen mache müssten... um ihre Anwendung".

tisch hat sich das portugiesische Parlament auch für die verbindliche Natur der Charta geäußert[77], und diese Meinung wurde auch damals öffentlich vertreten bei der portugiesischen Regierung[78]. Nach dem Beschluss des portugiesischen Parlaments sollte die Charta „von den Regierungen und den Parlamenten der Mitgliedstaaten als verbindliches Text, mit dem Wert primären Gemeinschaftsrechts, angenommen werden, dessen Rechtsnormen von den Gerichten zu sichern seien"[79].

Auch in der Literatur wurde eine verbindliche Natur der Charta verteidigt: die formelle Erhebung zum Status von Grundrechten wäre nicht mit „der Idee eine den Verträgen vorgeschobenen Mitteilung oder Erklärung ohne formell-rechtlich bindenden Wert verträglich"[80]. Für die bindende Natur der Charta wurde auch aufgeführt, dass sie zu eine Überholung der Kontroversen über, oder zumindest zu einer Klarstellung des Schutzniveaus der Grundrechte in der EU beitragen sollte[81]. Und auch Autoren die gegen die Annahme eine Charta der Grundrechte waren, haben die Meinung vertreten, dass, „wenn sie angenommen wurde, dann sollte sie, nach eigener Logik, verbindliches Wert und gerichtlicher Schutz haben"[82].

In Verbindung mit der Verteidigung eines bindenden Wertes wurde auch hervorgehoben, dass die "in der Charta enthaltenen Normen in

---

[77] S. den vorgenannten Beschluss in Carta dos Direitos Fundamentais da União Europeia – Comissão de Assuntos Europeus, Assembleia da República, 2001, S. 307. Auch die Präsidenten der beiden in der Debatte interessierten parlamentarischen Ausschüssen (die Abgeordneten *Manuel dos Santos* und *Jorge Lacão*) bedauerten, dass die Charta nicht von Anfang an verbindlich war – vgl. aaO, S. 7 und 10.

[78] S., deutlich in dieser Richtung, die Rede des Staatssekretärs für europäische Angelegenheiten, *Seixas da Costa*, in der Debatte über den Entwurf des parlamentarischen Beschlusses über die Charta (in Carta dos Direitos Fundamentais da União Europeia – Comissão de Assuntos Europeus, S. 305). Nach dem Bericht von *J. Barros Moura*, aaO, S. 20, wurde die strategisch wichtige Wahl, einen Entwurf zu schreiben, "als ob erverbindlich sein wurde", am Anfang der Arbeiten getroffen „auf Empfehlung des Präsidenten, Roman Herzog, und des Kommissionsbeauftragters, António Vitorino".

[79] Vgl. den zitierten parlamentarischen Beschluss.

[80] *J. J. Gomes Canotilho*, Compreensão jurídico-política da Carta, S. 13.

[81] In dieser Richtung, *R. Moura Ramos*, A Carta dos direitos fundamentais da União Europeia – alguns aspectos, in Carta de Direitos Fundamentais da União Europeia, Coimbra, 2001, S. 53: "es scheint angebracht, dass die Charta als bindendes Instrument erscheint, die über den jetzigen grundrechtlichen Schutzstandard in der Union hinausgeht, oder ihn zumindest präsiziert."

[82] *Jorge Miranda*, aaO, S. 73.

den Verträgen eingeführt werden sollten, auf der **höchsten hierarchischen Stufe** der Rechtsordnung der Union"[83]. Das wäre von der Bedeutung dieser Normen selbst gefordert, als formelle Anerkennung des Status von Grundrechten[84], auch wenn diese Eingliederung nicht eine „Idee einer europäischen Verfassung oder eines europäischen Staates verwirklichen" sollte[85].

Da nicht eine Schaffung eines schützenden Rahmen aus nichts, sondern nur seine Verbesserung in Frage stand, wurde die Wahl eines Instruments empfohlen "das nicht einen niedrigeren Wert hätte, als was schon heute vorhanden ist"[86], so dass der Grundrechtskatalog in „einem völkerrechtlich bindenden Akt enthalten sei sollte, der von den Mitgliedsstaaten unterschrieben wurde, und, soweit ersichtlich, der EU-Vertrag selbst sein sollte"[87].

In der Literatur wurde aber auch im Hinblick auf die Charta betont, dass sie sowieso eine normative Quelle des Rechts der EG und der EU sei und auf jeden Fall dem **primären Recht gleichzustellen** wäre[88].

6. Anwendungsbereich und Tragweite der Charta der Grundrechte der Europäischen Union

Was das **Anwendungsbereich** der Charta betrifft, stellte ich auch in Portugal die Frage, ob diese nun die Organe und Einrichtungen der EU oder auch die Mitgliedsstaaten binden sollte. In diesem Fall fragte sich auch, in welchen Bereichen die Mitgliedsstaaten gebunden sein sollten.

In diesem Zusammenhang wurde betont[89], dass es sich um eine „Charta für die Union handeln sollte" – und nicht um eine „Charta für

---

[83] *J. J. Gomes Canotilho*, Compreensão jurídico-política da Carta, S. 13 (unsere Hervorhebung).
[84] AaO.
[85] AaO, S. 14.
[86] *R. Moura Ramos*, A Carta dos direitos fundamentais da União Europeia – alguns aspectos, S. 54.
[87] AaO.
[88] *J. C. Vieira de Andrade*, A Carta Europeia dos Direitos Fundamentais e as Constituições nacionais [Die europäische Charta der Grundrechte und die nationalen Verfassungen], in Carta de Direitos Fundamentais da União Europeia, Coimbra, 2001, S. 83.
[89] So *J.J. Gomes Canotilho*, Compreensão jurídico-política da Carta, S. 14.

die Staaten". So „ersetzt sie nicht – und darf es auch nicht tun – die Verfassungen der Mitgliedstaaten"[90]. Die Charta sollte so ein Schutzrahmen gegenüber den „Tätigkeiten der Union"[91] bilden, auch weil die nationalen Verfassungen und die EMRK schon einen solchen Schutz bereit halten gegenüber Handlungen der Mitgliedstaaten. Das Anwendungsbereich der Charta würde dahingehend präzisiert[92], dass die Charta einen Grundrechtskatalog einführen würde, der als „Geltungsmaß und Auslegungs- und Anwendungsmaßstab des ganzen Gemeinschaftsrechts" gelten sollte, indem es die Tätigkeiten der Organen und Einrichtungen der EU und auch die Tätigkeit der Staaten bei der Durchführung des Rechts der Union bestimmen würde.

Diese Lösung (s. Artikel 51 der Charta) wurde verteidigt, weil „der Grundsatz der Selbständigkeit der Rechtsordnung der Union, verbunden mit dem Subsidiaritäts- und dem Spezialitätsprinzip, den Anwendungsbereich der Charta bestimmen, der sich auf Sachen der Gemeinschaft beschränken soll", d.h. „auf die Kompetenzen der EG und der EU".[93] Im Artikel 51, (2) der Charta wird so vorgeschrieben: „Diese Charta begründet weder neue Zuständigkeiten noch neue Aufga-

---

[90] AaO.

[91] *R. Moura Ramos*, A Carta dos direitos fundamentais da União Europeia – alguns aspectos, S. 54.

[92] *J. C. Vieira de Andrade*, A Carta Europeia dos Direitos Fundamentais e as Constituições nacionais, S. 84. So auch *R. Moura Ramos*, A Carta dos direitos fundamentais da União Europeia – alguns aspectos, S. 55,: "es sollte in Betracht bleiben, dass es sich immer darum handelt, die Grundrechtsträger gegenüber der Union zu schützen, und nicht gegenüber den Mitgliedsstaaten (es sei denn diese handeln bei der Durchführung von Pflichten gegenüber der Union, die keine Freiheit bei der Bestimmung ihrer Handlungen zulassen). Auf anderer Weise wurde die jetzige Grenzlinie zwischen den staatlichen Kompetenzen und denen der EU und der EG überschritten" – aaO, S. 55. *J. J. Gomes Canotilho*, Compreensão jurídico-política da Carta, S. 14, schrieb, dass die Charta auf "den Einrichtungen der Union, auf ihre Organen und Handlungen, anwendbar ist, aber sie führe keine Pflichten für die Mitgliedstaaten ein außerhalb des Bereiches und der Zwecken der primären Normen der Gemeinschaften". So auch *J. Barros Moura*, aaO, S. 19, der sagt, weil es keine Kompetenzenkonflitk gäbe, wurde die Charta nicht die Frage des Vorrangs gegenüber den Verfassungen berühren. Vgl. auch *Vital Moreira*, A tutela dos direitos fundamentais na União Europeia, in Carta de Direitos Fundamentais da União Europeia, Coimbra, 2001, S. 78/9 (der die Einführung einer Verfassungsbeschwerde auf gemeinschaftsrechtlicher Ebene verteidigt, um die Grundrechte der Bürgern gegenüber der Union und auch gegenüber den Staaten als Durchführer des EU-Rechts zu schützen).

[93] *J. C. Vieira de Andrade*, A Carta Europeia dos Direitos Fundamentais e as Constituições nacionais, S. 84.

ben für die Gemeinschaft und für die Union, noch ändern sie die in den Verträgen festgelegten Zuständigkeiten und Aufgaben"[94].

Auf politischer Ebene wurde auch in Portugal die Übernahme der Charta durch die Staaten, die **EU-Beitrittskandidaten** sind vorgeschlagen[95]. Eine solche Lösung hätte politische Bedeutung – vor allem Vorteile bei der Einhaltung der Versprechen über die Einführung eines Grundrechtsschutzsniveaus, das zumindest so hoch sein sollte, wie das der Union. Da diese Staaten noch nicht Mitglieder der EU waren, würde die rechtliche Sanktionen für die Nicht-Einhaltung der Charta nicht sehr bedeutend sein – praktisch würde sie sich nur bei den Beitrittsverhandlungen und bei der Anwendung des EU-Rechts in Anwendung der Beitrittsabkommen durchschlagen.

In einem so gekennzeichneten Bereich sichert die Charta „mit direkter Anwendbarkeit" und „unmittelbarer Wirkung" in den nationalen Rechtsordnungen „mehrere Rechte der Personen, die durch die Rechtsschutzgarantie in den europäischen Gerichten gesichert werden"[96].

Auch mit dem Anwendungsbereich hängt die Frage über die Rechtssubjekte, deren Rechte von der Charta geschützt werden, zusammen – d.h. über die **Grundrechtsträger**. In der portugiesischen Literatur wurde in dieser Frage die universelle Natur der Grundrechte, die „sich auf die jedem Menschen innewohnende Würde stützen", betont. Und so wurde gesagt, dass "alle von der Charta anerkannten Grundrecht jeder Person zustehen und von der Union verletzt werden könnten"[97]. Die Grundrechtsträger sollten so grundsätzlich alle Individuen sein, auch wenn sie nicht den Status von Bürgern der Union trügen. Wie es schon mit den Artikeln 18 zu 21 des EG-Vertrages den Fall ist, sollten nur einige Rechte (z. B das Recht auf Freie Bewegung und Aufhaltung im Unions-Raum) EU-Bürger beschränkt bleiben[98].

---

[94] So auch J. *Barros Moura*, aaO, S. 18.

[95] So der Vorsitzender der parlamentarischen Ausschuss für europäische Angelegenheiten, der Abgeordnete *Manuel dos Santos* (in Carta dos Direitos Fundamentais da União Europeia – Comissão de Assuntos Europeus, S. 7).

[96] *J. C. Vieira de Andrade*, A Carta Europeia dos Direitos Fundamentais e as Constituições nacionais, S. 85. Für eine Analyse der Beziehungen zwischen der europäische Gerichtsbarkeit und das portugiesische Verfassungsgericht, vgl. *J. M. Cardoso da Costa*, O Tribunal Constitucional Português e o Tribunal de Justiça das Comunidades Europeias [Das portugiesische Tribunal Constitucional und der EuGH], in Ab Uno ad Omnes – 75 anos da Coimbra Editora, Coimbra, 1998, S. 1363 ff.

[97] *R. Moura Ramos*, A Carta dos direitos fundamentais da União Europeia – alguns aspectos, S. 54.

[98] AaO, S. 54.

Auf der Grundlage der portugiesischen Verfassungen haben die Beauftragten des portugiesischen Parlaments im Konvent einen Vorschlag gemacht, dass auch die juristischen Personen – wenn auch nur mit den ihrer Natur entsprechenden Begrenzungen – als Grundrechtsträger zu anerkennen sind[99]. Dieser Vorschlag wurde aber nicht angenommen.

7. Der Inhalt der Charta der Grundrechte der Europäischen Union

In Portugal wurde auch der Inhalt der Charta in der Literatur und auf politischer Ebene debattiert.

Die Ausgangsstellung war die, dass die Charta **keine Herabsetzung** des Schutzniveaus der Grundrechte, wie es in den internationalen Texten (wie die EMRK) und in den Verfassungen der Mitgliedsstaaten bestimmt ist, als Folge haben dürfte[100].

Eine Analyse des Inhalts der Charta auf der Suche nach Beziehungen und möglichen Gegensätze zur portugiesischen Verfassung hat aber auch ergeben, dass der Grundrechtsschutz in Portugal „nicht durch das Inkrafttreten der Charta gestört ist"[101], einfach deshalb, weil die „portugiesischen Gerichte nicht das Gemeinschaftsrecht anwenden dürfen, wenn das zu eine sachliche Verletzung der portugiesischen Verfassung führen würde"[102], zumindest auf dem Gebiet der Grundrechte. Was die Frage des **Vorrangs** des EG-Rechtes über das portugiesische Verfassungsrecht betrifft, kann man auch bemerken[103], dass das portugiesische Verfassungsgericht bis heute keine Stellung zu der Frage genommen hat, ob es sich weigern sollte, die Verfassungsmäßigkeit von gemeinschaftsrechtlichen Normen wegen eines solchen Vorrangs zu überprüfen. Zu dieser Frage äußerte sich der Präsident

---

[99] Vgl. *J. Barros Moura*, aaO, S. 18. In derselben Richtung *R. Moura Ramos*, aaO, S. 55, der den Beispiel der Rechtsschutzgarantie angibt.

[100] In dieser Richtung, vgl. *J. J. Gomes Canotilho*, Compreensão jurídico-política da Carta, S. 14/5, der in diesem Zusammenhang von einer Klausel des „Rückschrittsverbots" durch die Charta der Grundrechte gegenüber: „(1) der EMRK; (2) den internationalen Abkommen über Menschenrechte; (3) anderen Abkommen oder Erklärungen die in der Union in Kraft sind; (4) den Verfassungen der Mitgliedsstaaten". S. auch *R. Moura Ramos*, A Carta dos Direitos Fundamentais, S. 53.

[101] *J. C. Vieira de Andrade*, aaO, S. 87.

[102] AaO.

[103] Com *J. M. Cardoso da Costa*, aaO, S. 1374.

des Tribunal Constitucional bis 2001. Das Verfassungsgericht könne nicht ganz darauf verzichten, einen „wesentlichen Kern" („harter Kern" oder „unersetzbarer Kern") der portugiesischen Verfassung zu sichern[104] und in diesem Kern seien natürlich (aber nicht nur) die Grundrechte enthalten[105].

In der portugiesischen Literatur wurde auch unterstrichen, dass die Eigenartigkeit des Grundrechtsschutzes durch die Charta in der „europäischen Bürgerschaft und im EU-Raum als Raum der einer **stärkeren Sicherung bestimmter Rechten** liegen sollte".[106] So wurden als Rechte, die eine besondere Bekräftigung in diesem transnationalem Raum bedürften, beispielsweise angegeben: „die Rechte, die mit der Inklusion zu tun haben (Immigration, Flüchtlinge, Asylanten)"; „die Rechte, die mit der ökologischen Nachhaltigkeit zu tun haben (Rechte auf Umweltversorgung; Rechte auf Wasser"; „Rechte, die ethnische Unterschiede betreffen (Minderheitsschutz)"; oder „Rechte, die mit der Datenverarbeitung zu tun haben"[107].

Was der Grundrechtskatalog betrifft, ging die portugiesische Literatur vom **weiten und umfassenden Katalog** der Grundrechten in der portugiesischen Verfassung aus. In der Charta sollte der Grundrechtskatalog „so umfassend wie möglich sein, und sollte auch die Entwicklung der Rechtsprechung der EGMR und die Aktualisierung und Vertiefung der EMRK in Betracht ziehen"[108].

Was die negativen **Freiheitsrechte** (in Portugal „Freiheit, Rechte und Garantien" – „direitos, liberdades e garantias" – genannt) betrifft, wurde vorgeschlagen, dass die „Charta mit der Garantie der mensch-

---

[104] AaO, S. 1376.
[105] AaO, S. 1378, Fn. 14.
[106] Cfr. *J. J. Gomes Canotilho*, Compreensão jurídico-política da Carta, cit., S. 15. So auch *Ana Luísa Riquito*, O conteúdo da Carta de Direitos Fundamentais da União Europeia, in Carta de Direitos Fundamentais, S. 60, 63.
[107] Diese und andere Rechte sind genannt in J. *Gomes Canotilho*, aaO, S. 15. S. auch *ders.*, in Comissão de Assuntos Europeus e de Assuntos Constitucionais, transcrita em *Carta dos Direitos Fundamentais da União Europeia – Comissão de Assuntos Europeus*, ed. da Assembleia da República, 2001, S. 57 ff. Die europäische Dimension der in einer zukünftigen Proklamation einzuführenden Rechte wurde schon betont durch Francisco *Lucas Pires*, Portugal e o futuro da União Europeia, S. 96/7: "Informationsrechte des europäischen Bürgers, mit dem Zweck einer europäischen Verwaltung die sich mehr den Bürgern öffnet"; das Petitionsrecht im Europäischen Parlament und die kulturelle Rechte der europäischen Bürgern („auf erste Stelle, sich seiner eigenen Sprache zu bedienen in den Beziehungen mit den Organen der Union").
[108] *Ana Luísa Riquito*, O conteúdo da Carta, S. 63.

lichen Würde anfängt als Grundlage aller anderen Grundrechten"[109]. Dieser Garantie sollten dann die schon in den Verträgen vorgesehenen Gleichheits- und Nichtdiskriminierungsgrundsätze folgen. Im „Recht auf Leben" sollten auch die Unionsstaaten „ausdrücklich die Todesstrafe in allen Umständen verbieten (einschließlich bei den in Art. 2 des 6. Zusätzlichen Protokolls zur EMRK vorgesehenen Umständen).

Es wurde auch vorgeschlagen[110], dass ein Recht auf persönliche Unantastbarkeit geschützt würde, der auch im den Bereichen der Bioethik[111], der Klonung und aller Tätigkeiten, die das menschliche Körper als Vermögensgut (und so als Gewinnquelle) behandeln, anwendbar wäre. Auch das Recht auf persönliche Identität wurde, mit besonderem Hinblick auf der genetischen Identität, verteidigt. Ein Recht auf Schutz der Privatsphäre wurde auch in der portugiesischen Literatur vorgeschlagen[112], wie auch die Übernahme eines Rechtes auf Datenschutz im Hinblick auf die neuen Technologien, als selbstständiges Recht – vor allem in Anbetracht der obsoleten Natur von Art. 8 der EMRK, der nur den Schutz des Postgeheimnisses umfasst. Die Tatsache, dass die endliche Fassung der Charta das Internet und die Informationsgesellschaft vollständig ignoriert hat sogar eine ausdrückliche Kritik von einem Beauftragten des portugiesischen Parlaments im Konvent selbst veranlasst (der Text schiene in diesen Punkten „geschrieben von Juristen des 19. Jahrhunderts"[113]).

Es wurde die Übernahme eines Rechtes auf „Achtung des Familienlebens" vorgeschlagen, der die Rechte „auf Eheschließung und Gründung der Familie" umfassen sollte, auch wenn die Charta kein Wahl über den Begriff der Familien treffen, und nur eine „institutionelle Garantie" schützen sollte[114]. Auch den Schutz der Gedankens-, Gewissens- und Religionsfreiheit (mit einer genügend pluralistische Formulierung) wurden vorgeschlagen, wie auch die Freiheit der Meinungsäußerung[115].

---

[109] AaO, wo die Verfasserin einen detaillierten Vorschlag über den Inhalt der Charta vorstellt.

[110] So *Ana Luísa Riquito, aaO.*, S. 64.

[111] S. zu diesen Grundrechten schon die Vorschläge von *Francisco Lucas Pires*, Portugal e o futuro da União Europeia, S. 97. Vgl. auch *J. Barros Moura*, aaO, S. 18.

[112] *Ana Luísa Riquito*, aaO, S. 65/6.

[113] *J. Barros Moura*, aaO, S. 18.

[114] *Ana Luísa Riquito*, aaO, S. 66.

[115] Andere Vorschläge auf der Grundlage der portugiesischen Verfassung wären z. B. das Recht auf Schutz der Kinder, die Freiheit der wissenschaftlichen Entfaltung

Auch wurde die Charta im Bereich der Grundrechte der Arbeiter klar durch die portugiesische Verfassung, die dem bereits einen Titel den widmet, inspiriert. Die Beauftragte des portugiesischen Parlaments im Konvent hatten so die Initiative zur Einführung der Rechte der Arbeiter auf europäischer Ebene, mit ausdrücklicher Nennung des Rechts auf Streik[116]. Auch das Rechts auf Zugang zur beruflichen Ausbildung und Weiterbildung wurde in der portugiesischen Literatur genannt[117].

Die verfassungsrechtliche Erfahrung in Portugal hat auch die Literatur dazu veranlasst, die Einführung von sog. **sozialen Grundrechten** auf europäische Ebene zu verteidigen[118]. Als Argumente für diese Einführung wurden die fließenden Grenzen zwischen sog. negativen oder Schutzrechten und Leistungsrechten: "das Recht auf Leben ist nicht ausreichend geschützt mit der Bestrafung der Mordes, sondern erfordert auch als sozusagen im Vorfeld die Einführung eines Rechtes auf Schutz der Gesundheit"[119]. Auch wenn anerkannt wird, dass die sozialen Grundrechte einem „Vorbehalt des (finanziell) Möglichen" unterworfen sind, wird unterstrichen, dass die Charta „kein Rückschritt gegenüber den existierenden Texten darstellen kann", insbesondere gegenüber der Gemeinschaftscharta der sozialen Grundrechte der Arbeitnehmer, von 1989[120].

Die Beauftrage des portugiesischen Parlaments haben auch aktiv dazu beigetragen, die sozialen Grundrechte in der Charta zu etablieren. Sie haben so z.B. die Initiative ergriffen für die Einführung des Rechtes auf Zugang zu Dienstleistungen von allgemeinem wirtschaftlichem Interesse (mit Erfolg – Artikel 36 der Charta) oder für die

---

und Forschung, das Recht auf Ausbildung, die Versammlungs- und Vereinigungsfreiheit, und den Schutz des Eigentums. Nach Ana Luísa Riquito (aaO, S. 64) sollten im Bereich des Rechts auf persönliche Freiheit sollten auch die Bedingung niedergelegt werden, nach denen eine Person vor der Anklageerhebung festgenommen werden kann, sowie das Recht in einem Frist dem Richter vorgestellt zu werden und die Garantie des „Habeas Corpus" (dies weil mehrere EU-Mitgliedstaaten vom Europäischen Gerichtshofs für Menschenrechte verurteilt worden sind wegen Verletzung dieser Garantien).

[116] Vgl. *J. Barros Moura*, aaO, S. 18, der auf vermeintlichen Gefahren dieser Rechte durch den Wettbewerb im Binnenmarkt verweist.

[117] *Francisco Lucas Pires*, Portugal e o futuro da União Europeia, S. 96.

[118] *J. J. Gomes Canotilho*, Compreensão jurídico-política da Carta, cit., S. 15. S., auch, zur Verteidigung der Übernahme von sozialen Grundrechten, *Francisco Lucas Pires*, Portugal e o futuro da União Europeia, cit., S. 96.

[119] *Ana Luísa Riquito*, ob. cit, S. 68.

[120] AaO, S. 69, wo die Möglichkeit eines Beitritts der EG zur Europäischen Sozialcharta des Europarates in Betracht gezogen wird.

Streichung von bedingenden Verweisungen für die nationale Gesetzgebungen betreffend sozialen Rechten (hier ohne Erfolg)[121].

Es wurde des Weiteren vertreten, dass die Charta auch Grundrechte der sog. „dritten Generation" vorsehen sollte – diese wären „der Bereich, in demdie Charta möglicherweise mehr ein Plus darstellen kann". Nach dieser Meinung sollten so Normen über die wirtschaftliche, politische, soziale und kulturelle Selbstbestimmung eingeführt werden[122], wie auch Normen die „Rechte von sprachlichen, ethnischen, religiösen oder nationalen Minderheiten der Mitgliedstaaten vorsehen würden, zu einem gewissen Grad Rechte zur kulturellen und finanziellem Autonomie, sowie auch, wo die Umständen es ermöglichen, zur Selbstregierung"[123].

Es wurde auch von portugiesischer Seite vorgeschlagen[124], dass die Charta die Möglichkeit der **Beschränkung** von einigen Grundrechten vorsah, ohne aber eine allgemeine Schrankenklausel (wie Artikel 14 der EMRK) einzuführen. Es wurde in diesem Zusammenhang unterstrichen, dass die Beschränkungen den Grundsatz der Verhältnismäßigkeit beachten sollten und immer den wesentlichen Kern jedes Grundrechtes unberührt lassen sollten. Für einige Rechte wurden spezifische Beschränkungs-Verbote vorgeschlagen (Recht auf Leben, mit Verbot der Todesstrafe, oder Pressefreiheit, mit Verbot der Zensur). Schließlich wurde auch vertreten, dass die Beschränkungen, wenn sie nicht in der Charta besonders zugelassen sind, durch einem formellen normativen Akt zu erfolgen hätten, möglicherweise mit Kompetenzvorbehalt des Europäischen Parlaments.

8. Die Charta und die gemeinschaftsrechtlichen Wege zum Schutz der Grundrechte

Die portugiesische Literatur hat die Notwendigkeit unterstrichen, die Wege zum Rechtsschutz auf dem Gebiet der Grundrechte in der EU zu verbessern. Der Fortschritt im Schutz der Grundrechte „könnte sich als leer erweisen, wenn er nicht durch eine **Änderungen der Schutzmittel**

---

[121] Vgl. den Bericht von *J. Barros Moura*, aaO, S. 18.

[122] Schon in dieser Richtung, s. *Francisco Lucas Pires*, Portugal e o futuro da União Europeia, S. 96.

[123] *Ana Luísa Riquito, O conteúdo da Carta de Direitos Fundamentais da União Europeia*, S. 70/1

[124] AaO.

begleitet werden würde"[125]. So wurde betont[126], dass die „Einführung einer Charta der Grundrechte nicht trennbar ist von der Bestärkung der Schutzmechanismen der vorgesehenen Rechten" [127]. In diesem Hinblick wurden auch in der Literatur manche Vorschläge gemacht:

- die Einführung einer Anfechtungsmöglichkeit von grundrechtsverletzenden Verwaltungsakten oder Normen durch einem Bürgerbeauftragten (Ombudsmann), insbesondere, wenn allgemeine oder diffuse Interessen der Bürger betroffen sind (weil die Charta der Grundrechte, durch eine präzisere und zwingende Bestimmung der Rechte der Bürger gegenüber der Verwaltung, die Bedeutung einer solchen Einrichtung wie der Ombudsmann bestärkt);
- die Einrichtung eines Organ der EU zur Information und Überwachung der Achtung der Grundrechte;
- die Einführung von unabhängigen öffentlichen Behörden zur Analyse von Beschwerden von Privaten und Empfehlung an andere EU-Organe (und möglicherweise sogar die Einführung von unabhängigen Einrichtungen wie, z.B. einem europäischen Datenschutzbeauftragten);
- die Zulassung der Anfechtung gemeinschaftsrechtlicher Normen sowohl auf inzidentielle Weise (konkrete und diffuse Kontrolle) als auch in einem abstrakten Verfahren zur Normenkontrolle;
- die Eröffnung der Rechtswege durch eine Erweiterung der Regeln zum Rechtsschutzinteresse im Zugang zu den Gerichten der EU; vor allem das Erfordernis eines „unmittelbaren und individuellen" Interesses (Artikel 230 EG-Vertrag) sollte geändert und Gruppenklagen („class actions") zur Verteidigung von sog. „diffuse Interessen" sollten eingeführt werden;
- die Einführung einer „besonderen Rechtsklage zum Schutz der Grundrechte, nach dem Vorbild der Verfassungsbeschwerde" (oder des spanischen „recurso de amparo");
- Schließlich eine tiefere Veränderung im Gerichtssystem der EU, mit dem Zweck, durch die Einführung von Gerichten erster Instanz zerstreut durch verschieden Gebiete der Union, ein nicht so monolithisches und konzentriertes Systems zu erhalten.

---

[125] *Vital Moreira*, A tutela dos direitos fundamentais na União Europeia, S. 74.
[126] AaO, S. 76 ff.
[127] AaO, S. 76 (unsere Hervorhebung).

TEMAS DE INTEGRAÇÃO

Boletim de encomenda

Enviar para:

ALMEDINA

Livraria Almedina
Arco de Almedina 15
3004-509 COIMBRA
PORTUGAL

Telefone 239851904
Telefax 239851901

assinaturas@almedina.net
www.almedina.net

☐ Desejo efectuar a assinatura da Revista Temas de Integração no ano ....

☐ Desejo que me enviem os seguintes números da Revista

| 1 | 2 | 3 | 4 | 5 | 6 | 7 | 8 | Assinalar com uma cruz |
| 9 | 10/11 | 12/13 | 14 | 15/16 | 17 | 18 | 19 | 20 |

Assinatura anual: 25 €

Número Avulso: 14 € (do N.º 1 ao N.º 10/11) (N.º 14)
25 € (N.º 12/13) (N.º 15/16)
14 € (do N.º 17 ao N.º 20)

Portes: Portugal   –   gratuito
Europa   –   7,00 €
Brasil   –   11,00 €   (Via aérea)

Autorizo débito no cartão:

☐ Visa   ☐ American Express

N.º ☐☐☐☐ ☐☐☐☐ ☐☐☐☐ ☐☐☐☐

Válido até ....

Envio cheque no valor de ....

do Banco ....

Data ..../......../................

Assinatura ....

Nome ....

Morada ....

Código Postal ....

Telefone ....

Telefax ....

N.º Contribuinte ....